Chronik Rückblick

Formel 1

Saison 1997

Chronik Verlag

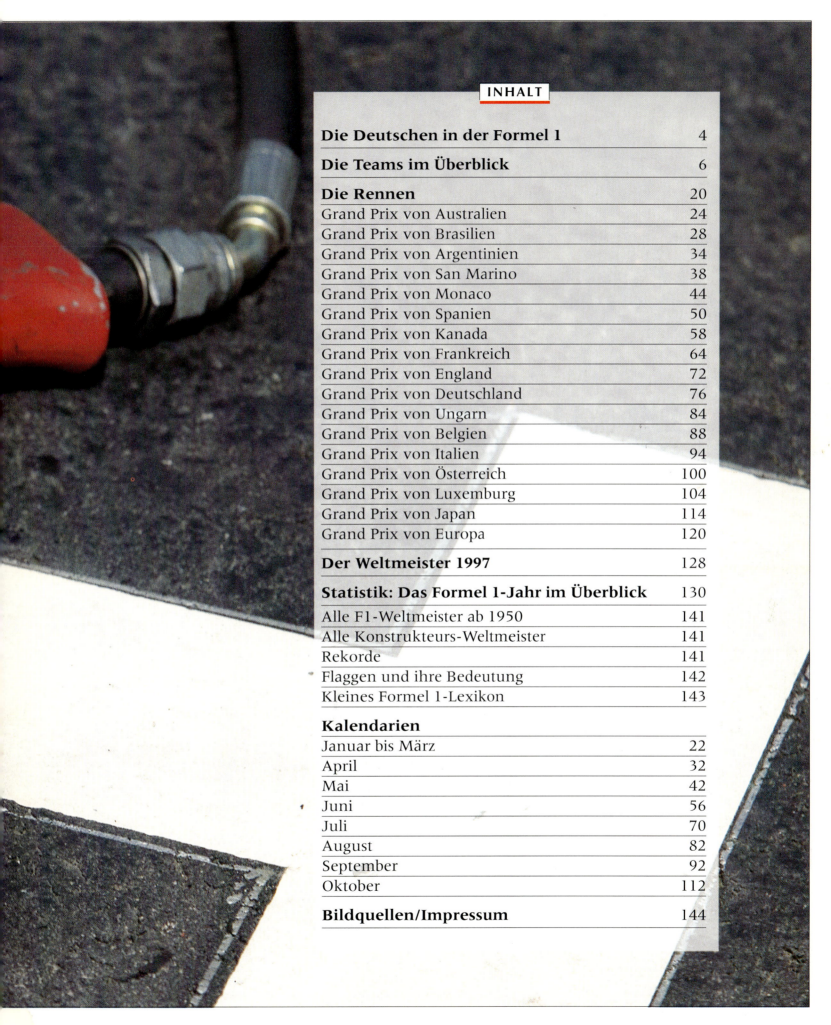

INHALT

GRAND PRIX DE FRANCE 1997

DIE DEUTSCHEN IN DER FORMEL 1

Vom Nachwuchsfahrer zum Weltmeister

Nach den spärlichen Erfolgen deutscher Formel 1-Fahrer von 1950 bis 1990, sorgte Michael Schumacher mit seinen Erfolgen in Deutschland für einen regelrechten Boom.

Als Mercedes-Benz 1987, nach 30jähriger Ruhepause, an die Planung für ein künftiges Formel 1-Engagement ging, hatten die Verantwortlichen eine gute Idee. Mit einer eigenen Nachwuchsmannschaft, dem Mercedes Juniorteam, wollten die Stuttgarter in aller Ruhe den Formel 1-Einstieg vorbereiten, um am Tag X (avisiert wurde die Saison 1992) eine möglichst gute Figur in der Königsklasse abzugeben. Der Gedanke, ein Juniorteam zu entwickeln, wurde von Jochen Neerpasch ins Leben gerufen, denn der damalige Rennleiter bei Mercedes vertrat die Ansicht: »Technik und Organisation können noch so perfekt sein – wenn der Faktor Fahrer nicht stimmt, ist alles umsonst.« Neerpasch suchte aus der Formel 3 des Jahres 1989 die drei Erstplazierten aus: Karl Wendlinger (Österreich), Heinz-Harald Frentzen und Michael Schumacher.

Die Piloten wurden von Mercedes in der Sportwagenklasse Gruppe C eingesetzt, die man damals gemeinsam mit dem Schweizer Team Sauber erfolgreich bestritt. Die jungen Fahrer sollten vor allem lernen, professionell zu arbeiten, um auf den großen Tag, ihren Einstieg in die Formel 1, vorbereitet zu sein.

Besonders Peter Sauber opferte viel Zeit und Geld für das Projekt. Er gab den »Youngstern« Sicherheit und vermittelte ihnen die Fähigkeit, einen Rennwagen richtig zu verstehen und einzustellen.

Heinz-Harald Frentzen entschied sich schon nach einem Jahr bei Sauber für einen Wechsel. Auf Anraten seines Sponsors Camel ging er in die Formel 3000, weil er glaubte, dort den Aufstieg in die Formel 1 schneller bewerkstelligen zu können. Diese Entscheidung entpuppte sich als falsch: Der Mönchengladbacher rutschte in die japanische Formel 3000 ab, wo er darüber hinaus nur in schwachen Autos fahren durfte.

Für den Rest der Juniortruppe kam 1991 ein plötzliches Ende: Der Mercedes-Vorstand entschied, wegen wirtschaftlicher Schwierigkeiten (Mercedes mußte 24 000 Mitarbeiter entlassen) die Formel 1-Pläne vorerst auf »Eis zu legen«, da man sich nicht traute, in dieser schwierigen Lage ein kostspieliges Comeback zu verkünden.

Als die Träume der jungen Piloten schon fast begraben waren, rief im August 1991 Eddie Jordan bei Mercedes an und verkündete, daß er einem »Junior« die Möglichkeit geben wolle, ein Grand Prix-Rennen in seinem Auto zu bestreiten. Mercedes kaufte den Platz für Michael Schumacher. Als der Kerpener seine ersten Trainingsrunden im Jordan drehte, war er innerhalb kürzester Zeit schneller unterwegs als alle anderen Jordan-Piloten. In dem von Mercedes »gekauften Rennen«, dem Grand Prix von Belgien, plazierte Schumacher den Jordan für die Startaufstellung auf Anhieb in der vierten Startreihe. Und obwohl er im Rennen wenige Meter nach dem Start wegen eines geplatzten Getriebes ausfiel, wurde seine Vorstellung bei der Fachpresse als sensationell eingestuft. Aus dem geplanten einmaligen Gastspiel entwickelte sich für den damals 22jährigen eine beispiellose Karriere, die mit den Weltmeistertiteln 1994 und 1995 ihren vorläufigen Höhepunkt erreichte.

Am Ende der 93er-Saison rief Peter Sauber, der mit finanzieller Unterstützung von Mercedes den Sprung in die Formel 1 geschafft hatte, den in Japan glücklos fahrenden Frentzen an und offerierte dem Mönchengladbacher einen Platz in seinem Team. Frentzen ergriff die einmalige Gelegenheit mit beiden Händen, womit die Formel 1 für 1994 den zweiten deutschen Fahrer besaß. Der schweizerische Teamchef legte dem Deutschen auch keine Steine in den Weg, als 1996 überraschend Williams an Frentzens Tür klopfte, um ihm die zweite große Chance seines (Fahrer-)Lebens zu unterbreiten.

Seit den Erfolgen von Schumacher gelten Fahrer »made in Germany« bei den Formel 1-Teams als vielversprechend, die Hoffnung auf einen zweiten Schumacher treibt viele Headhunter zu den Veranstaltungen der Nachwuchsklassen. Eddie Jordan scheint bereits fündig geworden zu sein: Er engagierte für 1997 den jüngeren Bruder des Weltmeisters – Ralf Schumacher.

ZEITTAFEL

Alle deutschen Fahrer in der F1

Jahr	Name	Team	Renneinsätze/Erfolge
1950–1952	Paul Pietsch	Alfa Romeo, Veritas	2 GP
1952	Adolf Brudes	Veritas	1 GP
1952	Hans Klenk	Veritas	1 GP
1952	Bernhard Nacke	BMW	1 GP
1952	Josef Peters	Veritas	1 GP
1952	Fritz Riess	Veritas	1 GP
1952	Toni Ulmen	Veritas	2 GP
1952–1953	Willy Heeks	AFM/Veritas	2 GP
1952–1953	Ernst Klodwig	BMW	3 GP
1952–1953	Rudolf Krause	BMW	2 GP
1952–1953	Hans Stuck	AFM	3 GP
1953	Kurt Adolff	Ferrari	1 GP
1953	Erwin Bauer	Veritas	1 GP
1953	Günter Bechem	AFM	1 GP
1953	Otto Karch	Veritas	1 GP
1953	Ernst Loof	Veritas	1 GP
1952–1954	Theo Helfrich	Veritas, Klenk-Motor	3 GP
1953–1954	Hermann Lang	Maserati, Mercedes	2 GP
1954–1955	Karl Kling	Mercedes	11 GP
1957–1961	Wolfgang Graf Berghe von Trips	Ferrari, Porsche, Cooper-Maserati	27 GP/2 Siege
1953–1962	Wolfgang Seidel	Veritas, Maserati, Cooper, Lotus, Emeryson	10 GP
1953–1964	Edgar Bath	BMW, Porsche, Cooper-Climax	5 GP
1953–1966	Hans Herrmann	Veritas, Mercedes, Maserati, Cooper-Maserati, BRM, Porsche, Brabham	18 GP
1963–1967	Gerhard Mitter	Porsche, Lotus-Climax, Brabham	5 GP
1966–1969	Kurt Ahrens	Brabham, Protos	4 GP
1966–1970	Hubert Hahne	Matra, BMW, March	3 GP
1977	Hans Heyer	ATS-Penske	1 GP
1969–1978	Rolf Stommelen	Lotus, Brabham, Surtees, March, Lola-Ford, Brabham-Alfa, Hesketh-Ford, Arrows-Ford	54 GP
1974–1979	Hans-Joachim Stuck	March-Ford, Brabham-Alfa, Shadow-Ford, ATS-Ford	74 GP
1975–1980	Harald Ertl	Hesketh, Ensign, ATS	18 GP
1973–1982	Jochen Mass	Surtees-Ford, McLaren-Ford, ATS-Ford, Arrows-Ford, March-Ford	105 GP/1 Sieg
1984–1985	Stefan Bellof	Tyrell	20 GP
1982–1985	Manfred Winkelhock	ATS-Ford, Brabham-BMW, RAM-Hart-Turbo	47 GP
1985–1989	Christian Danner	Zakspeed, Osella, Arrows, Rial	36 GP
1988–1990	Bernd Schneider	Zakspeed, Arrows	9 GP
Seit 1991	Michael Schumacher	Jordan-Ford, Benetton-Ford, Benetton-Renault, Ferrari	83 GP/22 Siege, 2 WM
Seit 1994	Heinz-Harald Frentzen	Sauber-Mercedes, Sauber-Ford, ab 1997 Williams-Renault	46 GP
Ab 1997	Ralf Schumacher	Jordan-Peugeot	

Stand Januar 1997

Die Teams
auf einen Blick

Neue Herausforderung für Weltmeister Damon Hill

Mit dem Ruf, alles zu erreichen was er sich vorgenommen hat, geht Tom Walkinshaw erstmals als Rennstall-besitzer und Teamchef an den Start einer Grand-Prix-Saison.

Durch den Kauf der 1978 von Jackie Oliver gegründeten Firma »Arrows Grand Prix International« hat sich Walkinshaw, im letzten Jahr noch Teamchef bei Ligier, einen eigenen Formel 1-Rennstall zugelegt.

Nach der Übernahme durch »Tom Walkinshaw Racing« (TWR) haben die Verantwortlichen damit begonnen, aus dem finanzschwachen und nicht konkurrenzfähigen Unternehmen ein F1-Team zu bauen, daß in seinem ersten Grand Prix-Jahr unter den zahn Besten landen soll.

Im Zuge des Neuaufbaus wurde die Personalstärke bei TWR von 100 auf 180 Mitarbeiter aufgestockt; u.a. konnte der frühere Ligier- und Lotus-Techniker Frank Dernie verpflichtet werden, der für die Entwicklung eines neuen Chassis' verantwortlich zeichnet. Als Zulieferer arbeiten die japanischen Konzerne Yamaha (Motoren) und Bridgestone (Reifen) für Arrows.

Bridgestone ist ab der Saison 1997, neben dem amerikanischen Unternehmen Goodyear, der einzige Reifenanbieter in der Formel 1, und Walkinshaw entschied sich erst nach Testfahrten im Vorfeld der Saison für die Produkte des »Newcomers«.

Motorenpartner Yamaha liefert

eine Weiterentwicklung der auf dem 96er Aggregat basierenden Version, die bei dem letztjährigen F1-Partner Tyrrell allerdings nicht die Standfestigkeit bot, die das Team für vordere Plätze gebraucht hätte. Im Verlauf der aktuellen Saison plant Yamaha aber mehrere Ausbaustufen des Motors mit verbesserter Effizienz, die im Arrows zum Tragen kommen sollen.

Die Fahrer: Mit der Verpflichtung des amtierenden Weltmeisters Damon Hill hat Arrows einen er-

fahrenen Rennfahrer für sich gewinnen können. Der 21-fache Grand Prix-Sieger und Sohn des zweifachen Weltmeisters von 1962 und 1968, Graham Hill, fuhr von 1993 bis 1996 für das Erfolgsteam Williams. Zwischen 1994 und 1995 kämpfte der Brite erfolglos mit Michael Schumacher um den WM-Titel, ehe ihm 1996 der große Wurf gelang. Den Wechsel zum vermeintlich schwächeren Arrows-Team ließ sich Hill, dessen Gehaltsforderungen bei seinem alten Ar-

Technische Details

Chassis:	**Arrows A 18**
Konstrukteur:	Frank Dernie
Motor:	**Yamaha OX11A V10**
Leistung:	690 PS bei 16 200 U/min
Gewicht:	105 kg
Konstrukteure:	Takaaki Kimura, John Judd, Geoff Goddard
Reifen:	**Bridgestone**
Kraftstoff:	**Arrows**

Grand Prix Bilanz

GP-Debüt:	**GP Brasilien 1978**
WM-Punkte:	**141**
GP-Siege:	**0**

beitgeber Williams auf wenig Gegenliebe stießen, teuer bezahlen. Gleichzeitig bedeutet die neue Aufgabe aber auch eine neue sportliche Herausforderung.

Pedro Paulo Diniz besetzt das zweite Cockpit bei TWR und ist noch weit von den Erfolgen seines Teamkollegen entfernt. 1995 gelang dem Brasilianer im damals neuen Rennstall Forti Ford der Einstieg in ein Formel 1-Cockpit dadurch, daß er einen finanzstarken Sponsor mit ins Team einbrachte. Zuvor hatte er sich in verschiedenen Rennserien bewegt, fiel aber nur gelegentlich durch gute Plazierungen auf. 1996 wechselte Diniz samt seiner Sponsorenmillionen zum Rennstall Ligier, für die er zwei WM-Punkte verbuchen konnte. In der kommenden Saison möchte der 27jährige endlich beweisen, daß er ein guter Rennfahrer ist und nicht nur wegen seiner Sponsorengelder in der Formel 1 einen Platz gefunden hat.

DAS TEAM

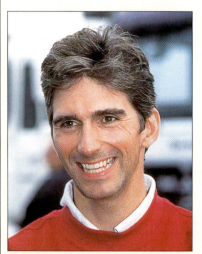

Damon Hill (Startnummer 1, l.), geb. 17.9.1960 in London/England, F1-Debüt: 1992 in England, 67 Rennen, 21 Siege.
Pedro Diniz (Startnummer 2, r.), geb. 22.5.1970 in São Paulo/Brasilien, F1-Debüt: 1995 in Brasilien, 33 Rennen, keine Siege.

Teamchef Tom Walkinshaw

WILLIAMS

Zum Erfolg verdammt

Frank Williams, der ehrgeizige Besitzer des Rennstalls Willams Renault, ist in der Formel 1-Szene für seinen kompromißlosen Erfolgswillen bekannt und gefürchtet. Dabei hat die Konstrukteursmeisterschaft für ihn weit mehr Gewicht als der WM-Titel in der Fahrerwertung.

Als Damon Hill 1996 die Weltmeisterschaft gewonnen hatte und für die neue Saison mehr Geld forderte, machte Williams kurzen Prozeß und entließ den Briten. Damit unterstrich Williams seinen Standpunkt, nicht von den Leistungen und Erfolgen bestimmter Personen abhängig zu sein, sondern alle Teammitglieder auf das Erringen der Konstrukteurs-Weltmeisterschaft zu verpflichten.

Trotz (oder wegen) seiner rigorosen Vergehensweise gelang es dem Engländer bis heute, den Weggang einzelner Teammitglieder schadlos zu überstehen. Denn seit 1992 belegte Williams – mit Ausnahme der Saison 1995 – immer den ersten Platz in der Konstrukteurswertung. In der ewigen Bestenliste rangiert der Rennstall mit acht gewonnenen Titeln neben Ferrari auf Platz eins und ist seit seinem Debut 1975 zum besten Team der Formel 1 gereift.

Die Fahrer: Durch den Weggang von Damon Hill bekam der Deutsche Heinz Harald Frentzen die einmalige Chance, sich als Fahrer in einem erstklassigen Wagen zu beweisen. Dem Mönchengladbacher war 1994 der Einstieg in die Rennserie gelungen, als der Schweizer Peter Sauber ihn für sein gleichnamiges Team verpflichtete. Bis dahin war Frentzen nur in der japanischen F 3000 aufgefallen.

Bei Sauber gelang dem 30jährigen 1995 ein dritter Platz beim Großen Preis von Italien – ein Erfolg, den er bislang allerdings nicht wiederholen konnte.

Technische Details

Chassis:	**Williams FW19**
Konstrukteure:	Patrick Head, Adrian Newey
Motor:	**Renault RS9 V10**
Leistung:	740 PS bei 17 000 U/min
Gewicht:	121 kg
Konstrukteur:	Jean-Jacques His
Reifen:	**Goodyear**
Kraftstoff:	**Castrol**

Grand Prix Bilanz

GP-Debüt:	**GP England 1972**
WM-Punkte:	**1799,5**
GP-Siege:	**95**

Der Kanadier Jacques Villeneuve begibt sich mit Williams in seine zweite Formel 1-Saison und ist für das Jahr 1997, neben Michael Schumacher, der Favorit auf den WM-Titel. Villeneuve kam nach dem Gewinn der amerikanischen Indycar-Serie (1995) als jüngster Meister zu Williams. Und bereits in seiner ersten Saison erwies sich der Sohn des bei einem Grand Prix-Training tödlich verunglückten Gilles Villeneuve für das Team als Gewinn. Als Neuling gelangen ihm auf Anhieb vier Siege und mehrere Plazierungen in den Punkterängen, mit denen er sich den zweiten Platz in der Fahrerwertung sicherte. Bis zum letzten Rennen im japanischen Suzuka hatte Villeneuve seinem damaligen Stallgefährten Damon Hill einen spannenden Zweikampf um den Titel geliefert. Die WM-Krone hätte sich der Kanadier damals nur »ergattern« können, wenn sein Rivale in Japan ausgeschieden wäre.

DAS TEAM

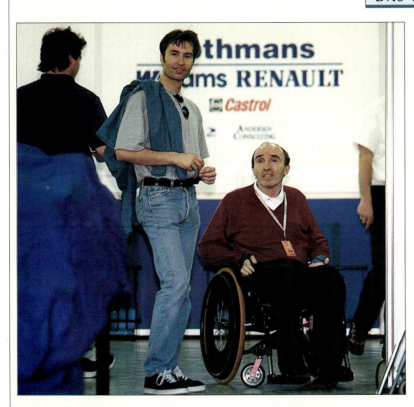

Jacques Villeneuve (Startnummer 3, l.), geb. 9.4.1971 in St. Jean sur Richelieu/Kanada, F1-Debüt: 1996 in Australien, 16 Rennen, vier Siege.
Patrick Head (r.), Chefkonstrukteur und zweiter Teamchef neben Frank Williams.

◁ Teamchef Frank Williams zusammen mit Heinz-Harald Frentzen (Startnummer 4, l.); geb. 18.5.1967 in Mönchengladbach/Deutschland, F1-Debüt: 1994 in Brasilien, 48 Rennen, keine Siege.

FERRARI

Auf dem Weg zum Titel spielt Geld keine Rolle

Mit dem größten Budget, dem Fahrer mit der höchsten Gage und einer klaren Zielsetzung geht der italienische Traditionsrennstall in die Saison: Der Weltmeister-Titel muß nach Italien.

Über 250 Millionen Mark läßt Ferrari sich das Unternehmen Weltmeisterschaft kosten. Dieses Geld haben die Italiener nicht nur in das vermeintlich beste Rennwagenmaterial investiert, sondern auch in erstklassige Manpower. Mit den Konstrukteuren Ross Brawn und Rory Byrne nahm Ferrari zwei Fachleute unter Vertrag, die 1994 und 1995 maßgeblich an den Erfolgen von Benetton in der Fahrer- und Konstrukteurswertung beteiligt waren. Zu den vordringlichen Aufgaben der beiden gehört die Entwicklung eines konkurrenzfähigen Chassis', mit dem die Ferraripiloten Schumacher und Irvine nicht nur bei einigen wenigen Rennen, sondern auf allen Rennstrecken Siegchancen haben.

Zusätzlich investierte Ferrari viel Geld in Rationalisierungs- und Umstrukturierungsmaßnahmen. Die eigene Konstrukteursfirma in der Nähe von Oxford wurde verkauft. Dem Chef der Firma, John Banard, bot Ferrari nach seinem Rausschmiß das Büro zum Kauf an – und Banard kaufte. Nach Abschluß des Handels konzentriert sich Ferrari auf das Produktionszentrum im italienischen Maranello, mit dem das Unternehmen in der Lage ist, Konstruktionen vor Ort in die Hand zu nehmen.

Die Fahrer: Der seit 1991 in der Formel 1 tätige Michael Schumacher ist neben dem Briten Damon Hill der einzige noch aktive Weltmeister der Rennserie. 1997 bestreitet er seine zweite Saison für Ferrari und will zum dritten Mal in seiner Karriere die Weltmeisterschaft erringen. In den vergangenen zwölf Monaten gelangen dem Kerpener nur drei Siege und mehrere Plazierungen in den Punkterängen. Am Ende stand 1996 ein dritter Platz in der Gesamtwertung. Zu wenig, um die hochgesteckten Erwartungen seines Arbeitgebers zu befriedigen. Schon vor dem ersten Rennen dürfte Schumacher allerdings einen Spitzenplatz sicher haben: Mit geschätzten 35 Millionen Dollar kassiert der zweifache Weltmeister mehr als jeder andere Fahrer im Formel 1-Zirkus.

Eddie Irvine, bekannt als »Partyclown« und Spätaufsteher, ist ebenfalls in seinem zweiten Jahr bei Ferrari. Der 32jährige begann seine Motorsportkarriere 1983 bei der Formel Ford 1600 in Irland und kämpfte ab 1985 in der englischen Formel-Ford 1600 Meisterschaft, die er zwei Jahre später für sich entscheiden konnte. In der darauf folgenden Zeit fuhr Irvine eine Saison in der britischen Formel 3, zwei weitere in der Formel 3000 Europa und bis 1993 in der japanischen F 3000. Im gleichen Jahr wurde er von Eddie Jordon verpflichtet, für dessen Rennstall Jordan der Ire von 1994 und 1995 im Cockpit saß. In dieser Zeit sammelte Irvine bei 48 Starts 28 WM-Punkte. Als das Angebot von Ferrari kam, ab 1996 für den italienischen Traditionsrennstall zu fahren, verließ der in Dublin lebende Rennfahrer das Team Jordan mit einem ehrgeizigen Ziel in Richtung Italien: »Nicht mehr als eine halbe Sekunde auf Schumacher verlieren, und ab und zu auch mal schneller sein.«

Technische Details

Chassis: **Ferrari F 310B**
Konstrukteure: John Barnard, Gustav Brunner
Motor: **Ferrari 046/2 V10**
Leistung: 750 PS bei 16 800 U/min
Gewicht: 115 kg
Konstrukteur: **Gilles Simon**
Reifen: **Goodyear**
Kraftstoff: **Shell**

Grand Prix Bilanz

GP-Debüt: GP Monaco 1950
WM-Punkte: 2894,9
GP-Siege: 108

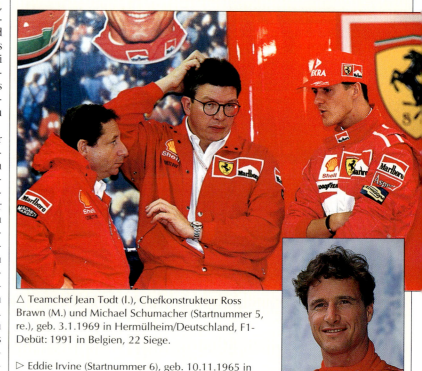

DAS TEAM

△ Teamchef Jean Todt (l.), Chefkonstrukteur Ross Brawn (M.) und Michael Schumacher (Startnummer 5, re.), geb. 3.1.1969 in Hermülheim/Deutschland, F1-Debüt: 1991 in Belgien, 22 Siege.

▷ Eddie Irvine (Startnummer 6), geb. 10.11.1965 in Newtownards/ Nordirland, F1-Debüt: 1993 in Japan, 48 Rennen, keine Siege.

Mit neuem Auto zurück zu Ruhm und Ehre

Technische Details

Chassis:	**Benetton B197**
Konstrukteure:	Ross Brawn, Rory Byrne
Motor:	**Renault RS 9 V10**
Leistung:	740 PS bei 17 000 U/min
Gewicht:	121 kg
Konstrukteur:	Jean-Jacques His
Reifen:	**Goodyear**
Kraftstoff:	**Agip**

Grand Prix Bilanz

GP-Debüt:	**GP Brasilien 1986**
WM-Punkte:	**705,5**
GP-Siege:	**26**

Der Ruhm der Vergangenheit verblaßt mehr und mehr beim italienischen Rennstall Benetton. Nach den »fetten Jahren« (1994, 1995), als Michael Schumacher dem Team zwei Fahrer- und eine Konstrukteursweltmeisterschaft bescherte, wartet man ungeduldig auf weitere Grand Prix-Siege.

Zwar verfügten Jean Alesi und Gerhard Berger 1996 über den leistungsstärksten Motor im Rennzirkus, ein V 10 Triebwerk von Renault, technisch entpuppte sich der Bolide allerdings als Fehlentwicklung. Deshalb blieb eine Plazierung auf den vorderen Rängen reines Wunschdenken.

Bei dem im letzten Winter entwickelten Rennwagen scheinen die Fehler der Vergangenheit behoben: Gestützt auf ein nochmals verbessertes Renault-Triebwerk erwies sich der Benetton bei Testfahrten als schnell und stabil zugleich.

Vor diesem Hintergrund hat Teamchef Flavio Briatore die Erwartungen für die aktuelle Saison angeheizt. Siege müssen her, um Benetton in den Kreis der führenden Rennställe zurückzuführen.

Briatores Rufe nach Erfolg resultieren nicht zuletzt aus einer finanziellen Zwangslage, die sich aus der Zusammenarbeit mit den Hauptsponsoren, z.B Zigarettenhersteller Mild Seven, ergeben. Denn die Kooperation sieht ein leistungsbezogenes Engagement der Konzerne vor. Konkret heißt das: Sollte das Team auch in diesem Jahr dem Erfolg hinterherfahren, zieht Benetton sich aus dem Formel 1-Sport zurück.

Die Fahrer: Jean Alesi und Gerhard Berger, die von 1993 bis 1995 gemeinsam bei Ferrari unter Vertrag standen, gehen bei Benetton in das zweite Jahr. Für ihren alten Arbeitgeber fuhren die beiden in diesen Jahren je einen Grand Prix-Sieg heraus: Dem Österreicher Berger gelang 1994 auf dem deutschen GP-Kurs in Hockenheim der große Wurf, in der darauffolgenden Saison konnte der Franzose Alesi beim Großen Preis von Kanada seinen ersten und bisher einzigen Sieg in der Formel 1 feiern. Beide Piloten verfügen über langjährige Erfahrung im GP-Sport und haben sich im Rennzirkus als gute Fahrer einen Namen gemacht. Nach den Tests für die anstehende Rennsaison wurde die Stimmung bei Benetton besser: Berger brillierte mit Rundenzeiten, die dem Team wieder den Glauben an die Rückkehr der »fetten Jahre« schenkte.

DAS TEAM

Jean Alesi (Startnummer 7), geb. 11.6. 1964 in Avignon/Frankreich, F1-Debüt: 1989 in Frankreich, 118 Rennen, ein Sieg.

Teamchef Flavio Briatore (re.)im Gespräch mit Gerhard Berger (Startnummer 8, li.), geb. 17.8.1959 in Wörgl/Österreich, F1-Debüt: 1984 in Österreich, 196 Rennen, neun Siege.

McLaren Mercedes auf den Spuren der Silberpfeile

Der Formel 1-Rennstall McLaren und der Automobilhersteller Mercedes gehen gemeinsam ins dritte Jahr. Zusammen mit dem neuen Hauptsponsor »Reemtsma« sollen in dieser Saison die Grundlagen für eine erfolgreiche Zukunft gelegt werden.

Nicht zufällig bemühte sich der Rennstall McLaren Mercedes im Vorfeld der Saison, Parallelen zwischen den legendären »Silberpfeilen« der 50er Jahre und den 97er Boliden zu konstruieren. Denn die »besten Jahre« der seit 1995 kooperierenden Unternehmen gehören im Rennsport schon länger der Vergangenheit an. 10 Jahre nach dem Gewinn der ersten Weltmeisterschaft durch Niki Lauda (1974) setzte McLaren zu einem Höhenflug an, als der Rennstall zwischen 1984 und 1991 das Geschehen in der Formel 1 fast nach Belieben be-

stimmte. 1988 brachten Ayrton Senna und Alain Prost sogar das Kunststück fertig, 15 von 16 Läufen zu gewinnen; am Ende entschied der Brasilianer das teaminterne Duell um die WM-Krone zu seinen Gunsten.

Mercedes blickt auf eine noch längere »Durststrecke« zurück: Juan Manuel Fangio war 1955 der letzte Fahrer, der in einem Mercedes-»Silberpfeil« eine Formel 1-Weltmeisterschaft gewann.

Der vor zwei Jahren mit großen Erwartungen geschlossene Vertrag mit McLaren hat ebenfalls noch keine echte Rendite abgeworfen. Denn auf einen Grand Prix-Sieg warten die Verantwortlichen bislang noch immer.

In der kommenden Saison tritt das Team mit einem neuen Hauptsponsor auf. Das deutsche Tabakunternehmen »Reemtsma« wirbt

mit der Marke West auf den Rennwagen. Ob die Grundfarbe Silber, die in Zukunft sowohl die Zigarettenpackungen wie die McLaren-Rennwagen ziert, eine neue Ära moderner »Silberpfeile« mit sich bringt, wird die Zukunft erweisen.

Zumindest bei der Präsentation des neuen Rennwagens im Vorfeld der Saison bot McLaren Mercedes schon einmal Erstklassiges: Im Rahmen einer großen Party im Londoner Alexandra Palace wurden 4000 geladene Gäste und zahlreiche Medienvertreter mit Live-Musik und Videos auf Großbildleinwand auf die Enthüllung des »Silberpfeils« eingestimmt.

Die Fahrer: Der Finne Mika Häkkinen bestreitet bereits seine fünfte Saison für McLaren, hatte aber bislang noch nicht die Chance, einen Grand Prix für sich zu entscheiden. Dennoch zählt Häkkinen

unter Fachleuten zu den fünf schnellsten Fahrern im F 1-Feld.

Im zweiten Auto sitzt David Coulthard, den Ron Dennis 1996 unter Vertrag nahm. Coulthards Einstieg in die Formel 1 war 1994 eng mit dem tragischen Tod des dreifachen Weltmeisters Ayrton Senna verbunden, dessen Platz bei Williams Coulthard einnahm. Ein Jahr später verbuchte der Schotte beim Großen Preis von Portugal seinen bislang einzigen Sieg in der Formel 1.

Technische Details

Chassis:	McLaren MP 4/12
Konstrukteur:	Neill Oatley
Motor:	Mercedes FO 110E V10
Leistung:	750 PS bei 16 800 U/min
Gewicht:	124 kg
Konstrukteur:	Mario Illien
Reifen:	Goodyear
Kraftstoff:	Mobil

Grand Prix Bilanz

GP-Debüt:	GP Monaco 1966
WM-Punkte:	2884,5
GP-Siege:	104

DAS TEAM

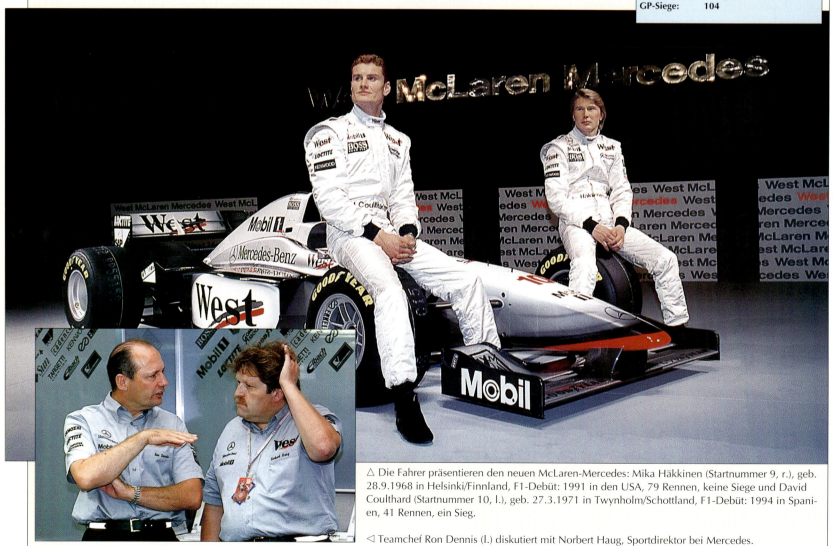

△ Die Fahrer präsentieren den neuen McLaren-Mercedes: Mika Häkkinen (Startnummer 9, r.), geb. 28.9.1968 in Helsinki/Finnland, F1-Debüt: 1991 in den USA, 79 Rennen, keine Siege und David Coulthard (Startnummer 10, l.), geb. 27.3.1971 in Twynholm/Schottland, F1-Debüt: 1994 in Spanien, 41 Rennen, ein Sieg.

◁ Teamchef Ron Dennis (l.) diskutiert mit Norbert Haug, Sportdirektor bei Mercedes.

Die letzte Saison für Jordan-Peugeot

Das Ziel einer Plazierung zwischen Rang drei und fünf am Ende der Saison vor Augen und mit der Ungewißheit, welches Triebwerk seinem Team ab 1998 zur Verfügung steht, geht Eddie Jordon den Weg in die neue Saison.

Mit großem finanziellen Aufwand hat der irische Teamchef einen konkurrenzfähigen Wagen bauen können, der in Kombination mit dem gereiften und leistungsstarken Peugeotmotor gute Chancen auf einige vordere Plazierungen bietet. Die Verbindung von Peugeot und Team Jordan endet allerdings mit Ablauf dieser Saison, da der Motorenlieferant ab 1998 einen Exklusivvertrag mit dem in diesem Jahr neugegründeten Rennstall »Prost Grand Prix« bis in das Jahr 2001 abgeschlossen hat. Durch diesen Schritt ist Jordan in Zugzwang geraten: Er muß so schnell wie möglich einen neuen Lieferanten finden, will er für die Zukunft die Teilnahme seines Teams am Grand Prix-Sport sichern.

Die Fahrer: Giancarlo Fisichella wurde 1995 von Giancarlo Minardi, Besitzer des gleichnamigen italienischen Rennstalls, entdeckt und durfte für dieses Team seine ersten acht Formel 1-Rennen bestreiten. Obwohl der Wagen weder zuverlässig noch schnell genug war, um auf einen vorderen Platz zu fahren, überzeugte Fisichella durch sein fahrerisches Geschick. Sein Talent machte auch Eddie Jordan aufmerksam, der für die Zukunft große Erwartungen in den Italiener setzt.

Ralf Schumacher, Bruder des Doppelweltmeisters Michael, besetzt das zweite Jordan Cockpit und will möglichst aus dem familiären Schatten heraustreten. Mit dem Startschuß zur anstehenden Grand Prix-Serie begibt der zweite Jordan-Hoffnungsträger sich erstmals in den Kampf um WM-Punkte. Im vergangenen Jahr fuhr Schumacher noch in der japanischen Formel 3000 und konnte mit drei Siegen den Meisterschaftstitel für sich entscheiden.

Technische Details	
Chassis:	**Jordan 197**
Konstrukteur:	Gary Anderson
Motor:	**Peugeot A14 V10**
Leistung:	740 PS bei 16 800 U/min
Gewicht:	127 kg
Konstrukteur:	Jean-Pierre Boudy
Reifen:	**Goodyear**
Kraftstoff:	**Total**

Grand Prix Bilanz	
GP-Debüt:	**GP USA 1991**
WM-Punkte:	**88**
GP-Siege:	**0**

DAS TEAM

△ Eddie Jordan (Teamchef, re.) und Ralf Schumacher (Startnummer 11, l.), geb. 30.6.1975 in Kerpen/Deutschland, F1-Debütant.

▷ Giancarlo Fisichella (Startnummer 12), geb. 14.1.1973 in Rom/Italien, F1-Debüt: 1996 in Australien, acht Rennen, kein Sieg.

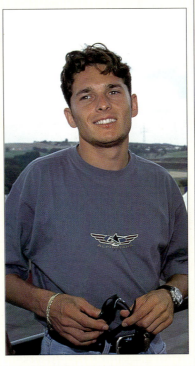

DAS TEAM

Olivier Panis (Startnummer 14), geb. 2.9.1966 in Lyon/Frankreich, F1-Debüt: 1994 in Brasilien, 49 Rennen, ein Sieg.

Teamchef Alain Prost, geb. 24.2.1955 in Saint Chamond/Frankreich, F1-Debüt 1980 in Argentinien, Weltmeister 1985, 1986, 1989 und 1993.
Aufgrund seiner außergewöhnlichen taktischen Fahrweise und seinem Verständnis für die komplizierte Technik erhielt Prost während seiner aktiven Formel 1-Zeit von seinen Konkurrenten den Beinamen »Der Professor«.

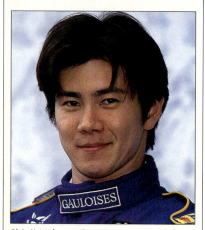

Shinji Nakano (Startnummer 15), geb. 1.4.1971 in Osaka/Japan, F1-Debütant.

PROST

Visionen eines Franzosen

Der vierfache Formel 1-Weltmeister Alain Prost kaufte nach einjähriger Lehrzeit als Berater bei McLaren den französischen Rennstall Ligier und plant nach dem Rücktritt vom aktiven Rennsport seine zweite Karriere als Teamchef.

Rund 100 Millionen Mark investierte der kleine Franzose in sein neues Unternehmen und verwirklichte damit zugleich seinen großen Traum vom eigenen Rennstall. Prost übernahm von Ligier eine eigene Fertigungsstätte für Formel 1-Autos, einen Windkanal und entsprechendes Personal, das in der Lage ist, einen eigenen Rennwagen zu bauen. Die Übernahme des in Magny Cours ansässigen Ligier Rennstalls, der in der neuen Saison als »Prost Grand Prix« firmiert, ist aber mit umfangreichen Umstrukturierungen verbunden. Ein Jahr hat sich die »Rennfahrerlegende« Zeit genommen, um seine ehrgeizigen Pläne zu verwirklichen: Am Ende soll ein rein französischer Rennstall entstehen, mit eigenem Chassis, französischen Motoren und Sponsorengeldern.
Schon jetzt ist eine Zusammenarbeit mit dem Motorenlieferanten Peugeot, der »Prost Grand Prix« mit seinen Aggregaten bis ins Jahr 2001 versorgt, ebenso in trockenen Tüchern wie die Finanzierung. Dafür konnten die staatliche Tabakfirma SEITA (Gauloises), der Mineralölkonzern Total und der gleichfalls französische Privatsender »Canal +« gewonnen werden. Bis das Gesamtkonzept greift, werden die Rennwagen von Mugen Honda-Triebwerken bewegt, denen es allerdings im Vergleich zu Spitzenmotoren, z.B. von Renault, immer noch an Leistung fehlt. Das dazugehörige Chassis für 1997 ist bereits zum größten Teil in Eigenregie entwickelt und gebaut worden und erwies sich, in Verbindung mit Bridgestone-Reifen, bei Tests als stabil und ausgewogen.
Im Vergleich zu den visionären Phantasien des Teamchefs sind die Erwartungen für die Saison eher realistisch: Prost erwartet nicht mehr als einen Punkt in der WM-Wertung. Die angestrebte Erfolgsausbeute gilt bei Fachleuten eher als Tiefstapelei, da der Franzose bei seiner Mannschaft einen regelrechten Motivationsschub auslöste und das Team zu besseren Leistungen fähig sein sollte. Mit dem »Renn-Napoleon« erhofft man sich auf jeden Fall kein zweites Waterloo.

Die Fahrer: Nicht nur aufgrund seiner Nationalität paßt der Franzose Oliver Panis in die Pläne des Prostteams; auch die Erfahrung, die er in den vergangenen drei Jahren als Fahrer für Ligier sammeln konnte, festigten seine Position innerhalb des Rennstalls. In der Vergangenheit sammelte Panis bei 49 Grand Prix Einsätzen, alle bei Ligier, 38 WM-Punkte. Seinen bislang einzigen Sieg, zugleich auch sein größter sportlicher Erfolg, errang er beim Großen Preis von Monaco 1996. Mit dem jungen Shinji Nakano steht Panis ein Neueinsteiger zur Seite. Nakano verdankt seine Chance vor allem dem Motorenpartner Honda, der sein Engagement bei Prost an die Verpflichtung des Japaners knüpfte.

Technische Details

Chassis:	**Ligier JS45**
Konstrukteur:	Loik Bigeois
Motor:	**Mugen Honda**
	MF-301H B V10
Leistung:	730 PS bei 16 500 U/min
Gewicht:	130 kg
Konstrukteur:	Masao Kimura, Tenji Sakai
Reifen:	**Bridgestone**
Kraftstoff:	elf

Grand Prix Bilanz

GP-Debüt:	**GP Brasilien 1976**
WM-Punkte:	**388**
GP-Siege:	**9**

Sauber geht mit Ferrarimotoren in die neue Saison

Mit Ferrari-Motoren und ambitionierten Plänen für die Saison 1998 und 1999 begibt sich das Schweizer Sauber Team in die kommenden Saison.

Im Vorfeld der 97er Rennserie bereitete man sich bei Team Sauber bereits auf die nächsten zwei Jahre vor, in denen der Rennstall über ein eigenes Triebwerk verfügen möchte. Bestandteil der Zukunftsplanung ist der Motorenvertrag mit Ferrari, der den Schweizern den Einbau von Triebwerken aus Maranello in das aktuelle Fahrzeug erlaubt. In den kommenden Jahren werden diese Triebwerke dann in Eigenregie von Sauber und dem malayischen Hauptsponsor Petronas weiterentwickelt, ehe 1999 auf der Basis des derzeitigen V10 Triebwerkes ein eigener Motor gebaut werden soll. Für Teamchef Peter Sauber kam der Handel mit Ferrari zum richtigen Zeitpunkt, da die letztjährige Motorenpartner Ford den 10-Zylinder-Motor, den Sauber 1996 benutzen durfte, 1997 exklusiv dem Stewart-Racing-Rennstall zugesprochen hatte. Von dem amerikanischen Autohersteller hätte Sauber für dieses Jahr einen V8 Kundenmotor er-

halten können, mit dem seine Rennwagen allerdings nicht konkurrenzfähig gewesen wären.

Der Preis für die Hilfestellung aus Maranello beläuft sich auf 20 Millionen Dollar, für die Sauber im Gegenzug 30 Rennmotoren erhält.

Die Fahrer: Mit Johnny Herbert besitzt das Team einen erfahrenen und in der Formel 1 häufig herumgereichten Fahrer. Den Einstieg in die Königsklasse schaffte er 1989 bei Benetton-Ford, die er allerdings schon im gleichen Jahr Richtung Tyrrell-Ford verließ. Seine nächste Station war Lotus, wo er mit ständig wechselnden Motoren fahren mußte. Anfänglich wurde der Lotus mit Lamborghini-, dann mit Judd- und schließlich mit Ford-Triebwerken ausgerüstet.

1994 kam der Engländer bei drei verschiedenen Rennställen zum Einsatz – erst bei Lotus, dann bei Ligier und zuletzt neben Michael Schumacher im Benetton. Im Benetton sicherte er sich auch die beiden bislang einzigen Siege in der Formel 1.

Nicola Larini, DTM-Meister von 1993 und jahrelang Testfahrer bei Ferrari, wurde von dem italienischen Rennstall für 1997 als Team-

kollege von Herbert an Sauber vermittelt. Der Italiener wurde nicht wegen seiner Erfahrung als »Testdummi« bei Ferrari angeheuert, sondern weil er Bestandteil des Motorenvertrages war. Die Vereinbarung lautete ganz einfach: Ohne einen italienischen Fahrer werden auch keine nationalen »Uhrwerke« in Schweizer Autos eingebaut.

Technische Details

Chassis:	**Sauber C16**
Konstrukteur:	Leo Ress
Motor:	**Ferrari 046/1 V10**
Leistung:	740 PS bei 16 800 U/min
Gewicht:	120 kg
Konstrukteur:	Gilles Simon
Reifen:	**Goodyear**
Kraftstoff:	**Shell**

Grand Prix Bilanz

GP-Debüt:	**GP Südafrika 1993**
WM-Punkte:	53
GP-Siege:	0

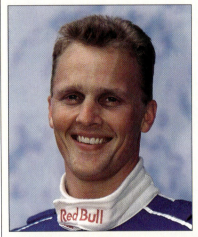

◁△ Johnny Herbert (Startnummer 16), geb. 2.6.1964 in Romfort/England, F1-Debüt: 1989 in Brasilien, 96 Rennen, zwei Siege.

△ Nicola Larini (Startnummer 17), geb. 19.3.1964 in Camaiore/Italien, F1-Debüt: 1987 in Spanien, 44 Rennen, kein Sieg.

◁ Teamchef Peter Sauber

TYRRELL

Der Grandseigneur der Formel 1 gerät in Not

Das »Urgestein« der Formel 1 ist der 73jährige Ken Tyrrell, der mit seinem Piloten Jackie Stewart Anfang der 70er Jahre zu den Großen des Rennsports zählte, heute aber um das Überleben seines Rennstalls kämpfen muß.

1968 tauchte der ehemalige Holzhändler Ken Tyrrell zum ersten Mal als Teamchef in der Formel 1 auf, und seither ist sein Name fester Bestandteil der Serie.

Schon im zweiten Jahr nach seinem Einstieg in den Grand Prix-Sport gewann Tyrrell mit seinem Fahrer Jackie Stewart die Weltmeisterschaft. Als dem Team ein Jahr darauf die Zulieferer für den Bau eines konkurrenzfähigen Rennwagens absprangen, begann er eigene Fahrzeuge zu fertigen, mit denen Jackie Stewart auch die Weltmeisterschaften der Jahre 1971 und 73 für sich entschied.

Mitte der 70er Jahre nahm die Abhängigkeit der Rennställe von finanzstarken Sponsoren erheblich zu, Tyrrell geriet in Schwierigkeiten. Zwar konnte er die kontinuierliche Teilnahme am Renngeschehen auch ohne Hauptsponsor sichern, ohne Geld verlor sein Team aber immer mehr den Anschluß an die Konkurrenz.

Derzeit beschäftigt das Unternehmen 115 Angestellte und verfügt für die Saison über ein Budget von 10 Mio. britischen Pfund. Eine Summe, die, gemessen an den finanziellen Aufwendungen für ein Topteam, noch nicht einmal für einen Platz im Mittelfeld ausreicht. Zum Vergleich: In der Zeit der großen Erfolge stand Tyrrell ein Etat von 80 000 Pfund zur Verfügung, von dem ihm nach Abzug aller Kosten noch ein Gewinn blieb.

Aber die Zeit der Siege scheint bei dem Engländer ohnehin vorbei zu sein: In den letzten 14 Jahren gelang dem Team nicht ein einziger Grand Prix-Sieg. Trotz aller Unwägbarkeiten läßt sich Tyrrell den Spaß

am Motorsport nicht nehmen und will auch in den kommenden Jahren an den Start gehen.

Die Fahrer: Der Niederländer Jos Verstappen verdiente sich den Einstieg in die Formel 1 über den Kartsport, der Formel Opel Lotus und mit dem Titel der deutschen Formel 3 Meisterschaft im Jahre 1993. Im folgenden Jahr wurde er mitten in der Saison von Benetton verpflichtet, wo er die letzten zehn Rennen neben Michael Schumacher fuhr, ehe ihn das heute nicht mehr existierende Simtec-Team 1995 für fünf Renneinsätze anwarb.

Im letzten Jahr fuhr er seine erste volle Saison bei Arrows-Hart, dem aktuellen Team um Tom Walkinshaw und Damon Hill.

Sein Teamgefährte bei Tyrrell ist der Finne Mika Salo, der in diesem Jahr schon seine dritte volle Saison für das britische Team bestreitet. Salo zeichnet sich durch ausgeprägte technische Kenntnisse und ein Gespür für die Stärken und Schwächen des jeweiligen Rennwagens aus. Beides nutzten die Techniker von Tyrrell in der Vergangenheit, um an der Weiterentwicklung des eigenen Fahrzeugs zu feilen.

Technische Details

Chassis:	**Tyrrell 025**
Konstrukteur:	Dr. Harvey Postlethwaite
Motor:	**Ford Cosworth ED 4 V8**
Leistung:	670 PS bei 14 500 U/min
Gewicht:	132 kg
Konstrukteur:	Mark Parish
Reifen:	**Goodyear**

Grand Prix Bilanz

GP-Debüt:	**GP Kanada 1970**
WM-Punkte:	**709**
GP-Siege:	**23**

DAS TEAM

Schon fast 30 Jahre mit seinem Team in der Formel 1 dabei: Ken Tyrrell (73).

Jos Verstappen (Startnummer 18), geb. 4.3.1972 in Montfort/Niederlande, F1-Debüt: 1994 in Brasilien, 31 Rennen, kein Sieg.

Mika Salo (Startnummer 19), geb. 30.11.1966 in Helsinki/Finnland, F1-Debüt: 1994 in Japan, 35 Rennen, kein Sieg.

MINARDI

Die italienische Talentschmiede

Den Ruin stets vor Augen, arbeitet Giancarlo Minardi auch in dieser Saison weiter an dem Plan, endlich den eigenen Rennstall im Formel 1-Zirkus zu etablieren.

Bei der Umsetzung seines Vorhabens stößt Minardi aber erneut an kaum zu überwindende finanzielle Grenzen. Schon in der Vergangenheit mußte der seit 1985 aktive Italiener seinen Rennstall »scheibchenweise« an Konkurrenten verkaufen, um den Rennbetrieb überhaupt zu gewährleisten.

In der Hoffnung, daß sich der Erfolg 1997 endlich einstellt, wurden Ende 1996 weitere Anteile des Teams an Benetton-Chef Flavio Briatore verkauft. Nach dieser Veräußerung hält Minardi als Eigner nur noch ca. 14% der Firma.

Die finanzielle Situation diktierte auch immer die Wahl der Fahrer, denn die Gagen für erfahrene Spitzenpiloten konnte der Rennstall nicht aufbringen. Doch in diesem Punkt machte Minardi aus der Not eine Tugend. Immer wieder brachte er Neulinge in seinem Cockpit unter, die sich, wie im Fall des aktuellen Jordan-Piloten Giancarlo Fisichella, meist als Glücksgriffe erwiesen.

Die Fahrer: Ukyo Katayama fährt nach vier Jahren bei Tyrrell im ersten Jahr bei Minardi. Der Weg in die Formel 1 fand der Japaner über verschiedene Rennserien in Europa und in seiner Heimat, wo er 1991 japanischer Formel 3000-Meister wurde. Im darauffolgenden Jahr schaffte er den Einstieg in die F-1 bei Venturi Larrousse, ehe er 1993 zum englischen Team Tyrrell wechselte, für das er in 78 Renneinsätzen fünf Weltmeisterschafts-Punkte einfahren konnte.

Sein Teamkollege Jarno Trulli ist eine der zahlreichen Minardi-Entdeckungen und kommt als frischgebackener deutscher Formel 3-Meister in das Team. Zuvor sammelte er in verschiedenen Kartserien Erfahrungen; u.a. sicherte er sich die italienische Kart-Meisterschaft der Klasse 100 SA.

Technische Details	
Chassis:	**Minardi M197**
Konstrukteur:	Gabriele Tredozi
Motor:	**Hart 830 AV7 V8**
Leistung:	670 PS bei 15 000 U/min
Gewicht:	105 kg
Konstrukteur:	Brian Hart
Reifen:	**Bridgestone**
Kraftstoff:	**Minardi**

Grand Prix Bilanz	
GP-Debüt:	**GP Brasilien 1985**
WM-Punkte:	**27**
GP-Siege:	**0**

Teamchef Giancarlo Minardi

Ukyo Katayama (Startnummer 20), geb. 29.5.1963 in Tokio/Japan, F1-Debüt: 1992 in Südafrika, 78 Rennen, kein Sieg.

Jarno Trulli (Startnummer 21), geb. 13.7.1974 in Pescara/Italien, F1-Debütant.

STEWART

Eine Rennsportlegende meldet sich zurück

Mit der Firma »Stewart-Racing« greift Jackie Stewart nach über zwei Jahrzehnten der Abstinenz vom aktiven Formel 1-Sport zusammen mit seinem Sohn Paul wieder ins Geschehen ein.

Der dreifache Formel 1-Champion der Jahre 1969, 1971 und 1973 arbeitete nach seiner Fahrerkarriere als Repräsentant für den Uhrenhersteller Rolex und den amerikanischen Automobilkonzern Ford. Die Manager von Ford unterbreiteten Stewart auch das Angebot, in Zusammenarbeit mit ihren Technikern einen konventionellen F-1-Wagen zu entwickeln, mit dem der Autohersteller wieder an die Spitze der Rennserie vorstoßen will.

Wie wichtig Ford die Formel 1 ist, zeigt die Tatsache, daß der Konzern Stewart neben technischer und finanzieller Unterstützung die Exklusivrechte für die Nutzung seiner Triebwerke in den nächsten fünf Jahre zugesichert hat.

Mit seinem Sohn Paul konnte Jackie Stewart zudem einen wichtigen Mitstreiter gewinnen. Nach einigen fehlgeschlagenen Versuchen, als Fahrer in die Fußstapfen des berühmten Vaters zu schlüpfen, sammelte Paul in der Vergangenheit als Teamchef in anderen Rennserien wichtige Erfahrungen, die er als Teammanager von »Stewart Racing« einbringen wird. Einen Schönheitsfehler hat das Projekt Steward-Ford dennoch: Teamchef Jackie Stewart konnte für die 97er

Saison nicht genügend Sponsoren auftreiben.

Die Fahrer: Mit Rubens Barrichello hat ein erfahrener Pilot den Zuschlag erhalten. Der Brasilianer ist seit 1993 in der Formel 1 aktiv und war bis zu seinem Wechsel zu Stewart beim Jordan Rennstall unter Vertrag. Allerdings konnte der Südamerikaner bis auf eine Pole Position beim Großen Preis von

Belgien in Spa 1994 bis dato keine größeren Erfolge in der Rennserie verbuchen.

Der Däne Jan Magnussen, zweiter Mann neben Barrichello, war in den letzten drei Jahren Testfahrer bei McLaren. Den größten Erfolg in seiner Motorsportkarriere feierte der Skandinavier 1994, als er sich den Titel des britischen Formel 3-Meisters holte.

Technische Details

Chassis:	Stewart SF1
Konstrukteur:	Alan Jenkins
Motor:	**Ford Zetec R V10**
Leistung:	700 PS bei 16 500 U/min
Gewicht:	120 kg
Konstrukteur:	Nick Hayes
Reifen:	**Bridgestone**
Kraftstoff:	**Texaco**

Grand Prix Bilanz

GP-Debüt:	**GP Australien 1997**
WM-Punkte:	**0**
GP-Siege:	**0**

DAS TEAM

Jackie Stewart (re.) mit seinem Sohn Paul, der als Teammanager fungiert

Rubens Barrichello (Startnummer 22), geb. 23.5.1972 in São Paulo/Brasilien, F1-Debüt: 1993 in Südafrika, 64 Rennen, kein Sieg.

Jan Magnussen (Startnummer 23), geb. 4.7.1973 in Roskilde/Dänemark, F1-Debüt: 1995 in Japan, bestritt nur ein Rennen.

LOLA

Mit großem Willen in die Königsklasse

Mit technischem Know-how und voller Enthusiasmus möchte Teamchef und Rennstallgründer Eric Broadley endlich in der Formel 1 Fuß fassen.

Zwar ist das Team im Formel 1-Geschäft ein unbeschriebenes Blatt, aber an Erfahrung und F1-Kenntnissen fehlt es der Truppe nicht.

Bereits in den 60er und 70er Jahren versuchte man die Tür zur automobilen Königsklasse aufzustoßen. Allerdings war und blieb der einzige Erfolg ein Sieg für Honda im Jahr 1967, deren Auto von Lola entwickelt wurde.

Anfang der 90er Jahre fing Lola an, Chassis für den französischen Formel-1-Rennstall Larousse zu bauen. Doch schon zwei Jahre später beendete das Team die Zusammenarbeit mit den Franzosen aufgrund finanzieller Engpässe. In der Folgezeit machte sich Lola einen Namen in anderen Motorsportklassen, etwa in der Formel 3000 oder der amerikanischen Indycart-Serie. Mit diesen Erfahrungen und einem mächtigen Hauptsponsor (Master-Card) geht die neugegründete Firma »Lola Formula I Limited« voller Optimismus in ihre erste Grand Prix-Saison. Firmengründer Broadley: »Wir haben die Erfahrung, den Einsatzwillen und den Wunsch im F1-Sport erfolgreich zu sein. Und wir werden es schaffen.«

Doch dieser Optimismus scheint verfrüht, denn die Voraussetzungen für die Saison sind keineswegs ideal. Noch nie wurde z.B. ein Rennwagen so spät fertiggestellt wie der von Lola. Dabei standen die Zeichen für eine frühe Präsentation eigentlich gut: Die Firma verfügt über 235 Angestellte und ist seit Jahren im Besitz eines technischen Zentrums mit modernster Entwicklungstechnik, in dem ein konkurrenz- und siegfähiges Rennwagenchassis erstellt werden könnte. Darüber hinaus hatte Lola die Möglichkeit, in Eigenregie den Bau eines V10 Triebwerks bei dem Motorenbauer Milligan in Auftrag zu geben. Bis dieses Aggregat den Prüfstand verläßt, muß Lola allerdings auf Cosworth-Motoren zurückgreifen, deren Leistungsfähigkeit aber hinter den Motoren anderer Teams zurücksteht.

Die Fahrer: Mit dem Brasilianer Ricardo Rosset und dem italienischen Grand Prix Debütanten Vincenzo Sospiri schickt Lola zwei relativ unerfahrene, dafür aber erfolgshungrige Piloten in die Formel 1-Saison. Sospiri verfügt zwar über über Formel 1-Erfahrung, seine Auftritte im Footwork-Team 1996 brachten allerdings keine zählbaren Erfolge ein.

Die riskante, von Geldnöten diktierte Wahl von Rosset und Sospiri könnte sich aber trotzdem als positiv erweisen, denn die Teamgefährten kennen sich bereits aus vergangenen Tagen: 1995 kämpften sie gemeinsam beim Rennstall Super Nova Racing um den Titel der europäischen Formel 3000 Meisterschaft. Das bessere Ende hielt damals Sospiri in der Hand; er gewann den Titel vor Rosset.

Technische Details	
Chassis:	Lola T 97/30
Motor:	Ford Cosworth Zetec R V8
Leistung:	660 PS bei 15 000 U/min
Gewicht:	130 kg
Konstrukteur:	Mark Parish
Reifen:	Bridgestone

Grand Prix Bilanz	
GP-Debüt:	GP Holland 1962
WM-Punkte:	20
GP-Siege:	0

DAS TEAM

Ricardo Rosset (Startnummer 24), geb. 27.7.1968 in São Paulo/Brasilien, F1-Debüt: 1996 in Australien, 15 Rennen, kein Sieg.

Vincenzo Sospiri (Startnummer 25), geb. 7.10.1966 in Forli/Italien, Kart-Weltmeister 1987, 1995 Champion der europäischen Formel 3000, F1-Debütant.

Die Rennen

Kalendarium

1.–31. Januar
Auf Wunsch von Bernie Ecclestone sollen die Flaggensignale demnächst durch eine Ampelregelung ersetzt werden.

Der »Accident Data Recorder« (ADR) wird zukünftig in jeden F1-Boliden eingebaut und soll, ähnlich wie ein Flugschreiber, genaue Daten über den Hergang eines Unfalls liefern können.

Die Fahrzeuge der Rennställe Benetton, McLaren und Stewart konnten beim ersten geforderten Crashtest nicht überzeugen.

Renault zieht sich nach einer offiziellen Presseerklärung als Motorenpartner Ende 1997 aus dem GP-Sport zurück. Nach dem Rücktritt von Renault versucht Bernie Ecclestone Peugeot und Mercedes zu überzeugen, jeweils ein zweites Team zu beliefern.

10. Februar
Bei Testfahrten im spanischen Jerez überrascht Benetton-Pilot Gerhard Berger mit einer Rundenzeit von 1:21,01 min die Konkurrenz.

13. Februar
McLaren Mercedes und Hauptsponsor West präsentieren in London mit einer großen Party ihren neuen F1-Renner.

Kurz vor der Enthüllung: Der neue McLaren MP4/12-Mercedes

Nach ersten Fahrten mit dem neuen Sauber C16 auf der Ferrari-Teststrecke in Fiorano zeigt sich das Sauber-Team äußerst zufrieden. Ab dem 19. Februar will man weitere Tests in Barcelona absolvieren.

20. Februar
In Imola beginnt der Prozeß um den 1994 tödlich verunglückten Brasilianer Ayrton Senna. Während des Gerichtsverfahrens muß sich u.a. Teamchef Frank Williams wegen fahrlässiger Tötung verantworten.

Gina Maria, Tochter von Michael Schumacher und Ehefrau Corinna, erblickt das Licht der Welt.

28. Februar
Unbekannte versuchen die Rennstrecke in Melbourne vor dem Saisonauftakt am 9. März zu sabotieren. Sie gießen ca. 200 Liter Dieseltreibstoff auf einige Stellen der Strecke, um den Start des Grand Prix zu verhindern.

1.–28. Februar
Alain Prost, vierfacher F1-Champion, übernimmt den französischen Rennstall Ligier. Das Team wird nun unter dem Namen »Prost Grand Prix« geführt.

Zwei weitere Reifenhersteller liebäugeln mit der Königsklasse des Rennsports ab 1998: Pirelli (Italien) und der französische Konzern Michelin.

Mika Häkkinen fährt mit dem McLaren Mercedes-»Silberpfeil« bei Tests in Barcelona einen neuen Streckenrekord (1:17,78 min).

Der japanische Reifenhersteller Bridgestone will im englischen High Wycombe ein neues Basislager errichten. Ein idealer Standort, denn der Flughafen Heathrow und die Rennstrecke von Silverstone liegen ganz in der Nähe.

8. März
Melbourne: Ralf Schumacher muß 5000 $ Geldstrafe zahlen, weil er im Training nach einem Dreher sein Lenkrad mitgenommen hat. Die Regelung sieht nämlich vor, das Steuer im Fahrzeug zu lassen, damit es besser abgeschleppt werden kann.

9. März
Silberpfeile siegen wieder: McLaren-Pilot David Coulthard kann den Auftakt-GP zur Formel 1-Weltmeisterschaft in Melbourne für sich entscheiden. → S. 24

10. März
Die australische Brauerei Foster's sichert sich mit einem 25-Mio. DM-Vertrag das Recht, bei neun GP dieser Saison ausschließlich ihren Gerstensaft an durstige Kehlen auszuschenken.

11. März
Bernie Ecclestone plant mit seinem F1-Zirkus in London und New York den Gang an die Börse. Der geschätzte Börsenwert der zu gründenden Gesellschaft beträgt 6,4 Mrd. DM. → S. 43

Mit einer ganzseitigen Anzeige in mehreren deutschen Tageszeitungen gratuliert Mercedes-Benz dem frischgekürten Sieger von Melbourne, David Coulthard, auf seinem McLaren Mercedes-»Silberpfeil«. → S. 27

12. März
Die Nürburgring GmbH und der ADAC haben sich mit Bernie Ecclestone geeinigt, daß die Traditionsstrecke in der Eifel bis zum Jahr 2001 als »Großer Preis von Luxemburg« ausgetragen wird.

28. März
Der Rennstall Lola-Ford muß schon vor dem Brasilien-GP aus finanziellen Gründen seine Box räumen. → S. 31

30. März
Strahlender Sieger beim 2. WM-Lauf in São Paulo (Brasilien) ist der Kanadier Jacques Villeneuve auf Williams Renault. → S. 28

1.–31. März
F1-Weltmeister Damon Hill bekommt von Königin Elisabeth II. den »Order of the British Empire« verliehen – 29 Jahre nachdem sein Vater Graham den gleichen Orden bekommen hat.

Für 50 000 DM verkauft Michael Schumacher die Erstrechte für Fotos seiner Tochter. Der Erlös wird der UNESCO gespendet.

Sprüche und Zitate
»Wir haben 42 neue Leute angestellt und 12 Mio. DM investiert. Ich sehe keinen Grund, warum wir nicht gewinnen sollten.«
Eddie Jordan, Teamchef des gleichnamigen F1-Rennstalls

»Mit seiner Undiplomatie und seinem sturen Kopf wird er das eine oder andere Mal anecken.«
Michael Schumacher über seinen Bruder Ralf

Gute Techniker gefragt

Während sich die Öffentlichkeit meist für die Frage interessiert, welcher Fahrer im nächsten Jahr in welchem Auto sitzt, stellen sich die Verantwortlichen bei den Rennställen abseits vom Medienrummel immer häufiger die Frage: Wer entwirft im nächsten Jahr unser Auto?

In der Formel 1 reicht das Talent eines Fahrers alleine schon lange nicht mehr, um einen Grand Prix oder den Weltmeistertitel zu erringen. Zu komplex ist die automobile Königsklasse geworden, um Erfolgsaussichten an einer Person festzumachen.

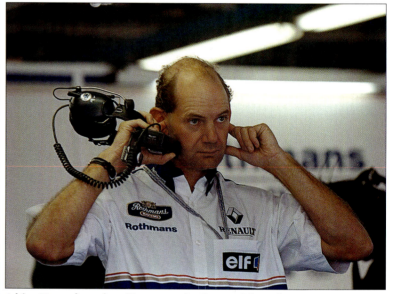

Adrian Newey kann den »Lärm« um seine Person nicht mehr ertragen

Längst wissen die Teamchefs, daß auch der beste Fahrer die Defizite eines Wagens nicht ausgleichen kann. Das Ringen um den versiertesten Konstrukteur hat sich deshalb zu einem ebenso lukrativen wie umkämpften Geschäft entwickelt, bei dem Angebot und Nachfrage einen enormen Stellenwert haben.

Adrian Newey, der derzeit anerkannt begabteste und erfolgreichste Designer, stand in diesem Jahr auf der Wunschliste von McLaren. Der Fachmann für Aerodynamik arbeitete ab 1990 bei Williams und entwarf zwei Jahre später den FW-14, mit dem Nigel Mansell im gleichen Jahr Weltmeister wurde. Bis heute waren 51 von 97 Designs, die auf Entwürfe von Newey zurückgehen, bei Grand Prix-Einsätzen erfolgreich.

Ron Dennis, Teamchef von McLaren, interessierte sich schon seit Jahren für das »Genie« und Newey gab in diesem Jahr endlich eine Zusage. Leicht kam dieser »Deal« allerdings nicht zustande, denn Ferrari hatte ebenfalls die Fühler nach Newey ausgestreckt – und Williams wollte Newey am Anfang ohnehin nicht vor Vertragsende (1999) ziehen lassen.

Letztlich bekam der englische Rennstall den Zuschlag aber doch, nachdem Ron Dennis eine außergerichtliche Einigung mit Frank Williams gefunden hatte. Wie brisant der Fortgang eines Konstrukteurs für ein Team sein kann, sah man an der Bedingung, die Williams an den Wechsel von Newey knüpfte: Der Konstrukteur durfte nicht an dem Wagen für die Saison 1997 mitarbeiten und wurde für die Ausübung seines Jobs bis zum 1. August 1997 gesperrt.

Ferrari machte sich derweil daran, die Fachleute bei Benetton abzuwerben. Mit den »Meistermachern« Ross Brawn (Technischer Direktor) und Rory Byrne (F1-Chef-Designer) erwarb der italienische Rennstall die Wunschkandidaten ihres Schützlings Michael Schumacher. Beide waren nicht unwesentlich am zweimaligen WM-Triumph des Kerpeners (1994 und 1995) beteiligt.

Auch Brawn und Byrne hatten massive Probleme, sich von Benetton loszueisen, denn der Rennstall schaltete auf stur und wollte sie nicht gehen lassen. Nachdem der Deal mit Ferrari über die Bühne gegangen war, ärgerte sich Flavio Briatore sich noch immer: »... demnächst kaufen die auch mich.«

Ex-Ferrarikonstrukteur John Barnard (re.) mit seinem neuen Arbeitgeber Tom Walkinshaw, Teamchef und Rennstallbesitzer von Arrows

△ Wie in alten Zeiten: Michael Schumacher im Gespräch mit Ross Brawn, mit dem er bei Benetton zwei Weltmeistertitel (1994 und 95) feiern durfte.

▷ Rory Byrne ist einer der wenigen, die es ohne klassische Ingenieursausbildung in die Spitze der Formel 1 geschafft haben. »Das Gewinnen«, so Byrne, »ist nicht so wichtig wie konkurrenzfähig zu sein. Mit vier Zehntel im Rückstand Zweiter zu werden, ist nicht schlimm. Aber mit einer Runde Rückstand Zweiter zu werden, das ist furchtbar.«

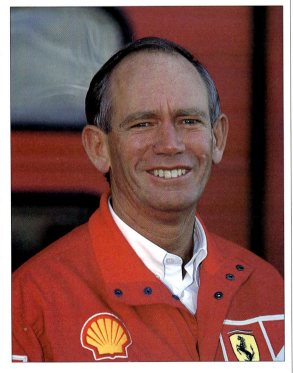

REIFEN

Für jedes Rennen müssen die Reifen exakt vorbereitet werden.

Bridgestone contra Goodyear

Mit den Erfahrungen aus 30 Jahren Rennsport wagte sich der japanische Reifenproduzent Bridgestone 1997 wieder in die Formel 1. Mit der Ende 1996 bekanntgegebenen Entscheidung schickte sich der Pneu-Hersteller gleichzeitig an, die Monopolstellung des Konkurrenzunternehmens Goodyear anzugreifen.

Die Japaner, die neben Michelin und Goodyear zu den größten Reifenproduzenten der Welt gehören, wollten eigentlich schon vor über zehn Jahren wieder ins Formel 1-Geschäft einsteigen, verschoben dieses Vorhaben aber immer wieder – unter anderem, weil die finanziellen Risiken nach dem Kauf von Firestone in den 80er Jahren vom Management als zu groß eingeschätzt wurden.

1997 bestückte Bridgestone vorerst fünf Rennställe mit ihren Gummis, wobei Arrows und Prost bei Testfahrten Ergebnisse erzielten, die die hochgesteckten Erwartungen erfüllten. Arrows-Teamchef Tom Walkinshaw war aufgrund der Rundenzeiten schon vor dem ersten Rennen von den Qualitäten der Japaner überzeugt und sah sein Team mit neuen Pneus in die Siegerränge fahren. Doch dort war Bridgestone lange abwesend: Zum letzten Mal konnte ein Wagen mit ihren Gummis 1965 in Mexiko gewinnen.

VERTRÄGE

Das Concorde-Abkommen

Die Formel 1 ist wie jeder andere Sport auch von festen Regeln abhängig. In dieser Rennserie sind die »Spielregeln« im Concorde-Abkommen zusammengefaßt. Neben den sportlichen Aspekten ordnet dieses Reglement auch die wirtschaftliche Koexistenz zwischen der FIA und den Teams.

Bevor ein Formel 1-Team an den Grand-Prix Veranstaltungen teilnehmen kann, muß es die Rahmenbedingungen des Reglements erfüllen. Diese Richtlinien werden vom Weltrat des Internationalen Automobilverbandes (FIA) bestimmt und sind ebenfalls im Concorde-Abkommen festgehalten. Vorgeschrieben werden u.a. Maße, Gewicht und Hubraum eines Autos sowie die Dauer und die Termine der kompletten Saison.

Die Statuten müssen von allen Teams eingehalten werden, während die wirtschaftliche Zusammenarbeit mit der FIA auf freiwilliger Basis geschieht. Dabei handelt es sich um ein Geben und Nehmen: Unterschreibt ein Team den Vertrag mit der FIA, erkennt es einige »Sonderwünschen« der Sportbehörde an, wie z.B. das Verbot, die Fahrzeuge in einer anderen Monoposto-Formel einzusetzen. Die Vorteile für die unterzeichnenden Teams liegen in einer höheren finanziellen Beteiligung an den Einnahmen aus TV-Rechten und Ticketverkäufen.

Williams trumpft groß auf

Die Qualifikation für das Saisondebüt stand ganz im Zeichen des Kanadiers Jacques Villeneuve. Hatte er im Freitagstraining noch »geblufft«, zeigte der Williams-Pilot am Samstag den Konkurrenten überraschend klar die Grenzen auf. Fast zwei Sekunden lag Villeneuve vor Michael Schumachers Ferrari, in der Formel 1 eine »halbe Ewigkeit«. Der Vizeweltmeister von 1996 profitierte bei seiner Bestzeit allerdings von einer freien Runde und der perfekten Abstimmung seines Wagens.

Während die Plazierungen im vorderen Teil des Feldes den Erwartungen entsprachen, bahnte sich im hinteren Bereich eine Sensation an. Weltmeister Damon Hill mußte bis zur 53. der auf 60 Minuten begrenzten Qualifikation zittern, ehe er sich seine Startberechtigung für das Sonntagsrennen sichern konnte. Wie sich nach dem Training herausstellte, hatte Hill seine schnellste Runde mit einer defekten Radaufhängung absolviert. Bis dahin war er deutlich unter der 107%-Qualifikationshürde geblieben. Die in diesem Jahr erstmals wirksame 107%-Regel sieht vor, daß die Zeitdifferenz eines Fahrers gegenüber dem Trainingsschnellsten nicht mehr als 7% betragen darf. Überschreitet er diese Marke, wie es z.B. die beiden Lolas von Sospiri und Rosset taten, erhält er keine Starterlaubnis.

Hills Teamkollege Pedro Diniz, der ursprünglich ebenfalls an der 107%-Marke gescheitert war, rutschte nur mit Hilfe einer großzügigen Ausnahmegenehmigung ins Starterfeld. Erst nachdem Arrows-Teamchef Tom Walkingshaw auf die seiner Meinung nach außergewöhnlichen Umstände des Trainings hingewiesen hatte – Diniz sei in der Schlußphase mit einem Getriebeschaden gefahren und Villeneuves großer Abstand zum Zweiten ungewöhnlich –, entschied sich die Rennleitung zu dieser Geste gegenüber dem Brasilianer.

Trainingsergebnis/Startaufstellung

1.	Villeneuve	Williams Renault	1:29,369
2.	Frentzen	Williams Renault	1:31,123
3.	M. Schumacher	Ferrari	1:31,472
4.	Coulthard	McLaren Mercedes	1:31,531
5.	Irvine	Ferrari	1:31,881
6.	Häkkinen	McLaren Mercedes	1:31,971
7.	Herbert	Sauber Petronas	1:32,287
8.	Alesi	Benetton Renault	1:32,593
9.	Panis	Prost Mugen Honda	1:32,842
10.	Berger	Benetton Renault	1:32,870
11.	Barrichello	Stewart Ford	1:33,075
12.	R. Schumacher	Jordan Peugeot	1:33,130
13.	Larini	Sauber Petronas	1:33,327
14.	Fisichella	Jordan Peugeot	1:33,552
15.	Katayama	Minardi Hart	1:33,798
16.	Nakano	Prost Mugen Honda	1:33,989
17.	Trulli	Minardi Hart	1:34,120
18.	Salo	Tyrrell Ford	1:34,229
19.	Magnussen	Stewart Ford	1:34,623
20.	Hill	Arrows Yamaha	1:34,806
21.	Verstappen	Tyrrell Ford	1:34,943
22.	Diniz	Arrows Yamaha	1:35,972
Nicht qualifiziert:			
23.	Sospiri	Lola Ford	1:40,972
24.	Rosset	Lola Ford	1:42,086

Albert Park

Dieser Parcours, der durch den Stadtpark von Melbourne führt, löste 1996 den Australien-Klassiker Adelaide ab. Durch seine 14 variantenreichen schnellen Kurven und einem Durchschnittstempo von 200 km/h gibt es kaum Überhol-

möglichkeiten, was Fahrern und Material einiges abverlangt.

Streckenlänge: 5,302 km
Renndistanz: 58 Runden (307,516 km)
Sieger 1996: Damon Hill, Williams Renault
Rundenrekord: 1:33,421 min., Jacques Villeneuve, Williams Renault, 1996

Der Traum vom Siegen

9. März, Melbourne. Zum zweiten Mal nach 1996 wurde eine Formel 1 Saison im australischen Albert Park eröffnet. Nach einer katastrophalen Vorstellung von Welmeister Damon Hill und dem Totalausfall für Williams, erlebten rund 150 000 Zuschauer den überraschenden Sieg von David Coulthard im McLaren-Mercedes. Ein Erfolg, der von der Presse als Wiedergeburt der legendären »Silberpfeile« gefeiert wurde.

Als das Starterfeld losfuhr, um die Einführungsrunde aufzunehmen, blieb Damon Hill auf seinem Platz stehen. Ein defektes Gaspedal versagte dem Engländer das Fortkommen und machte ihn damit schon vor dem eigentlichen Rennbeginn zum tragischen Zuschauer.

Nachdem der Arrows von Hill aus dem Weg geräumt war, konnten die restlichen Fahrer den Start aufnehmen. Schon in der ersten Kurve verringerte sich das Feld um drei weitere Kandidaten. Der Ire Eddie Irvine wollte sich innen an dem Williams von Villeneuve vorbeidrängen und tuschierte den Wagen des Kanadiers. Durch diese Aktion »kegelten« sich beide Fahrer von der Piste, wobei das Duo den Sauber von Johnny Herbert gleich mit ins Aus nahm. Nur wenig später ereilte den Grand

Prix-Debütanten Ralf Schumacher ähnliches Pech: Der jüngere Bruder von Michael Schumacher hatte zwar keine Kollision mit anderen Teilnehmern, mußte aber sein Auto trotzdem an die Seite stellen. Der Grund für die kurze Dienstfahrt war eine gebrochene Antriebswelle an seinem Jordan.

Die Piloten, die zu diesem Zeitpunkt noch aktiv am Renngeschehen beteiligt waren, wurden von Heinz Harald Frentzen angeführt. Der Deutsche konnte sich gleich zu Beginn vom Feld absetzen und verfügte in der sechsten Runde über ein Zeitpolster von 10 Sekunden auf den an Position zwei liegenden David Coulthard. Nach Ablauf des ersten Renndrittels wurde es Zeit für den Führenden, eine Pause an der Box einzulegen, um dem Wagen neue Reifen und Ben-

David Coulthard kann seine Führungsposition vor dem Zweitplazierten Michael Schumacher bis ins Ziel halten.

wird für die neuen »Silberpfeile« endlich wahr

zin zu »spendieren«. Dadurch gab der Deutsche die Spitze an den McLaren-Mercedes von Coulthard ab, dem Schumacher dicht auf den Fersen folgte. Diesem Duo gesellte sich der frisch betankte Frentzen mit immer kürzer werdenden Abständen zu.

Als in der 31. Runde Schumacher – und nach zwei weiteren Runden Coulthard – eine Auszeit nahmen, lag der Mönchengladbacher wieder vorn. Der jetzt hinter dem Deutschen plazierte Alesi konnte sich allerdings nicht lange über den zweiten Platz freuen. Nachdem er mehrmals die Signale seiner Box ignoriert hatte und nicht zum Tanken erschien, schlug sein Versuch, ohne Benzin fahren zu wollen, fehl. Der Franzose mußte seinen Benetton ohne Sprit, weit weg von der Tankstelle, im Streckengraben abstellen.

Nach diesem gescheiterten Experiment stellte sich die ursprüngliche Reihenfolge, bestehend aus Frentzen, Coulthard und Schumacher, wieder her. Frentzen fuhr im weiteren Rennverlauf soviel Zeit heraus, daß er nach seinem ersten

Boxenstopp sogar wieder als Erster auf den Kurs gehen konnte. Sein zweiter Boxenhalt in der 40. Runde verlief allerdings weniger planmäßig: Beim Wechsel des rechten Hinterrades mußte eine defekte Radmutter ausgetauscht werden. Dadurch verlängerte sich seine Standzeit um gut acht Sekunden.

Trotzdem reihte sich der Williams nach diesem Malheur als Dritter ein und lieferte sich mit dem Führungsduo Coulthard–Schumacher einen beherzten Kampf um eine bessere Plazierung.

Der Ferrari von Schumacher verabschiedete sich wenig später (51. Runde) vom Renngeschehen und fuhr für ein neuerliches Auftanken an die Box. Diese Pause war nötig, aber in der Rennstrategie eigentlich gar nicht vorgesehen. Beim ersten Betanken waren 28 Liter Benzin zu wenig in den Tank des Ferrari geflossen, ohne daß der Wahlschweizer nicht mehr die Ziellinie erreicht hätte.

Auch Frentzen sollte das Pech an diesem Tag treu bleiben: Kurz vor dem Ende des Rennen löste sich

Für Weltmeister Damon Hill kam das Aus bereits in der Einführungsrunde – ein defektes Gaspedal war der Grund für die mißglückte Premiere auf Arrows-Yamaha.

beim Anbremsen einer Kurve die vordere linke Bremsscheibe in Wohlgefallen auf, katapultierte den Wagen ins Kiesbett und beendete die erste Dienstfahrt des Deutschen im Williams.

Im Ziel entschied der McLaren-

Mercedes Pilot David Coulthard den Großen Preis von Australien für sich. Die weiteren Podiumsplätze wurden unter Schumacher (2) und dem Stallgefährten des Siegers, Mika Häkkinen (3), aufgeteilt. Den ersten gewonnenen Grand-Prix für

Mika Häkkinen, McLaren-Teamchef Ron Dennis, Michael Schumacher und David Coulthard (v.l.n.r.) bei der Siegerehrung

McLaren und Mercedes kommentierte Frentzen sarkastisch: »Der Stein, der McLaren-Teamchef Dennis vom Herzen gefallen ist, hat ein Loch in der Boxengasse hinterlassen«. Mercedes-Sportchef Norbert Haug fügte hinzu: »Hat man keinen Erfolg, schaut einen selbst der Pförtner schief an. Hat man Erfolg, tragen sie dich durchs Werkstor.« Und Coulthard verkündete stolz: »Ich bin erfreut, daß ich gegen Norbert Haug eine Wette verloren habe! Der Deal war – wenn ich gewinne, muß ich auf silbern umrüsten ...« – gemeint waren seine Haare.

Das Rennergebnis

1. Coulthard	1:30:28,718 Std.	
2. Schumacher	+	20,046 sek.
3. Häkkinen	+	22,177 sek.
4. Berger	+	22,841 sek.
5. Panis	+	1:00,308 min.
6. Larini	+	1:36,040 min.

Fahrerwertung

1. Coulthard	10 Punkte
2. Schumacher	6 Punkte
3. Häkkinen	4 Punkte
4. Berger	3 Punkte
5. Panis	2 Punkte
6. Larini	1 Punkt

Konstrukteurswertung

1. McLaren-Mercedes	14 Punkte
2. Ferrari	6 Punkte
3. Benetton-Renault	3 Punkte
4. Prost Mugen-Honda	2 Punkte
5. Sauber-Petronas	1 Punkt

Der Sieg von Melbourne war vor allem für Mercedes eine – vielleicht etwas späte – Bestätigung der kontinuierlichen Entwicklungsarbeit. Das Unternehmen verband den ersten Sieg in einem Grand Prix seit 1955 zugleich mit größeren Zielen, die aber erst in den nächsten Jahren verwirklicht werden können.

▷ Grand-Prix-Debütant Ralf Schumacher mußte ein frühes Aus verkraften.

▽ Heinz-Harald Frentzen bewies bis zu seinem Ausfall, daß er in der Spitze mitfahren kann.

Alesi verschläft das Tanken

Zum – viel belächelten – Pechvogel avancierte in Melbourne der Benetton-Renault-Pilot Jean Alesi. Der Franzose ignorierte standhaft sechs Aufforderungen seines Teams, zum Tanken an die Box zu fahren. In der 35. Runde bekam er für diesen Eigensinn die Quittung: Der Benetton blieb ohne Sprit am Streckenrand liegen.

Während Alesi für sein Mißgeschick technische Probleme reklamierte – »Irgendwann hat sich wohl die Funkverbindung zur Box verabschiedet. Mir fehlte völlig die Orientierung, wann ich zum Nachtanken zur Box kommen sollte. Plötzlich starb der Motor ab, und mich überkam ein schreckliches Gefühl, dieses Rennen wegen einer so blöden Sache wegzuschmeißen« –, ließ Teammanager Joan Villadelprat kein gutes Haar an seinem Fahrer: »Selbst unseren Zwei-Meter-Mann Nick Wirth hat er mit dem Signal nicht gesehen. Alesi ist ein Idiot, und blind ist er auch noch.«

Aus Erfahrung gut – Mercedes feierte schon früh große Erfolge

Der Name Mercedes Benz spielte schon lange vor dem Erscheinen der legendären »Silberpfeile« Anfang der 30er Jahre im automobilen Rennsport eine herausragende Rolle. 1908 schockten die 135-PS starken Rennwagen beim Grand Prix von Frankreich vor allem die französische Konkurrenz. Auf dem Kurs in Dieppe (Länge 769,88 km) starteten allein 24 Wagen der französischen Firmen Renault, Mors, Panhard-Levassor und Richard-Brasier mit einen klaren »Auftrag«: Sieg. Doch nach fast sieben Stunden brauste der Deutsche Christian Lautenschlager als Erster durchs Ziel, gefolgt von Victor Hémery, einem Franzosen, der aber gleichfalls einen Benz pilotierte.

Nach dieser Schmach war dem französischen Automobilclub sechs Jahre lang die Lust vergangen, einen Grand Prix zu veranstalten. Erst 1914 fühlte man sich stark genug, mit neuen Wagen von Peugeot und Delage die Deutschen herauszufordern, die mit vier Mercedeswagen – bei 41 Teilnehmern – an den Start gingen. Mit einer Gesamtfahrzeit von 7.18:18,4 h distanzierte Lautenschläger in Lyon erneut die Konkurrenz und kam vor seinen Stallgefährten Wagner und Salzer als Erster ins Ziel.

Die Entstehung eines Namens

1934 trat die von der »Vereinigung internationaler Autoclubs« festgelegte »750-kg-Formel« in Kraft. Bei beliebiger PS-Stärke durfte ein Rennwagen danach nicht schwerer als 750 kg sein; Ziel dieser Bestimmung war die Drosselung der Höchstgeschwindigkeit. Mitarbeiter von Daimler-Benz entwickelten einen Rennwagens namens W 25 mit einem Acht-Zylinder-Motor, 3,4 l Hubraum und 354 PS, der mit offener Karosserie eine Spitzengeschwindigkeit von 300 km/h erreichte. Obwohl Mercedes überall Gewicht eingespart hatte, erreichte der W 25 bei seinem ersten Auftritt, dem Internationalen ADAC-Eifelrennen, nicht das geforderte Gewicht von 750 kg. Die Waage zeigte ein Kilogramm mehr an. Alfred Neubauer, zwischen 1926 und 1957 Rennleiter von Mercedes Benz, hatte schließlich die rettende Idee: Der weiße Lack der W 25 wurde bis auf das Aluminium abgeschliffen, die »Silberpfeile« wogen nun exakt 750 kg – eine Legende war geboren.

21 Jahre später, am 23. Juni 1935, begann auf der Strecke von Monthléry eine neue Ära in der Geschichte von Mercedes Benz, als Rudolf Caracciola und Manfred von Brauchitsch beim Großen Preis von Frankreich einen Doppelsieg feierten. Bis in die späten 30er Jahre dominierte der W 25 von Mercedes mit Caracciola, von Brauchitsch und Hermann Lang, neben Auto Union und Alfa Romeo, die Rennstrecken in aller Welt.

Nach dem Zweiten Weltkrieg gingen die »Silberpfeile« erstmals am 18. Februar 1951 wieder an den Start eines Automobilrennens. Die Rennwagen mit dem traditionsreichen Beinamen nahmen am »Premio de la Nacion Juan Perón« in Argentinien teil. Auf dem kurvenreichen, 3,5 km langen Rundkurs im Palermo-Park von Buenos Aires belegten Hermann Lang und Juan Manuel Fangio die Plätze 2 und 3 hinter dem Ferrari-Piloten José Froilan Gonzales. Dieses Comeback bildete den Auftakt zu einer unvergleichlichen Erfolgsserie in den 50er Jahren, die erst mit dem Rückzug von Mercedes aus dem Motorsport 1955 endete.

Willkommen im Club.

David Coulthard. Powered by Mercedes-Benz.

Mercedes-Benz

Mit dieser Anzeige »verewigte« Mercedes Benz den Melbourne-Sieger David Coulthard im Kreis seiner großen Vorgänger, die für den Stuttgarter Automobilkonzern insgesamt 39 Grand Prix-Siege herausfahren konnten. (Oberste Reihe v.l.n.r.): Rudolf Caracciola 17 GP-Siege), Luigi Fagioli (4 GP-Siege), Manfred von Brauchitsch (2 GP-Siege); (untere Reihe, v.l.n.r.): Hermann Lang 6 GP-Siege), Stirling Moss (1 GP-Sieg) und Juan Manuel Fangio (9 GP-Siege).

Karl Kling am Steuer eines »Silberpfeils« beim ersten Großen Preis von Frankreich nach dem Zweiten Weltkrieg

DER KURS

Autodromo José Carlos Pace

Bico de Pato
Ferradura *Pinheirinho* *Mergulho*
Junção
»S« Senna
Curva do Sol
Descida do Lago
Reta Oposta

nach Start und Ziel bietet Raum für Überholaktionen und die Mischung aus langsamen und schnellen Kurven stellt eine Extrembelastung für Boliden und Fahrer dar.

Streckenlänge: 4,292 km
Renndistamz: 72 Runden (309,024 km)
Sieger 1996: Damon Hill, Williams Renault
Rundenrekord: 1:18,455 min., Michael Schumacher, Benetton Ford, 1994

Die im Süden von São Paulo gelegene Rennstrecke zeichnet sich durch starke Bodenwellen aus – eine schwierige Aufgabe für die Teams, die richtige Abstimmung für die Fahrzeuge zu finden. Die Kurve

Damon Hill und Giancarlo Fisichella gerieten bereits in der ersten Runde aneinander. Nach diesem Unfall mußte das Rennen erneut gestartet werden.

Bridgestone entpuppt sich als Favoritenschreck

30. März, São Paulo. Im Autodromo José Carlos Pace sorgte gleich zu Beginn eine Massenkarambolage, in die fünf Fahrer verwickelt waren, für Aufregung. Nach dem sofortigen Abbruch und geglückter Wiederaufnahme meldetete sich Benetton mit dem zweiten Platz von Gerhard Berger eindrucksvoll an der Spitze zurück.

Wenige Sekunden, nachdem die Ampeln auf Grün geschaltet worden waren, fiel bereits die rote Flagge zum Zeichen des Rennabbruchs. Der Grund war eine Unfallserie, die Damon Hill mit einem Rempler an Fisichellas Jordan einläutete. Dahinter tuschierten sich Irvine und Magnussen, die gemeinsam Herberts Sauber Petronas mit von der Strecke holten. Damit waren gleich fünf Autos reif für die Werkstatt, und die Rennleitung beschloß umgehend, den Start zu wiederholen.

Über den Abbruch war vor allem Jacques Villeneuve erfreut. Der Williamsfahrer war zwar nicht in den Massencrash verwickelt, mußte aber nach dem Startduell mit Michael Schumacher eingangs der ersten Kurve den Weg über das Kiesbett wählen. Nach dem Rennen gab Villeneuve zu: »...Mann, war ich nach dem ersten Start froh, die roten Flaggen zu sehen! Wir kriegten eine zweite Chance und Gelegenheit, ungefähr eine Tonne Steine aus dem Williams zu entfernen. Der Wagen hatte trotz des Besuches im Kiesbett erstaunlicherweise nichts abgekriegt. Das Auto wurde lediglich geputzt, wir montierten einen neuen Satz Reifen – und damit hatte es sich.«

Nachdem die Wrackteile von der Strecke geräumt waren und die »Bruchpiloten« in ihren Ersatzautos Platz genommen hatten, versuchte es das Feld auf ein Neues – mit Ausnahme von Jan Magnussen. Der Däne mußte auf seinen Einsatz verzichten, da der Stewart-Rennstall nur über einen Ersatzwagen verfügte. Und der stand Teamkollege Rubens Barrichello zur Verfügung, der beim ersten Start mit einem Motorschaden liegengeblieben war.

Nach geglücktem »Restart« führte Schumacher vor Villeneuve, Häkkinen, Berger, Alesi, Panis, Hill, Coulthard, Fisichella und Bruder Ralf. Doch schon Ende der ersten Runde bremste Villeneuve Schumacher aus und setzte sich sofort ab. Zur gleichen Zeit machte Berger Häkkinen das Leben schwer, ehe er den Finnen in der vierten Runde überholte. Nach dem Manöver war der Benettonpilot um einiges schneller unterwegs als der vor ihm fahrende Schumacher und nach fünf weiteren Umrundungen ließ der Tiroler auch den Ferrari hinter sich. Der Weg war frei für ein packendes Duell zwischen Berger und dem führenden Villeneuve.

In São Paulo kämpften aber nicht nur die Piloten um die Vorherrschaft in der Formel 1. Auch die Reifenproduzenten Goodyear und Bridgestone stritten um die Frage, wer die besseren Gummis herstellt. Bridgestone hatte zumindest an diesem Tag die Nase vorn, da sie ihren Kunden Reifen zur Verfügung stellten, die über die gesamte Distanz nur einmal gewechselt werden mußten. Die Teams mit amerikanischem Pneus waren aufgrund des hohen Verschleißes gezwun-

TRAINING

Panis überrascht

»Mein bestes Ergebnis in der Formel 1 und nur zwei Zehntelsekunden von der ersten Reihe entfernt«, mit diesen Worten kommentierte Oliver Panis seinen Platz in der dritten Startreihe. Mit dieser Leistung, die der Franzose vor allem auf das neue Triebwerk und das Bridgestone-Reifenmaterial zurückführte, bestätigte der Prost-Mugen-Honda-Pilot seinen fünften Rang beim Auftakt-Grand-Prix in Melbourne.

Während Jacques Villeneuve mit der Pole-Position erneut keinen Zweifel an seinem Können aufkommen ließ, war Teamkollege Frentzen mit dem achten Startplatz nicht zufrieden. Kurz vor Ende der Qualifikation hatte es der Mönchengladbacher noch einmal wissen wollen, wurde aber durch den Abbruch des Rennens »ausgebremst«, nachdem Giancarlo Fisichella in der »Mergulho«-Kurve in einen Reifenstapel gerast war. Auch Ralf Schumacher war über den Zeitpunkt der Unterbrechung verärgert: »Ich war auf meiner mit Abstand schnellsten Runde«.

Wenige Minuten vor der Einführungsrunde herrschte noch reger Betrieb auf der Rennstrecke.

Trainingsergebnis/Startaufstellung

1.	Villeneuve	Williams Renault	1:16,004
2.	M. Schumacher	Ferrari	1:16,594
3.	Berger	Benetton Renault	1:16,664
4.	Häkkinen	Mclarne Mercedes	1:16,692
5.	Panis	Prost Mugen Honda	1:16,756
6.	Alesi	Benetton Renault	1:16,757
7.	Fisichella	Jordan Peugeot	1:16,912
8.	Frentzen	Williams Renault	1:16,971
9.	Hill	Arrows Yamaha	1:17,090
10.	R. Schumacher	Jordan Peugeot	1:17,175
11.	Barrichello	Stewart Ford	1:17,259
12.	Coulthard	McLaren Mercedes	1:17,262
13.	Herbert	Sauber Petronas	1:17,409
14.	Irvine	Ferrari	1:17,527
15.	Nakano	Prost Mugen Honda	1:17,999
16.	Diniz	Arrows Yamaha	1:18,095
17.	Trulli	Minardi Hart	1:18,336
18.	Katayama	Minardi Hart	1:18,557
19.	Larini	Sauber Petronas	1:18,644
20.	Magnussen	Stewart Ford	1:18,773
21.	Verstappen	Tyrrell Ford	1:18,885
22.	Salo	Tyrrell Ford	1:19,274

GRAND PRIX VON BRASILIEN

Nach dem ersten Start nimmt Villeneuve eine nicht regelkonforme Abkürzung.

gen, zweimal an die Box zu fahren.

Am meisten profitierte der Prost-Rennstall mit Oliver Panis von der Langlebigkeit der Bridgestone-Gummis. Durch eine gute fahrerische Leistung und der »Ein-Stopp-Strategie« sicherte sich der Franzose am Ende überraschend den dritten Platz. Eine Plazierung, die Teamchef Alain Prost so bewertete: »Oliviers dritter Platz ist ganz maßgeblich ein Bridgestone-Erfolg. Denn das Risiko, nur einmal zu stoppen, haben die Bridgestone-Ingenieure richtig eingeschätzt. Bridgestone kann stolz sein, ein großer Erfolg, denn alle Top-Leute blieben im Rennen.«

Auf die Frage, ob es auch für Goodyear-bereifte Autos eine Möglichkeit gegeben hätte, mit einem Stopp auszukommen, antwortete Michael Schumacher lakonisch: »Nur wenn ich auf Felgen fahren könnte...«.

Die Gummifrage beschäftigte auch die Führenden, Villeneuve und Berger, beide auf Goodyear. Nach dem ersten Halt an der Box mußte der Williamspilot plötzlich langsamer fahren, weil ihm ein Pneu Probleme bereitete. Berger machte dadurch Zeit gut, mußte aber wenig später ebenfalls zum Reifenwechsel an die Box. Zurück auf der Strecke, bekam er wie zuvor Villeneuve Schwierigkeiten mit den neuen Reifen, so daß er in den verbleibenden Runden dem Führenden den Sieg nicht mehr streitig machen konnte.

Der Tiroler, seit dem Grand Prix in Silverstone 1996 nicht mehr unter den ersten drei eines Formel 1-Laufs, mußte sich bei der Siegerehrung auf dem Podium erst wieder zurechtfinden. Oben angekommen, verwechselte er die Treppchen und stellte sich auf den Platz des Drittplazierten. Als er auf den

Das Rennergebnis

1.	Villeneuve	1:36:06,990 Std.	
2.	Berger	+	4,190 sek.
3.	Panis	+	15,870 sek.
4.	Häkkinen	+	33,033 sek.
5.	M. Schumacher	+	33,731 sek.
6.	Alesi	+	34,020 sek.

Fahrerwertung

1.	Coulthard	10 Punkte
	Villeneuve	10 Punkte
3.	Berger	9 Punkte
4.	M. Schumacher	8 Punkte
5.	Häkkinen	7 Punkte
6.	Panis	6 Punkte
7.	Larini	1 Punkt
	Alesi	1 Punkt

Konstrukteurswertung

1.	McLaren-Mercedes	17 Punkte
2.	Williams Renault	10 Punkte
	Benetton Renault	10 Punkte
4.	Ferrari	8 Punkte
5.	Prost Mugen-Honda	6 Punkte
6.	Sauber-Petronas	1 Punkt

Fehler aufmerksam gemacht wurde, gab Berger sich kampfbetont: Nun wisse er wieder bescheid und wolle in diesem Jahr noch öfter auf dem Sockel stehen – am liebsten auf dem in der Mitte.

Jacques Villeneuve feierte in Brasilien den fünften Sieg seiner F1-Karriere.

»Lola Formula One« nach einem Rennen aus dem Verkehr gezogen

Keiner konnte es sich so recht erklären, alle, besonders die Fahrer, waren ratlos. Nach einem völlig mißlungenen Saisondebüt in Melbourne – beide Autos fielen bei der Qualifikation für das Hauptrennen durch – gab Lola fünf Tage vor dem Grand Prix von Brasilien seinen Rückzug aus der Formel 1 bekannt.

Ricardo Rosset, neben Vincenzo Sospiri als Fahrer im Lola-Rennstall beschäftigt, war fassungslos: »Nichts deutete darauf hin, daß Lola aufhören muß. In der Fabrik wurde unter Hochdruck an der Elektronik gearbeitet, die uns in Australien so zu schaffen machte«. Auch bei Sospiri saß der Schock tief. Der Italiener erfuhr aus der Zeitung, daß er seinen Arbeitsplatz verloren hatte.

Die überraschende Pleite warf einige Fragen auf: Wieso mußte ein Rennstall mit einem so potenten Sponsor wie »MasterCard« im Rücken nach einem Rennen das Handtuch werfen? Flossen überhaupt Sponsorengelder von »MasterCard«, und wie konnte das im texanischen Lubbock beheimatete Unternehmen den Vertrag mit Lola scheinbar ohne Probleme aufkündigen? Und selbst ohne die Gelder der Amerikaner hätten die finanziellen Mittel aus anderen Sponsorenverträgen – geschätzte 15 Millionen Mark – eigentlich für die ganze Saison reichen müssen.

Schon in Interlagos blieb die Box des Rennstalls »Lola Formula One« leer.

Lola-Gründer Eric Broadley, der bei seinem sechsten Versuch in der Formel 1 Fuß zu fassen erneut vom Glück verlassen war, schien gleichfalls von der Entwicklung überrascht zu sein. Rosset gab dieser Vermutung Nahrung, als er von einem Telefonat mit Broadley berichtete: »Ich hatte den Eindruck, daß er nicht weiß, wieso das Unternehmen pleite sein soll«. Für den 68jährigen war der Rückzug aber nicht das letzte Kapitel dieser undurchschaubaren Geschichte. Im Mai mußte der Lola-Chef Konkurs anmelden; die Schulden des »Formel 1-Träumers« sollen sich auf 5 Millionen Mark belaufen.

Beim Qualifying zum Großen Preis von Australien in Melbourne fährt Lola-Pilot Ricardo Rosset zum letzten Mal in dieser Saison an seine Box.

Kalendarium

8.–15. April
Auf der hauseigenen Teststrecke von Ferrari in Mugello stellt Michael Schumacher mit 1:25,25 min einen neuen Rundenrekord auf.

10. April
Buenos Aires: Das Tyrell-Team übt die Bergung von Formel 1-Fahrern.

13. April
Ralf Schumacher fährt beim 3. WM-Lauf in Argentinien auf den 3. Platz. Sieger wird der Kanadier Jacques Villeneuve vor Ferrari-Pilot Eddie Irvine. → S. 34

Der Rennstall von Eddie Jordan fährt in Buenos Aires seinen 100. Grand Prix, kann aber bis heute noch keinen Sieg vorweisen.

Eine 10 000-Dollar-Strafe muß der Veranstalter des Argentinien-Grand Prix für einen übereifrigen Fahnenschwenker zahlen, der nach der Kollision von »Schumi I« und Rubens Barrichello die rote Flagge (Rennabbruch) zeigte – das Rennen wurde nicht abgebrochen.

14.–18. April
Testwoche für die meisten F1-Teams: Williams, McLaren, Ferrari und Benetton probieren in Barcelona die neuesten Entwicklungen von Goodyear aus. Auf der Ferrari-Teststrecke in Fiorano können die Sauberfahrer Larini und Herbert die Zuverlässigkeit ihres Boliden bestätigen.

20. April
Prodrive-Chef Dave Richards will in die Königklasse des Automobilsports einsteigen und unterbreitet Benetton-Teamchef Flavio Briatore ein Kaufangebot.

21.–24. April
Der WM-Führende Jacques Villeneuve testet auf seinem Fahrzeug die für das 98er-Reglement vorgeschriebenen Profilreifen. Er kommt zu dem Schluß, daß die Reifen die Fahrt zu sehr verlangsamen würden.

24. April
Wien: Dem dreimaligen F1-Weltmeister Niki Lauda wird eine zusätzliche Niere eingepflanzt – Spender des Organs ist sein Bruder Florian.

Niki Lauda

Imola: Teamchef Frank Williams wird für »besondere technische und sportliche Leistungen« mit einem vom Felgenhersteller OZ gestifteten Preis ausgezeichnet.

26. April
Die Veranstalter in Imola müssen auf Druck der FIA die Zäune rund um die Piste erhöhen und mit Stacheldraht versehen, um zu verhindern, daß nach Rennende die Fans unkontrolliert auf die Strecke strömen.

27. April
Gerhard Berger, Fahrer bei Benetton-Renault, feiert in Imola seinen 200. Grand-Prix-Einsatz.

Mit dem ersten deutschen Doppelsieg – Heinz-Harald Frentzen vor Michael Schumacher – in der Geschichte der For-

mel 1 endet der Große Preis von San Marino. → S.38

1.–30. April
London: RTL-Chefredakteur Hans Mahr legt Protest gegen F1-Boß Bernie Ecclestone ein. Als Grund nennt Mahr die schlechte Bildregie bei der Übertragung des Grand Prix in Brasilien.

Wim Eyckmans (24), belgischer Formel-3000-Fahrer und Rennstallbesitzer, hat ein eigenes F1-Team gegründet. Schon 1998 soll es bei der WM um Punkte fahren.

Die Kredikartenfirma MasterCard, ehemaliger Hauptsponsor von Lola-Ford, steht vor einem Abschluß mit dem McLaren-Team.

Eric Broadley, Chef des Pleite-Rennstalls »Lola Formula One«, droht eine hohe Konventionalstrafe für das Auslassen des Grand Prix-Laufes in Brasilien. → S.31

Renault zieht sich am Ende der laufenden Saison aus dem Grand Prix-Sport zurück. Trotzdem müssen Williams und Benetton nicht auf die bewährten Motoren verzichten. Ab 1998 werden die Renault V10-Triebwerke unter dem Namen der Firma Mecachrome hergestellt und ausgeliefert.

Jacques Villeneuve verlängert seinen Vertrag bei Williams-Renault um ein weiteres Jahr.

Die Zigarettenfirma Rothmans bleibt Williams Renault als Hauptsponsor bis Ende 1998 erhalten.

Der ehemalige Williams-Konstrukteur Adrian Newey wird ab dem 1. August für den Rennstall McLaren Mercedes arbeiten.

Tyrrell-Fahrer Mika Salo soll in der kommenden Saison Nachfolger für Ferrari-Pilot Eddie Irvine werden.

Die neue, noch in Planung befindliche 100-Mio.-Dollar-Fabrik von McLaren im englischen Woking soll mit zwei unterirdischen Windkanälen ausgestattet werden.

Nach Berichten der »Sunday Times« beträgt Bernie Ecclestones Vermögen rd. 750 Mio. DM. Damit steht er auf Platz 58 in der Liste der 1000 reichsten Briten.

Prostpilot Shinji Nakano erhält eine Schonfrist von drei Grand Prix', um seine Leistungen zu verbessern. Bei weiteren Mißerfolgen droht ihm die Auswechslung gegen Emanuelle Collard.

Stewart-Pilot Jan Magnussen (23) unterstützt in Dänemark mit seinem eigenen Kart-Team drei 12-13jährige Jugendliche.

Sprüche des Monats

»Manager sind wie ein Blinddarm immer gereizt und eigentlich überflüssig.«
Ortwin Podlech, »Berater« von Heinz-Harald Frentzen

»Der beste Weg in der Formel 1 jemanden aufs Glatteis zu führen, ist, die Wahrheit zu sagen.«
Weltmeister Damon Hill (Arrows-Yamaha)

»Ich war seit drei Jahren nicht mehr im Kraftraum.«
Williams-Pilot Jacques Villeneuve

REGLEMENTÄNDERUNG

Geld-Depot für F1-»Newcomer«

»Erst zahlen, dann fahren« – unter dieses Motto stellten die Verantwortlichen der Federation Internationale de l' Automobile (FIA) eine Reglement-Änderung, mit der Vorkommnisse wie die Lola-Pleite in Zukunft verhindert werden sollen.

Als beim zweiten Lauf der WM-1997 die Garagen von Lola aufgrund finanzieller Engpässe geschlossen blieben, wurde FIA-Präsident Max Mosley auf den Plan gerufen. In einem »Regelheft der Formel 1« für 1997 (Concorde-Abkommen) legte er fest, daß sich alle Teams verpflichten müssen, bis ins Jahr 2001 an den Rennveranstaltungen teilzunehmen.

Um die Teilnahme der Rennställe finanziell zu sichern, werden Neueinsteiger in Zukunft vor der Saison zur Kasse gebeten. Wer sich in die automobile Königsklasse wagt, muß bei der FIA ein 24 Mio.-Dollar-Depot hinterlegen. Dieses Geld wird dem Rennstall innerhalb von zwei Jahren in 24 Raten zu je einer Million zurückgezahlt.

Eric Broadley, seines Zeichens Teamchef des gescheiterten Lola-Rennstalls, hatte wohl noch nichts von den »Zukunftsplänen« der FIA gehört. Broadley eröffnete nämlich der staunenden Öffentlichkeit, er habe vor, mit einem neuen Sponsorenpaket in Imola erneut an den Start zu gehen.

Die Ankündigung des 68jährigen blieb ein Wunschtraum. Neben einer saftigen Konventionalstrafe für das Fernbleiben in Brasilien mußte sich Broadley im Mai auch noch mit dem Konkursrichter auseinandersetzen.

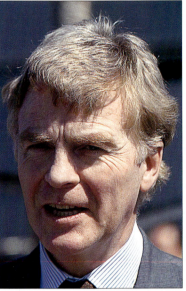

FIA-Präsident Max Mosley will in Zukunft größere finanzielle Sicherheit.

TV-STREIT

Krieg der Bilder

Als Bernie Ecclestone in Brasilien mit DF-1 – an dem er selbst beteiligt ist – auf Sendung ging, handelte sich der »Formel 1-Diktator« herbe Kritik ein. Alle anderen »Bildlieferanten« der audio-visuellen-Medienlandschaft fühlten sich von Ecclestones Pay-TV übergangen.

Ob RTL , ORF oder RAI – am ersten Rennwochenende im April beschlich die Sender das Gefühl, von der Bildregie schlechteres Material zu bekommen als Ecclestones zahlende DF-1-Zuschauer. Als später noch klar wurde, daß die von Ecclestone als Präsidenten beherrschte Konstrukteursvereinigung FOCA die Bildzuteilung in Händen hielt, fuhren die Privatkanäle schwere Geschütze auf: Einige der »Free-TV«-Anbieter drohten der FOCA sogar mit einem Übertragungsstreik, sollte sich der Vorfall wiederholen. Ecclestone entschuldigte sich bei den Sendern damit, der Regieverantwortliche sei mit der Koordination überfordert gewesen. Böse Zungen hin-

gegen behaupteten, Ecclestone wollte mit seiner Bildauswahl nachdrücklich die Vorzüge von DF-1 demonstrieren, zumal Ecclestone geschätzte 50 Mio. Mark in das Projekte »digitales Fernsehen« gesteckt haben soll. Den Vorwurf der Begünstigung wies der FOCA-Chef dann allerdings energisch zurück: »Pay-TV verkauft sich, weil es bessere Bilder liefert. Nicht, weil das freie Fernsehen schlecht ist«.

Der Chefproduzent des britschen ITV-Kabelkanals, Neil Duncanson, relativierte das Ganze: »Bernie weiß, daß man mit dem digitalen Fernsehen Geld machen kann, aber die Formel 1 braucht gerade das normale TV als Ver-

AYRTON SENNA

Senna Denkmal enthüllt

29. April, Imola. Im Beisein von Frank Williams, Teamchef des gleichnamigen Rennstalls, wurde eine 400 kg schwere und zweieinhalb Meter hohe Bronzestatue mit dem Abbild von Ayrton Senna enthüllt.

»Es hat in der Formel 1-Geschichte zahlreiche Weltmeister gegeben. Ayrton Senna war in den letzten Jahren derjenige, der die Titel mit der größten Berechtigung bekommen hat. Er war der absolut Beste. Einer, der mit unterlegenem Material immer noch besser war, als alle anderen. Bei Regen konnte ihn keiner schlagen.« Mit diesen Worten beschrieb der dreifache Weltmeister Nicki Lauda das Phänomen Ayrton Senna, der nicht nur für Lauda eine Ausnahme im Formel 1-Sport darstellte.

Der am 21. März 1960 in São Paulo (Brasilien) geborene Ayrton Senna da Silva starb bei seinem 161. Formel 1-Rennen in Imola am 1. Mai 1994 im Alter von 34 Jahren. Die Bilanz seiner Erfolge in der automobilen Königsklasse ist noch heute unvergleichlich: Er fuhr bei seinen Einsätzen 65 Mal die schnellste Qualifikationszeit, siegte insgesamt 41 Mal und wurde in den Jahren 1988, 1990 und 1991 Weltmeister sowie 1989 und 1993 Vizemeister. »Autorennen, der Wettkampf, das ist in meinem Blut, es ist ein Teil von mir, es ist ein Teil meines Lebens«, das war seine Le-

Das vom italienischen Künstler Stefano Pierotti geschaffene Senna-Denkmal

bensphilosophie, die ihn in die Lage versetzte, auch in gefährlichen Situationen immer wieder an sein persönliches Limit zu gehen.

Senna opferte für den Erfolg alles – sogar sein Privatleben: »Zwölf Stunden am Tag beschäftige ich mich mit meinem Auto, die restlichen zwölf Stunden denke ich darüber nach«. Die Ingenieure, die ihm zur Seite standen, bestätigten ebenfalls die Ausnahmestellung Sennas. Wenn der Brasilianer ihnen über das Verhalten des Rennwagens berichtete, hätten sie das Gefühl, selbst gefahren zu sein. Die für die Fehlersuche so wichtige Fahreranalyse erwies sich meist als richtig, die jeweiligen Teams profitierten immer von seinem technischen Verstand.

Diese Perfektion und das Verständnis für den Wagen waren aber nicht die einzigen Vorteile des Rennfahrers Sennas. Er konnte darüber hinaus mit seinem unglaublichen Kampfgeist und dem Mut zum Risiko Schwächen des Autos kompensieren. Diese Fähigkeit stellte er beispielhaft während der gesamten Saison 1993 bei McLaren unter Beweis. Das Auto galt in der Rennszene als ausgereizt und schwachbrüstig, aber Senna schaffte es dennoch, die seinerzeit überlegenen Williams-Boliden in Bedrängnis zu bringen.

Abseits der Rennstrecke entwickelte sich Senna zum erfolgreichen Geschäftsmann. Die von ihm gegründete Holding »Senna Pro-

Ayrton Senna 1994 in Imola

mocões e Empeerendimentos« leitet u.a. noch heute den Generalimport von Audi für Brasilien, einen Großhandel von Ford und die Produktion und den Vertrieb von Luxusyachten. Weiterhin unterhält die Firma eine Lizenzabteilung, die das rote Senna-»S« weltweit für Produkte der gehobenen Güteklasse vermarktet. Darunter befinden sich Artikel wie Mountainbikes, Jet-Ski und Senna-Uhren. Mit den Geschäftserlösen leistete Senna sich einen luxuriösen Lebensstil, vergaß aber auch nie, daß er aus einem Land mit Massenarmut und einer monatlichen Inflationsrate von 45% stammte. Senna investierte Millionenbeträge in die Zukunft von Kindern aus den Armenvierteln und in Projekte zur Bekämpfung der Arbeitslosigkeit. Nicht zuletzt für dieses soziale Engagement wurde er in Brasilien als Nationalheld verehrt.

Als Ayrton Senna am 1. Mai 1994 mit seinem Rennwagen in der Tamborello-Kurve frontal gegen eine Betonmauer raste und dabei zu Tode kam, trauerte eine ganze Nation um den Ausnahmekönner. Brasiliens Staatspräsident verkündete damals eine dreitägige Staatstrauer. Am 5. Mai 1994, dem Tag seiner Beisetzung, säumten fast eine Million Menschen die Straßen auf dem Weg zum Morumbi Friedhof. Seine Grabstätte ist auch heute noch eine Pilgerstätte für Hunderttausende.

Der Unfall des Rennfahrers hatte ein gerichtliches Nachspiel, den sog. Senna-Prozeß. Die Staatsanwaltschaft in Italien wirft dem damaligen Teamchef Frank Williams und Cheftechniker Patrick Head die fahrlässige Tötung des Rennfahrers vor. Bis heute ist in diesem Verfahren kein Urteil gesprochen.

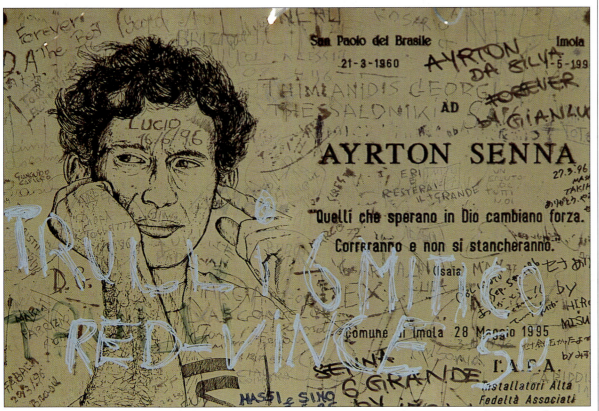

Unbekannte Fans gedenken des toten Rennfahrers an der Rückseite der Betonmauer, die Senna zum Verhängnis wurde.

Nach dem schweren Crash mit Rubens Barrichello machte sich Michael Schumacher, im Glauben an einen Neustart, eilig auf den Weg zurück zur Box

Im dritten Anlauf fährt

TRAINING

Viele Dreher auf schmutziger Strecke

Während Williams mit Startplatz 1 und 2 einmal mehr seine Ausnahmestellung im Training unter Beweis stellte, hatten viele Fahrer mehr oder weniger große Probleme, ihre Wagen auf der Strecke zu halten. Zu den Leidtragenden gehörten Gerhard Berger, Mika Häkkinen, Jean Alesi, Nicola Larini und David Coulthard, die sich allesamt Dreher leisteten. Den Spitzenplatz in der »Dreherwertung« beanspruchte allerdings unangefochten Ralf Schumacher. Obwohl er seinen Jordan insgesamt sechs Mal um die eigene Achse bewegte, erkämpfte er sich in der Qualifikation mit dem sechsten Startplatz sein bislang bestes Ergebnis.

Nach dem Auftakterfolg in Melbourne enttäuschend war die Leistung von McLaren-Mercedes, für die Coulthard auch keine Erklärung

fand: »Wir wissen auch nicht, woran es liegt. Bei uns stimmt im Moment nicht viel«.

Trainingsergebnis/Startaufstellung

1.	Villeneuve	Williams Renault	1:24,473
2.	Frentzen	Williams Renault	1:25,271
3.	Panis	Prost Mugen Honda	1:25,491
4.	M. Schumacher	Ferrari	1:25,773
5.	Barrichello	Stewart Ford	1:25,942
6.	R. Schumacher	Jordan Peugeot	1:26,218
7.	Irvine	Ferrari	1:26,327
8.	Herbert	Sauber Petronas	1:26,354
9.	Fisichella	Jordan Peugeot	1:26,619
10.	Coulthard	McLaren Mercedes	1:26,799
11.	Alesi	Benetton Renault	1:27,076
12.	Berger	Benetton Renault	1:27,259
13.	Hill	Arrows Yamaha	1:27,281
14.	Larini	Sauber Petronas	1:27,690
15.	Magnussen	Stewart Ford	1:28,035
16.	Verstappen	Tyrrell Ford	1:28,094
17.	Häkkinen	McLaren Mercedes	1:28,135
18.	Trulli	Minardi Hart	1:28,160
19.	Salo	Tyrrell Ford	1:28,224
20.	Nakano	Prost Mugen Honda	1:28,366
21.	Katayama	Minardi Hart	1:28,413
22.	Diniz	Arrows Yamaha	1:28,969

13. April, Buenos Aires. Nach Platz fünf in Brasilien endete auch der zweite Auftritt von Michael Schumacher in Südamerika glücklos. Dafür sprang aber sein jüngerer Bruder Ralf in die Bresche, der bei seinem dritten Grand Prix überhaupt erstmals auf dem Siegertreppchen stand.

Der Weltmeister von 1994 und 1995 kam in Buenos Aires nicht sonderlich weit. Gleich nach dem Start kollidierte Michael Schumacher mit dem Brasilianer Rubens Barrichello und mußte seinen Wagen abstellen. Im ersten Moment schien dieser Unfall nicht sonderlich tragisch, da die Streckenposten die roten Flaggen zum Zeichen des Rennabbruchs zeigten. Dieser Geste folgend, machte sich der Deutsche daran, sein Ersatzfahrzeug aus der Garage zu holen, um für einen neuerlichen Start gerüstet zu sein. Doch da hatte sich der Kerpener zu früh gefreut: Die Rennleitung hob die voreilige Entscheidung der übereifrigen Fahnenschwenker auf und ließ das Rennen weiterlaufen. Bis die Ferrari-Trümmer von der

Strecke geräumt waren, mußte das Feld sich nur einer Safety-Car-Phase unterziehen. Schumachers Zweitwagen blieb dagegen in der Box, der Veranstalter wurde stellvertretend für seine Bediensteten zu einer 10 000 Dollar-Strafe verdonnert.

Nachdem alle Unsicherheitsfaktoren beseitigt waren, verließ das Sicherheitsfahrzeug die Strecke und der normale Rennbetrieb konnte wieder aufgenommen werden. Im Gegensatz zu Schumacher durfte Barrichello das Rennen nach kurzem Aufenthalt an den Boxen als Letzter wieder aufnehmen. Der Williams von Jacques Villeneuve zog gleich zu Beginn davon, gefolgt von Teamkollege Heinz Harald Frentzen. Den beiden vermeintlich stärksten Fahrzeugen

Ralf Schumacher die ersten WM-Punkte ein

folgte der Prost-Mugen-Honda von Olivier Panis. Als das Spitzentrio die sechste Runde erreichte, nahm das Übel für Frentzen seinen Lauf: Während Panis immer näher rückte, hatte der Mönchengladbacher nichts mehr zuzusetzen. Das lag aber nicht an den fahrerischen Qualitäten des Deutschen, sondern daran, daß seine Kupplung ihm die Dienste versagte. Frentzen blieb das Pech von Australien hold: Nach seinem Ausfall in Melbourne mußte er sein Auto zum zweiten Mal vorzeitig abstellen.

Nun fuhr Panis, auf dem zweiten Rang liegend, eine Rundenbestzeit nach der anderen und schloß kontinuierlich zum Führenden auf. Als Villeneuve schon den »Atem des Franzosen spürte«, kam das überraschende Aus für den beherzten Franzosen nach einen Elektronikfehler. Der Prost-Pilot gab sich aber schon gleich nach der Ankunft an der Box selbstbewußt und prophezeite: »Ich werde schon bald ein

Rennen gewinnen«.

Nach 25 Runden geschah etwas, was im »Renntrimm« eigentlich nicht vorkommen sollte: Ralf Schumacher verabschiedete seinen Teamkollegen Giancarlo Fisichella, indem er ihn von der Strecke kippte. Diese Aktion brachte Schumacher nicht nur von Fisichella harte

Kritik ein, zumal der Italiener zum Zeitpunkt des Unfalls an dritter Stelle lag. Nach einer internen Aussprache gab Teamchef Eddie Jordan verständnisvoll zu Protokoll: »Eines ist klar – eine Szene wie diese möchte ich nicht nochmals sehen, und das werde ich den beiden ziemlich deutlich sagen. Aber trotzdem

muß ich feststellen, daß die beiden abgesehen vom Unfall eine tadellose Arbeit getan haben. Vielleicht war das alles mein Fehler. Vielleicht hätte ich Ralf und Giancarlo schon früher klarmachen müssen, was ich von ihnen in einer solchen Situation erwarte. Aber gleichzeitig bin ich froh, daß es schon so früh in der Sai-

DER KURS

Autodromo Oscar Alfredo Galvez

Ascari

Esses

Senna

Confiteria

No 8 Curvon

Horquilla

Curva No. Uno

Bei den Fahrern ist der argentinische Kurs nicht sehr beliebt. Die Strecke verlangt von den Fahrzeugen eine gute Bodenhaftung (Abtrieb), um hohe Geschwindigkeiten zu erzielen, die in den langsamen Kurven nicht mehr gewährleistet sind. Somit ist

es für die Piloten sehr schwierig, ihren Rhythmus zu finden.

Streckenlänge: 4,259 km
Renndistanz: 72 Runden (306,648 km)
Sieger 1996: Damon Hill, Williams Renault
Rundenrekord: 1:29,413 min, Jean Alesi, Benetton Renault, 1996

GRAND PRIX VON ARGENTINIEN

Ralf Schumacher überfährt als Dritter die Ziellinie und erreicht damit zum ersten Mal in seiner Karriere einen Platz auf dem Siegerpodium.

son passiert ist. Jetzt können wir das in Ruhe aussortieren. Außerdem wird morgen schon wieder alles ganz anders aussehen.«

Trotzdem konnte Fisichella sich nur schwer beruhigen: »Ralf hat sich vor allen im Team bei mir entschuldigt, das rechne ich ihm hoch an. Aber klar bin ich noch immer fuchsteufelswild...«.

Das Resümee von Schumacher war dagegen erfolgsbezogen: »Giancarlo war in dieser Phase langsamer als ich. Die Kurve vor unserem Unfall hat er ziemlich verhauen. Ich sah eine Lücke und stach rein, dann sah ich, daß er nicht von seiner Linie abweichen wird. Ich wich aufs Gras aus, aber da war auf einmal kein Platz mehr, ich konnte den Unfall nicht verhindern. Es ist nun passiert, ich bin darüber nicht begeistert... es ist eine Schande. Aber ich fahre ein Rennen genauso wie er.«

Der Kampf um die Spitzenposition wurde gegen Ende des Rennens noch einmal spannend: Der an Position eins liegende Villeneuve bekam nämlich »aufdringliche Gesellschaft« vom Ferrari-Piloten Eddi Irvine. Als der Williams nach seinem dritten planmäßigen Stopp zurück auf die Strecke kam, hatte er den Iren plötzlich »im Gepäck«. Nun wurde es spannend, denn Villeneuve war nicht in der Lage, sich loszueisen und rettete sich mit einem Vorsprung von 0,979 Sekunden nur mit Mühe ins Ziel. Der Kanadier zeigte sich nach seinem

Sieg im Autodromo Oscar Alfredo Galvez überglücklich und verriet, wie sehr er um den Sieg gezittert habe: »Schon ziemlich früh begann die Schaltwippe ein Eigenleben zu entwickeln. Immer wieder blieben Gänge stecken, das Heraufschalten funktionierte ebenso seltsam wie das Herunterschalten. Zwischendurch legte das Getriebe auch Gänge ein, ohne daß ich überhaupt die Wippe berührt hatte! Ich hatte Angst, daß das Getriebe irgendwann steckenbleiben würde.«

Das Rennergebnis

1.	Villeneuve		1:52:01,715 Std.
2.	Irvine	+	0,979 sek.
3.	R. Schumacher	+	12,089 sek.
4.	Herbert	+	29,919 sek.
5.	Häkkinen	+	30,351 sek.
6.	Berger	+	31,393 sek.

Fahrerwertung

1.	Villeneuve	20 Punkte
2.	Coulthard	10 Punkte
	Berger	10 Punkte
4.	Häkkinen	6 Punkte
5.	M. Schumacher	8 Punkte
6.	Irvine	6 Punkte
	Panis	6 Punkte
8.	R. Schumacher	4 Punkte
9.	Herbert	3 Punkte
10.	Larini	1 Punkt
	Alesi	1 Punkt

Konstrukteurswertung

1.	Williams Reanult	20 Punkte
2.	McLaren Mercedes	19 Punkte
3.	Ferrari	14 Punkte
4.	Benetton Renault	11 Punkte
5.	Prost Mugen Honda	6 Punkte
6.	Jordan Peugeot	4 Punkte
	Sauber Petronas	4 Punkte

Michael Schumacher (l.) gratuliert Bruder Ralf zum überraschenden 3. Platz.

»El Chueco« – der beste Fahrer aller Zeiten?

Im Grunde genommen spielte es keine Rolle, in welches Fahrzeug sich »El Chueco« (Der Krummbeinige) setzte: In den 50er Jahren führte der Weg zur Weltmeisterschaft zwangsläufig über den Argentinier.

Als 17jähriger fuhr der am 24. Juni 1911 in der Nähe von Buenos Aires geborene Fangio sein erstes Rennen auf einem Wagen, den er zusammen mit seinem Bruder aus einem alten Ford zusammengebastelt hatte. Ein Jahr später beteiligte er sich schon am 10 000-km-Rennen von Buenos Aires nach Lima und zurück, ehe er in den folgenden Jahren seinen Ruf als bedeutendster Rennfahrer Südamerikas begründete.

Als der Internationale Automobilsportverband 1950, der Geburtsstunde der modernen Formel 1, erstmals eine Fahrerweltmeisterschaft ausschrieb, war Fangio zur Stelle. Zwei Jahre zuvor hatte er auf Veranlassung von Staatschef Juan Domingo Perón seine Heimat verlassen, um als sportlicher Botschafter seines Landes Europa zu »erobern«.

Das erste der sechs Rennen umfassenden neuen Serie in Silverstone am 13. Mai 1950 gewann Fangios Teamkollege bei Alfa Romeo, Dr. Giuseppe Farina, mit dem sich der Argentinier im Kampf um die WM-Krone bis zum letzten Grand Prix in Bremgarten (Schweiz) einen packenden Zweikampf lieferte. Beide Fahrer gewannen je drei Rennen, im Gesamtklassement hatte der Italiener aber die Nase knapp vorn.

Doch die Zukunft sollte dem unterlegenen Fangio gehören: Zwischen 1951 und 1957 sicherte er sich auf vier verschiedenen Autos (Alfa Romeo, Mercedes, Ferrari und Maserati) fünf Mal den Titel. Dabei war der 54er Triumph in mancher Hinsicht der spektakulärste. Denn kaum jemand hatte geglaubt, daß Fangio sich nach seinem schweren Sturz 1952, an dessen Folgen er auch das gesamte nächste Jahr laborierte, je wieder in ein Rennauto setzen würde. Umso größer war die Überraschung, als er sich am 17. Januar 1954 beim Großen Preis von Argentinien hinter das Steuer eines Maserati setzte – und gewann. Fangio hatte sich das Fahrzeug geliehen, weil keine

Firma das Risiko eingehen wollte, ihn als Werksfahrer einzusetzen. Beim Großen Preis von Belgien startete der »Wunderfahrer« ein letztes Mal im Maserati, ehe er auf einen »Silberpfeil« umstieg.

Alfred Neubauer, der legendäre Rennleiter von Mercedes, hatte Fangio als Piloten auserkoren, weil er die Kombination »El Chueco« – »Silberpfeil« für unschlagbar hielt.

Damit sollte er recht behalten, Fangio siegte 1954 bei fünf von sieben Großen Preisen, 1955 war das Traumpaar ebenfalls nicht zu schlagen. Nach 51 Grand Prix-Rennen, von denen er 24 siegreich absolvierte, zog der Argentinier sich 1958 vom aktiven Rennsport zurück. Eine Reihe teils tödlicher Unfälle hatte ihm zu denken gegeben. Prominentestes Opfer dieser

»schwarzen Serie« war 1955 der Italiener Alberto Ascari, der 1952 und 1953 den WM-Titel errungen hatte. Im Rückblick erklärte der am 17. Juni 1995 gestorbene Ausnahmefahrer den Zeitpunkt seines Rücktritts so: »Es kommt die Zeit, da wir alle aufgeben müssen. Mein Schutzengel hat es bisher gut mit mir gemeint. Ich will mich jetzt nicht mehr auf ihn verlassen«.

Deutsches Doppel

27. April, Imola. Erstmals in der Geschichte der automobilen Königsklasse schafften zwei deutsche Fahrer einen Doppelsieg. Dabei setzte sich Heinz-Harald Frentzen mit dem ersten Grand Prix-Erfolg seiner Karriere knapp vor Michael Schumacher durch.

»Du bist riesig gefahren, jetzt hast du den Bogen raus, jetzt weißt du, wie man siegt, nach dem ersten Sieg läuft immer alles besser«. Mit diesen Worten begrüßte Patrick Head, Cheftechniker und Mitbesitzer von Williams, den frischgebackenen Imola-Sieger. Für den Mönchengladbacher wäre das Rennen aber vermutlich ganz anders gelaufen, hätte er in der 11. Runde eine brenzlige Situation nicht reaktionsschnell gemeistert.

Zu diesem Zeitpunkt lag Frentzen kurz vor einer Kurve direkt hinter Schumachers Ferrari. Beide beschleunigten ihre Wagen aus der Kurve heraus, wobei der Ferrari plötzlich langsamer wurde. Frentzen, erheblich schneller als sein Kontrahent, schrammte nur um Haaresbreite am Heck des Ferrari – und damit am vorzeitigen Aus – vorbei.

Im weiteren Verlauf des Rennens bot der spätere Sieger eine ähnlich gelungene Vorstellung. Als Schumacher und der führende Villeneuve erstmals an die Box fuhren, übernahm Frentzen die Führung und baute sie kontinuierlich aus, so daß er nach dem eigenen Boxenstopp wenig später sogar wieder als Erster auf die Strecke kam. In der Folge fuhr Frentzen jede Runde bis zu einer Sekunde schneller als seine Widersacher.

Weit ab vom spannenden Kampf um die Spitze leistete sich Weltmeister Damon Hill eine unsaubere Aktion. Der Engländer lag hinter dem Prost-Fahrer Nakano auf Rang 18, als der Japaner in eine Kurve einbog. In gerader Linie und scheinbar ungebremst fuhr Hill dem Prost Mugen Honda in die Seite, beide Wagen blieben mit Totalschaden liegen.

Die Rennleitung fand die Situation nicht sonderlich komisch und befand, der Weltmeister hätte dem Crash leicht entgehen können. Das Urteil für den Arrows-Piloten war schnell gefunden: Ein Grand Prix auf Bewährung. Sollte Hill sich noch einmal etwas zuschulden

kommen lassen, dürfte er auf der Tribüne Platz nehmen.

Ein Kunststück ganz anderer Art gelang dem Italiener Nicola Larini. Nach zwei planmäßigen Boxenstopps verpaßte der »Sauber-mann« zweimal hintereinander den Bremspunkt vor der Kurve, an der sich die Einfahrt zur Boxengasse von der Rennstrecke teilt. Auf diese Weise landete der Sauber zum Mißfallen seines Chefs nicht auf dem Rennkurs, sondern in der Boxengasse.

Zum Ende des Rennens spitzte sich der Kampf um die Plätze eins bis fünf noch einmal dramatisch zu. Frentzen wurde von Schumacher gejagt, der junge Fisichella versuchte dem Iren Irvine den drit-ten Rang abzulaufen und Häkkinen war darauf bedacht, Alesi noch einen WM-Punkt abzuknöpfen. Nach der 62. Runde triumphierte der Williamspilot vor den beiden Ferraris von Schumacher und Irvine. Frentzen hatte es angesichts des größten Erfolges seiner Motorsportkarriere anfangs die Sprache verschlagen. Wieder bei Stimme ließ er wissen, daß er das ganze Rennen über Angst gehabt habe, nicht ins Ziel zu kommen. Die Bremsen machten ihm Sorgen: »Das Pedal fühlte sich immer schwammiger an. Ich erkundigte mich über Funk, ob ich es mir erlauben kann, etwas zurückzustecken. Aber das ging nicht. Dafür war der Michael viel zu aufsässig.«

Autodromo Enzo e Dino Ferrari

Trotz der Umbauten, die nach dem »Schwarzen Wochenende« vom Mai 1994 vorgenommen werden mußten, zählt der Kurs nach wie vor zu den schnellen GP-Strecken (Schnitt 195 km/h). Ehemalige Hochgeschwindigkeitspassagen wie die Tambu-rello wurden durch 90 Grad-Kurven und größere Auslaufzonen entschärft.

Streckenlänge: 4,892 km
Renndistanz: 62 Runden (303,304 km)
Sieger 1996: Damon Hill, Williams Renault
Rundenrekord: 1:28,931 min, Damon Hill, Williams Renault, 1996

Williams-Duo dominiert

Wie schon bei den Trainingsläufen der vorherigen Rennen erwiesen sich die Boliden von Williams als unschlagbar.

Die durch einen zweiten Platz im Freitagstraining genährte Hoffnung von Michael Schumacher, beim abschließenden Qualifikationslauf mit dem Ferrari in die Phalanx von Williams einzubrechen, blieb unerfüllt. Aber der zweimalige Weltmeister hatte das Unglück ohnehin kommen sehen: »Ich bin besorgt, daß Williams heute nur mit viel Benzin unterwegs war«, sagte Schumacher am Freitag und mutmaßte zu Recht, daß Williams »noch einige Pfeile im Köcher« habe. Bruder Ralf überzeugte nach seinem fünften Startplatz in Argentinien erneut mit dem gleichen Ergebnis.

Trainingsergebnis/Startaufstellung

1.	Villeneuve	Williams Renault	1:23,303
2.	Frentzen	Williams Renault	1:23,646
3.	M. Schumacher	Ferrari	1:23,955
4.	Panis	Prost Mugen Honda	1:24,076
5.	R. Schumacher	Jordan Peugeot	1:24,081
6.	Fisichella	Jordan Peugeot	1:24,596
7.	Herbert	Sauber Petronas	1:24,723
8.	Häkkinen	McLaren Mercedes	1:24,812
9.	Irvine	Ferrari	1:24,861
10.	Couthard	McLaren Mercedes	1:25,077
11.	Berger	Benetton Renault	1:25,371
12.	Larini	Sauber Petronas	1:25,544
13.	Barrichello	Stewart Ford	1:25,579
14.	Alesi	Benetton Renault	1:25,729
15.	Hill	Arrows Yamaha	1:25,743
16.	Magnussen	Stewart Ford	1:26,192
17.	Diniz	Prost Mugen Honda	1:26,253
18.	Nakano	Prost Mugen Honda	1:26,712
19.	Salo	Tyrrell Ford	1:26,852
20.	Trulli	Minardi Hart	1:26,960
21.	Verstappen	Tyrrell Ford	1:27,428
22.	Katayama	Minardi Hart	1:28,727

GRAND PRIX VON SAN MARINO

Bei dieser Vorstellung sei ihm auch gleich wieder der Auftakt-Grand-Prix in den Sinn gekommen: »Ich wollte mich zwingen, nicht an den Sieg zu denken. Ich hatte Angst davor, daß mir ein Bremsdefekt wie in Australien zustoßen würde.«

Auf die Frage, wie seine Pläne für die Zukunft aussähen, sagte er: »Ich bin zuversichtlich, daß ich schon ziemlich bald wieder ganz oben auf dem Treppchen stehe.« Landsmann Schumacher fügte dem hinzu: »Bald stehen wir mit mei-

nem Bruder Ralf zu dritt auf dem Siegerpodest.«

Mit dem Sieg konnte Frentzen auch Kritiker bei Williams »ruhigstellen«, die seine fahrerischen Fähigkeiten nach den bisherigen Auftritten angezweifelt hatten.

Das Rennergebnis

1. Frentzen	1:31:00,673 Std.	
2. M. Schumacher	+	1,237 sek.
3. Irvine	+	1:18,343 min.
4. Fisichella	+	1:23,388 min.
5. Alesi	+	1 Rd.
6. Häkkinen	+	1 Rd.

Fahrerwertung

1. Villeneuve	20 Punkte
2. M. Schumacher	14 Punkte
3. Coulthard	10 Punkte
Frentzen	10 Punkte
Irvine	10 Punkte
Berger	10 Punkte
Häkkinen	10 Punkte
8. Panis	6 Punkte
9. R. Schumacher	4 Punkte
10. Herbert	3 Punkte
Fisichella	3 Punkte
Alesi	3 Punkte

Konstrukteurswertung

1. Williams Reanult	30 Punkte
2. Ferrari	24 Punkte
3. McLaren Mercedes	20 Punkte
4. Benetton Renault	13 Punkte
5. Jordan Peugeot	7 Punkte
6. Prost Mugen Honda	6 Punkte
7. Sauber Petronas	4 Punkte

Heinz-Harald Frentzen und Michael Schumacher: Während der Dienstfahrt und bei der späteren Siegerehrung

Schwarzes Wochenende von Imola bringt Formel 1 wieder ins Gerede

Zwei tödliche Unfälle und eine Reihe schwerer Unfälle überschatteten vor drei Jahren den Großen Preis von San Marino und brachten die lange Zeit ruhende Diskussion über die Sicherheit der Formel 1 wieder in Gang.

Der dreimalige Formel 1-Weltmeister Ayrton Senna erlag im Krankenhaus seinen schweren Verletzungen, nachdem er bei Tempo 300 km/h frontal in eine Mauer gerast war. Einen Tag zuvor hatte den österreichischen Nachwuchsfahrer Roland Ratzenberger beim Training das gleiche Schicksal ereilt, Rubens Barrichello nur mit Hilfe eines »Schutzengels im Cockpit« seinen »Abflug« mit 220 km/h über einen Reifenstapel in eine Betonmauer überlebt.

Trotz der Unglücksserie setzte die Rennleitung nach kurzer Unterbrechung das Rennen auf dem superschnellen Motodrom »Dino e Enzo Ferrari« fort. Es siegte Michael Schumacher auf Benetton-Ford.

Seit 1986 war der Grand Prix-Zirkus von Todesfälle verschont geblieben, obwohl die Leistung der Rennwagen zu Lasten der Sicherheit kontinuierlich gesteigert wurde. Die Verantwortlichen – Fahrer wie Offizielle – wiegten sich in trügerischer Sicherheit. Trügerisch, weil alle Beteiligten wußten, daß die Fahrer bei unvorhersehbaren

Streckenhelfer transportieren den zerstörten Jordan von Rubens Barrichello von der Piste.

Ereignissen »nur noch Passagiere und damit in der Hand Gottes sind«, wie es der Weltmeister von 1982, Keke Rosberg, ausdrückte.

Gerade Imola war und ist aufgrund der Streckenbeschaffenheit – die harten Bodenwellen stellen enorme Anforderungen an Aufhängung, Radlager Front- und Heckflügel, bei hohen Geschwindigkeiten verliert der Wagen die Bodenhaftung – bei den Fahrern wenig beliebt. Aber bis zu diesem Zeitpunkt verpufften alle Piloten-Forderungen, wenigstens die schlimmsten Stellen zu entschärfen, ungehört.

Daß die Funktionäre keinen Augenblick an einen Abbruch des Rennens dachten, beleuchtete darüber hinaus das Dilemma der Formel 1. Automobilfirmen, Rennställe und Sponsoren investieren jedes Jahr Millionenbeträge in den Sport, die sich »natürlich« rechnen müssen. Fahrer lassen sich ihr Berufsrisiko mit hohen Gagen bezahlen und schweigen, zumal sie wissen, daß »hungrige« Nachwuchsfahrer nur darauf warten, einen freigewordenen Platz zu besetzen. Auch Senna wußte um diese Risiken: »Das Leben eines Rennfahrers spielt sich in Sekunden, genauer gesagt, in Tausendstelsekunden ab«, gab er über den »Kitzel« seines Sports zu Protokoll.

Niki Lauda, selbst 1976 bei einem Unfall auf dem Nürburgring mit schweren Verbrennungen nur knapp dem Tod entronnen, sah in Imola keinen Ausweg: »Rennfahrer müssen unter allen Bedingungen fahren, sonst könnten sie aufhören«.

Die tödlichen Unglücksfälle des Automobilsports

Jahr	Fahrer	Rennstall[1]	Kurs
1952	Luigi Fagioli (ITA)	Alfa Romeo	Monaco[2]
1954	Onofre Marimon (ARG)	Maserati	Nürburgring[2]
1955	Alberto Ascari (ITA)	Lancia	Monza[3]
1956	Louis Rosier (FRA)	Maserati	Paris[4]
1957	Eugenio Castelloti (ITA)	Ferrari	Modena[3]
	Alfonso de Portago (ESP)	Ferrari	Mille Miglia[4]
1958	Luigi Musso (ITA)	Ferrari	Reims
	Peter Collins (GB)	Ferrari	Nürburgring
	Stuart Lewis-Evans (GB)	Vanwall	Casablanca
1959	Jean Behra (FRA)	Ferrari	AVUS[4]
1960	Harry Schell (USA)	Cooper	Silverstone[3]
1961	Wolfgang von Trips (GER)	Ferrari	Monza
1962	Ricardo Rodriguez (MEX)	Ferrari	Mexico[2]
1964	Godin de Beaufort (HOL)	Porsche	Nürburgring[2]
1966	John Taylor (GB)	Brabham	Nürburgring
	Walt Hansge (USA)	Lotus Climax	Le Mans[2]
1967	Bob Anderson (GB)	Brabham	Silverstone[3]
	Lorenzo Bandini (ITA)	Ferrari	Monaco
1968	Jim Clark (GB)	Lotus Ford	Hockenheim[5]
	Mike Spence (GB)	BRM	Indianapolis[2]
1969	Lucien Bianchi (BEL)	Copper BRM	Le Mans[2]
1969	Gerhard Mitter (GER)	Brabham	Nübrugring
1970	Piers Courage (GB)	Tomaso Ford	Zandvoort
	Jochen Rindt (AUT)	Lotus Ford	Monza[2]
1971	Joseph Siffert (SUI)	BRM	Brands Hatch
	Pedro Rodriguez (MEX)	BRM	Nürburgring[6]
1972	Joakim Bonnier (SWE)	McLaren Ford	Le Mans[4]
1973	François Cevert (FRA)	Tyrrell Ford	Watkins Glen[2]
1974	Peter Revson (USA)	Shadow Ford	Kyalami[3]
	Silvio Moser (SUI)	Bellasi Ford	Monza[4]
1975	Mark Donahue (USA)	Penske Ford	Österreichring[2]
1977	Tom Pryce (GB)	Shadow Ford	Kyalami
1978	Ronnie Petterson (SWE)	Lotus Ford	Monza
1980	Patrick Depailler (RFA)	Alfa Romeo	Hockenheim[3]
1982	Gilles Villeneuve (CAN)	Ferrari	Zolder[2]
1983	Rolf Stommelen (GER)	Arrows	Riverside[4]
1985	Stefan Bellof (GER)	Tyrrell Renault	Spa[4]
	Manfred Winkelhock (GER)	RAM	Mosport[4]
1986	Elio de Angelis (ITA)	Brabham	Le Castellet[3]
	Jo Gartner (AUT)	Alfa Romeo	Le Mans
1994	Roland Ratzenberger (AUT)	Simtek Ford	Imola[2]
	Ayrton Senna (BRA)	Williams	Imola

1) Letzter Rennstall des Fahrers in der Formel 1 2) Training 3) Versuchsfahrt 4) Sportwagenrennen 5) Formel II-Rennen 6) Prototypenrenn

Kalendarium

4. Mai
Knapp 200 historische Rennwagen, der älteste Bolide zählt 70, der jüngste 30 Jahre, lassen auf den Straßen Monacos eine Woche vor dem Grand Prix den Glanz alter Zeiten aufleben.

5.–9. Mai
Imola: Durch den Streik italienischer Anwälte müssen die für diesen Zeitraum geplanten Anhörungen im Senna-Prozeß verschoben werden.

9. Mai
Im mondänen Yachting Club de Monaco kommen Gegenstände wie Helme, Overalls und Rennschuhe verschiedener Formel 1-Teams und Piloten unter den Hammer. Der Gesamterlös von ca. 260 000 DM wird der Vereinigung »Aide et Présence«, die Waisenkindern in Sri Lanka und Afrika hilft, gestiftet.

11. Mai
Jubiläum für Ferrari: Michael Schumacher triumphiert beim Großen Preis von Monte Carlo, exakt 50. Jahre nachdem Ferrari den ersten Grand Prix bestritten hat. → S. 44

13./14. Mai
F1-Boß Bernie Ecclestone soll als Zeuge im Prozeß um den Senna-Unfall von 1994 aussagen. Ecclestone zieht es aber vor, dem Gericht fernzubleiben und schickt seinen Stellvertreter nach Italien.

23. Mai
Laut Presseberichten scheint der F1-Börsengang von Bernie Ecclestone perfekt. Schon Mitte Juli sollen die Grand Prix-Rennen von einer Aktiengesellschaft vermarktet werden.

25. Mai
Der Kanadier Jacques Villeneuve kann den Grand Prix von Spanien knapp vor dem für das Prost-Team fahrenden Olivier Panis für sich entscheiden. → S. 50

F1-Champion Damon Hill fährt mit Arrows die Saison '97 auf jeden Fall zu Ende. Damit beendet der Weltmeister vorerst alle Diskussionen um einen vorzeitigen Wechsel.

31. Mai
Nach Hockenheim und dem Nürburgring erhält der Motorpark Oscherleben als dritte deutsche Rennstrecke die Auszeichnung »Formel 1-tauglich«. Die Bauarbeiten an der zwischen Hannover und Magdeburg gelegenen Strecke werden voraussichtlich am 11. Juli beendet sein.

1.–31. Mai
Reifenhersteller Michelin wird auf keinen Fall in der kommenden Saison an den Start gehen. »Da wir das 1998er Reglement nicht kennen, ist ein Comeback ausgeschlossen«, kommentierte Michelin-Rennleiter Pierre Dupasquier.

Alessandro Benetton (33), Präsident des F1-Teams »Benetton Formula«, dementiert Gerüchte, daß der Rennstall an Prodrive-Besitzer Dave Richards verkauft werden soll.

Lola-Chef Eric Broadley muß Konkurs anmelden. Sein Schuldenberg wird auf 5 Mio. Dollar geschätzt.

»Silberner Lorbeer« für Michael Schumacher: In Bonn erhält der zweifache Weltmeister von Verkehrsminister Mathias Wissmann die höchste deutsche Auszeichnung für einen Sportler.

TV-Streit geht weiter: Fernsehproduzent Wolfgang Eisele will gegen TV-Rechte-Monopol von Bernie Ecclestone eine Feststellungsbeschwerde beim Europäischen Gerichtshof in Brüssel einreichen.

Magny-Cours: Teamchef Alain Prost plant einen Umzug in die Nähe von Versailles. Ende Februar '98 soll die neue Fabrik im Südwesten von Paris fertiggestellt sein.

Pressemeldungen zufolge gibt Flavio Briatore (47) Ende des Jahres seinen Job als Teamchef bei Benetton auf. Als Nachfolger wird sein Landsmann Cesare Fiorio gehandelt, der noch Teammanager beim Prost-Rennstall ist.

Alain Prost schließt einen Zwei-Jahres-Vertrag mit der französischen Telekommunikationsfirma Alcatel ab. Alcatel kümmert sich bei Prost als technischer Partner um die reibungslose Übermittlung von Nachrichten zwischen Fahrzeug und Box.

Arrows-Teamchef Tom Walkinshaw besitzt seit kurzem 78% des erfolgreichsten englischen Rugbyclubs Gloucester. Lukrativer Nebeneffekt: Mit Rugby-Fanartikeln läßt sich auf der Insel gutes Geld verdienen.

Die US-Filmgesellschaft Warner Brothers gibt Pläne bekannt, das Leben des brasilianischen F1-Piloten Ayrton Senna zu verfilmen. Als Hauptdarsteller ist Tom Cruise (»Tage des Donners«) vorgesehen.

Magny-Cours: Damon Hill übersteht bei Testfahrten im neuen V10-Yamaha-Arrows einen schweren Unfall. Das Arrows-Team bricht nach diesem Zwischenfall die Tests vorzeitig ab.

Jordan muß 1998 auf Peugeot-Triebwerke verzichten, da »Prost Grand Prix« einen Exklusivvertrag mit dem französischen Motorenhersteller abgeschlossen hat.

Frank Dernie, technischer Dirketor bei Arrows, wird durch John Barnard (früher Ferrari) ersetzt.

Bernie Ecclestone plant 1998 statt der bisherigen 17 WM-Läufe 19 F 1-Rennen. Die beiden zusätzlichen Läufe sollen in Südkorea und Malaysia stattfinden.

Sprüche und Zitate

»Meine Fanpost bearbeitet jetzt meine Oma.«
Ralf Schumacher nach seinem überraschenden 3. Platz beim GP in Argentinien

Ich könnte mir neben dem erfahrenen Johnny Herbert für 1998 gut den jungen Ralf Schumacher vorstellen.«
Teamchef Peter Sauber

Peter Sauber

Morbidelli ersetzt Larini

Nach einer offen ausgetragenen Streitigkeit zwischen dem DTM-Meister von 1993, Nicola Larini, und dem Schweizer Formel 1-Team Sauber Petronas erhielt der Italiener seine Papiere.

Während Larini dem Rennstall vorhielt, nicht genügend Testmöglichkeiten für den Wagen geschaffen zu haben, sprach Sauber dem Fahrer die Qualifikation für die Formel 1 mit den Worten ab: »Larini war überfordert!« Ein Nachfolger war schnell gefunden, denn Ferrari bot für die Stelle seinen Testfahrer Gianni Morbidelli an.

Der 29jährige Morbidelli kann bislang auf 60 Grand Prix-Einsätze zurückblicken. 1990 debütierte er in einem BMS-Dallara und wechselte anschließend zu Minardi, denen der Italiener zwei Jahre treu blieb. Eine weitere Station in der Formel 1 war der Arrows-Rennstall, dem er ebenfalls zwei Jahre treu blieb und mit dem er seinen bisher größten Erfolg feiern konnte – den dritten Platz beim Großen Preis von Australien 1995. Morbidelli eilte bislang der Ruf voraus, mit schlechtem Material überdurchschnittliche Ergebnisse erzielen zu können. Gegenüber vermeintlich stärkeren Stallgefährten verlor er kaum Zeit im Qualifying.

Der neue »Sauber-Mann« Morbidelli

Mehr Sicherheit für 1998

Noch bevor die Saison 1997 richtig in Gang kam, präsentierte der Internationale Automobilverband FIA schon die Statuten für das nächste Jahr.

1994 ereignete sich das »schwarze Wochenende von Imola«, bei dem Roland Ratzenberger und Ayrton Senna in ihren Fahrzeugen ums Leben kamen und weltweit Trauer auslösten. FIA-Präsident Max Mosley wandte sich seinerzeit an die Öffentlichkeit und versprach, die Sicherheitsvorkehrungen im Grand Prix-Sport zu verbessern. Mit den »Spielregeln« für die Saison 1998 will Mosley diese Versprechungen endlich Wirklichkeit werden lassen.

Die wichtigste Änderung wird im Bereich »Reifen« realisiert: Die derzeit noch verwendeten spiegelglatten Slicks werden gegen »Rillenreifen« ersetzt, um die Kurvengeschwindigkeiten der Fahrzeuge herabzusenken. Darüber hinaus sollen die Bremssättel der Boliden »entschärft« werden, indem nur noch eine Bremszange pro Rad mit nur zwei Bremsklötzen erlaubt ist. Die bislang benutzten Molybdän-Zangen (mehrere Kolben und Bremssättel pro Bremsscheibe) machten es den Fahrern möglich, praktisch erst im Kurveneingangsbereich abzubremsen.

Gleich nach Bekanntwerden äußerte sich Williams-Pilot Jacques Villeneuve erbost über die neuen Bestimmungen. Langsamere Reifen empfindet der Kanadier als kontraproduktiv für die Formel 1. Mosley fühlte sich von der aufkommenden Kritik völlig mißverstanden, nahm sich aber von der Meinung der »Unwissenden« nichts an. Fahrern, die sich mit den Veränderungen nicht abfinden könnten, empfahl der FIA-Chef den Wechsel des Arbeitsplatzes. Villeneuve, so Mosley, solle sich für sein Privatvergnügen ein paar schnelle »Spielzeuge« zulegen, wenn er den Nervenkitzel brauche.

Das Projekt Airbag läßt in der Formel 1 allerdings noch auf sich warten, denn die in Zusammenarbeit mit Daimler-Benz vergenommenen Tests sind noch nicht abgeschlossen. Ein Luftkissen komme erst zum Einsatz, wenn eine wirklich überzeugende Lösung sichergestellt sei.

Als einen Schritt in die richtige Richtung bezeichnet Mosley dagegen die längst vorgeschriebene Cockpitpolsterung. Denn es wurde nach wissenschaftlichen Überprüfungen festgestellt, daß der Holländer Jos Verstappen ohne diesen Schutz seinen Crash in Spa-Francorchamps im Jahre 1996 nicht überlebt hätte.

Ecclestone will Formel 1 an der Börse plazieren

Der von Bernie Ecclestone für Juli geplante Gang an die Börse gerät unter Termindruck. Als Bremsklötze erweisen sich die Rennställe und die Frage der Übertragungsrechte.

Eigentlich wollte Formel 1-Drahtzieher Ecclestone Mitte Juli seine großen Pläne vom Börsengang verwirklichen. Einen ersten Entwurf, der im März in der Öffentlichkeit lanciert worden war, mußte die amerikanische Investmentbank Salomon Brothers, die der »Zampano« mit der Wahrnehmung seiner Interessen beauftragt hatte, überarbeiten. Das Aktienpaket, von Fachleuten auf 6,4 Milliarden Dollar geschätzt, soll nach folgendem Schlüssel verteilt werden: 30% erhält Ecclestone selbst, je 10% gehen an den Internationalen Automobilverband FIA und die Teams, die restlichen 50% sollen an der Börse zum Kauf freigegeben werden. Mit dieser Aufteilung erklärten sich einige Rennställe, vorneweg McLaren, Williams und Tyrell, nicht einverstanden. Sie spekulieren auf ein größeres Stück vom Aktienkuchen (40%) – plus zehn Millionen Dollar aus den Fernsehrechten pro Team.

Doch gerade die Frage der TV-Übertragung, von der das finanzielle Wohlergehen des Formel 1-Zirkus' wesentlich abhängt, wurde im Laufe der Saison zu einer – juristischen – Streitangelegenheit. Zur Zeit übertragen ca. 130 Fernsehstationen in aller Welt Grand Prix-Rennen und zahlen für dieses Spektakel einen dreistelligen Millionenbetrag. Der Heidelberger Fernsehproduzent Wolfgang Eisele klagte vor mehreren Gerichten gegen die FIA, die behauptet, alleiniger Inhaber aller Übertragungsrechte in Rennserien mit FIA-Prädikat – und damit auch in der Formel 1 – zu sein. Die FIA hat ihrerseits die Vermarktung dieser Rechte der Londoner Firma ISC überlassen, deren Inhaber der FIA-Vizepräsident Bernie Ecclestone ist. Nicht nur Eisele sieht in dieser Verflechtung einen Verstoß gegen europäisches Monopol- und Kartellrecht. Sollte Eisele den Rechtsstreit gewinnen, ging mit der Freigabe der TV-Rechte vermutlich ein nicht unerheblicher Preisverfall einher. Mitte Juli gibt das Landgericht Frankfurt einer einstweiligen Verfügung Eiseles statt. Danach

darf die FIA nicht mehr behaupten, ihr würden die Rechte an den Rennen der Truck Grand Prix-Europameisterschaft gehören.

Zusätzliches Ungemach droht Ecclestones Plänen, sollte das Verbot von Tabakwerbung bei in Europa stattfindenden Grand Prix-Läufen verschärft werden. Für diesen Fall drohte der umtriebige Manager schon damit, die Rennen von Europa nach Asien zu verlegen.

Michael Schumacher dokumentiert mit erhobener Faust seine Überlegenheit gegenüber der Konkurrenz beim Großen Preis von Monaco.

Bestzeit zwei Minuten vor Schluß

Bis auf den »letzten Drücker« mußte Heinz-Harald Frentzen warten, ehe er die bis dahin von Michael Schumacher vorgelegte Bestzeit unterbieten konnte und erstmals in diesem Jahr die Qualifikation für sich entschied. »Ich habe wieder Vertrauen und Zuversicht, der Druck von außen ist weg, ich bin viel entspannter« – der Mönchengladbacher schien nach seinem Erfolg in Imola mit neuem Schwung an den Start zu gehen. Zwei Tage zuvor war der wiedererwachte Kampfgeist allerdings noch in die falsche Richtung »losgegangen«: Frentzen hatte den Williams nach einer »Unkonzentriertheit« eingangs der Zielgerade gegen die Leitplanke gefahren.

Teamkollege Jacques Villeneuve leistete sich am Samstag, an dritter Stelle liegend, bei der Jagd auf die Bestzeit einen »Aussetzer«. Der Kanadier streifte eine Leitplanke, wobei die hintere Radaufhängung so stark beschädigt wurde, daß der Wagen vor der Tunneleinfahrt liegenblieb. Am Ende mußte er sich mit dem dritten Startplatz hinter Frentzen und Michael Schumacher begnügen.

Nach zuletzt schwachen Ergebnissen zeigte McLaren Mercedes aufsteigende Tendenz.

Vor dem »Warm up« sammelt sich das Feld in der Boxengasse.

Trainingsergebnis/Startaufstellung

1.	Frentzen	Williams Renault	1:18,216
2.	M. Schumacher	Ferrari	1:18,235
3.	Villeneuve	Williams Renault	1:18,583
4.	Fisichella	Jordan Peugeot	1:18,665
5.	Coulthard	McLaren Mercedes	1:18,779
6.	R. Schumacher	Jordan Peugeot	1:18,943
7.	Herbert	Sauber Petronas	1:19,105
8.	Häkkinen	McLaren Mercedes	1:19,119
9.	Alesi	Benetton Renault	1:19,263
10.	Barrichello	Stewart Ford	1:19,295
11.	Larini	Sauber Petronas	1:19,468
12.	Panis	Prost Mugen Honda	1:19,626
13.	Hill	Arrows Yamaha	1:19,674
14.	Salo	Tyrrell Ford	1:19,694
15.	Irvine	Ferrari	1:19,723
16.	Diniz	Arrows Yamaha	1:19,860
17.	Berger	Benetton Renault	1:20,199
18.	Trulli	Minardi Hart	1:20,349
19.	Magnussen	Stewart Ford	1:20,516
20.	Katayama	Minardi Hart	1:20,606
21.	Nakano	Prost Mugen Honda	1:20,961
22.	Verstappen	Tyrrell Ford	1:21,290

Circuit de Monaco

Der enge Stadtkurs an der Côte d'Azur ist der alljährliche Höhepunkt im GP-Kalender.

Keine andere Strecke verlangt von den Fahrern soviel Fingerspitzengefühl und höchste Konzentration wie die in Monte Carlo. Der kleinste Fehler bedeutet das Aus in den Leitplanken.

Streckenlänge: 3,367 km
Renndistanz: 78 Runden (208,692 km)
Sieger 1996: Olivier Panis, Ligier Mugen Honda
Schnellste Runde: 1:25,205 min, Jean Alesi, Benetton Renault, 1996

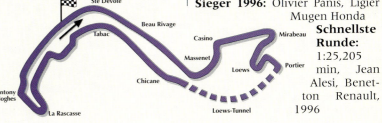

Ste Devote
Beau Rivage
Tabac
Casino
Mirabeau
Massenet
Loews
Portier
Chicane
Antony Noghes
La Rascasse
Loews-Tunnel

Schumacher fährt in einer anderen Liga

11. Mai, Monte Carlo. Mit knapp einer Minute Vorsprung auf den Zweitplazierten Rubens Barrichello unterstrich Michael Schumacher bei seinem Sieg den von Fachleuten häufig zitierten Sonderstatus als »Rennfahrer aus einer anderen Welt«.

Als sich die Fahrer in die Startaufstellung begaben, schauten alle Beteiligten skeptisch gen Himmel. Niemand wußte zu diesem Zeitpunkt, ob es regnen würde, und wenn – wie lange?

In solch einer Phase müssen sich die Teams entscheiden, welche Reifen sie beim Start aufziehen wollen. Je nachdem wie der Wetterverlauf eingeschätzt wird, stehen drei Varianten zur Auswahl. Werden profillose Gummis bevorzugt, hoffen die Verantwortlichen auf gutes Wetter, Fahrer von gerillten Pneus tippen für das gesamte Rennen auf Regen. Als diplomatischste Lösung stehen die sog. Intermediates zur Verfügung, ein Reifentyp aus halb profiliertem und profillosem Gummi.

Der auf der Pole-Position stehende Frentzen riskierte den Start mit profillosen Reifen, während der neben ihm plazierte Schumacher auf Intermediates vertraute. Schon in der Einführungsrunde fing es leicht an zu regnen, und als das Rennen freigegeben wurde, machte die feuchte Piste dem Williamspiloten einen guten Start unmöglich; Schumacher fuhr dem Mönchengladbacher gleich zum Auftakt davon.

Als Frentzen wenig später seine Trockenreifen gegen Regenpneus eintauschte, war das Rennen eigentlich bereits gelaufen. Schumacher hatte sich zu diesem Zeitpunkt schon deutlich von seinen direkten Verfolgern distanziert und in der ersten Runde einen Vorsprung von 6,6 Sekunden herausgefahren.

Bis auf die enteilenden Ferraripiloten hatten alle Fahrer Schwierigkeiten dem Streckenverlauf zu folgen, denn kaum einer kam mit dem ständig zunehmenden Regen zurecht.

Bereits in der zweiten Runde fielen Coulthard und Häkkinen (McLaren Mercedes) fast zeitgleich nach Drehern aus. Wenig später gesellte sich Weltmeister Hill mit einem Ausritt in das Heck von Eddie Irvine hinzu. Es folgten neun weitere Ausfälle, die das Teilnehmerfeld auf zehn Piloten dezimierten.

Unfälle beim Großen Preis von Monte Carlo sind eigentlich nichts Neues. Doch 1997 waren die Umstände bei einigen Ausfällen schon etwas Besonderes.

Als Trainingsschnellster überrundet zu werden und anschließend noch durch einen eigenen Fehler auszuscheiden – dieses seltene Mißgeschick unterlief Heinz-Harald Frentzen. Nachdem der Deutsche bereits zur Mitte des Rennens vom führenden Schumacher passiert wurde, verpaßte er einige Runden später die Anfahrt zur Hafenschikane und rutschte in die Leitschienen. Das dabei verbogene Lenkgestänge zwang ihn zur Aufgabe.

Frentzens Teamkollegen Jacques Villeneuve erging es ebenfalls nicht besser. Bei dem Versuch, die gerade »erlittene« Überrundung von Schumacher zu kontern, berührte der Kanadier die Leitplanken und beschädigte die Hinterachse seines Wagens. Nach dem Grand Prix von Australien konnte Williams somit zum zweiten Mal keinen Fahrer in die Wertung bringen.

In dieser Phase des Rennens fuhr Schumacher ein einsames Rennen: Als der Führende in der 32. Runde die Servicestation ansteuerte und wieder losfuhr, besaß er einen Zeitvorsprung von über 23 Sekunden auf den Zweitplazierten Barrichello. Trotzdem unterlief Schumacher aber gegen Ende noch ein Fehler, der ihn fast den Sieg gekostet hätte. Als der Ferraripilot die Kurve Sainte-Devote ansteuerte, bekam er den Wagen nicht auf den richtigen Kurs und mußte in den Notausgang fahren. Der Wahlschweizer behielt allerdings die Nerven, fing das Fahrzeug ab, brachte es auf die Strecke zurück und fuhr den Sieg ungefährdet nach Hause. Nach dieser Leistung prophezeite »Schumi-

Das Rennergebnis

1. M. Schumacher	2:00:05,654 Std.	
2. Barrichello	+ 53,306 sek.	
3. Irvine	+ 1:22,108 min.	
4. Panis	+ 1:44,402 min.	
5. Salo	+ 1 Rd.	
6. Fisichella	+ 1 Rd.	

Fahrerwertung

1. Schumacher	24 Punkte
2. Villeneuve	20 Punkte
3. Irvine	14 Punkte
4. Coulthard	10 Punkte
Frentzen	10 Punkte
Berger	10 Punkte
Häkkinen	10 Punkte
8. Panis	9 Punkte
9. Barrichello	6 Punkte
10. R. Schumacher	4 Punkte
Fisichella	4 Punkte

Konstrukteurswertung

1. Ferrari	38 Punkte
2. Williams Renault	30 Punkte
3. McLaren Mercedes	20 Punkte
4. Benetton Renault	13 Punkte
5. Prost Mugen Honda	9 Punkte
6. Jordan Peugeot	8 Punkte
7. Stewart Ford	6 Punkte
8. Sauber Petronas	4 Punkte
9. Tyrrell Ford	2 Punkte

Fan« Niki Lauda: »Noch ist Williams nicht Weltmeister. Ferrari fehlen vier Zehntel auf Williams, den Rest erledigt Schumacher.«

Kaum fassen konnte der Zweit-

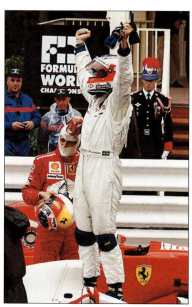

△ Der Zweitplazierte Rubens Barrichello konnte sein Glück kaum fassen.

▷ In der 2. Runde – nach der Ausfahrt aus dem Loews-Tunnel – war für beide McLaren Mercedes-Piloten das Rennen nach Drehern beendet.

Heinz-Harald Frentzen beim Anfahren der Loews-Kurve, eine der langsamsten Stellen des Straßenkurses von Monte Carlo

Der verwinkelte Stadtkurs in Monaco, hier die Loews-Kurve, stellt hohe Anforderungen an das fahrerische Können.

plazierte Rubens Barrichello sein Glück. Der Brasilianer vermochte seine Gefühle kaum in Worte zu fassen, als ihm die Boxencrew zum Ende des Rennens das Schild mit der Aufschrift »Position 2« vor die Nase hielt. In dieser Phase habe er Mühe gehabt sich zu konzentrieren, denn er habe überhaupt nicht gewußt, wieviele Runden noch zu drehen gewesen seien. Mit dem zweiten Rang sicherte »Rubinho« seinem Team Steward Ford im übrigen die ersten WM Punkte seit Bestehen des Rennstalls.

Für den Erfolg machte er vor allem die gelungene Reifentaktik verantwortlich: »Die Entscheidung mit Regenreifen loszubrausen wurde vom gesamten Team getroffen. Wir fanden, selbst wenn es nach fünf Runden abtrocknen würde, wären Regenreifen die bessere Wahl für die Anfangsphase des Rennens.« Ohnehin glaubte Barrichello, das Stewart Ford über den besten Reifenzulieferer verfügt: »Die Konkurrenz mag vielleicht ein wenig aufgeholt haben. Aber ich bin noch immer davon überzeugt, daß die Bridgestone-Reifen die besseren sind«.

Sieger von Monte Carlo seit 1950

Datum	Name	Rennstall
21.05.1950	Juan Manuel Fangio	Alfa-Romeo
02.06.1952	Vittorio Marzotto	Ferrari
22.05.1955	Maurice Trintignant	Ferrari
13.05.1956	Stirling Moss	Maserati
1957	Juan Manuel Fangio	Maserati
18.05.1958	Maurice Trintignant	Cooper
10.05.1959	Jack Brabham	Cooper
29.05.1960	Stirling Moss	Lotus
14.05.1961	Stirling Moss	Lotus
03.06.1962	Bruce McLaren	Cooper
26.05.1963	Graham Hill	BRM
10.05.1964	Graham Hill	BRM
30.05.1965	Graham Hill	BRM
22.05.1966	Jackie Stewart	BRM
07.05.1967	Denis Hulme	Brabham
26.05.1968	Graham Hill	Lotus
18.05.1969	Graham Hill	Lotus
10.05.1970	Jochen Rindt	Lotus
23.05.1971	Jackie Stewart	Tyrrell
14.05.1972	Jean-Pierre Beltoise	BRM
03.06.1973	Jackie Stewart	Tyrrell
26.05.1974	Ronnie Peterson	Lotus
11.05.1975	Niki Lauda	Ferrari
30.05.1976	Niki Lauda	Ferrari
22.05.1977	Jody Scheckter	Wolf
07.05.1978	Patrick Depailler	Tyrrell
27.05.1979	Jody Scheckter	Ferrari
18.05.1980	Carlos Reutemann	Williams
31.05.1981	Gilles Villeneuve	Ferrari
23.05.1982	Riccardo Patrese	Brabham
15.05.1983	Keke Rosberg	Williams
03.06.1984	Alain Prost	McLaren
19.05.1985	Alain Prost	McLaren
11.05.1986	Alain Prost	McLaren
31.05.1987	Ayrton Senna	Lotus
15.05.1988	Alain Prost	McLaren
07.05.1989	Ayrton Senna	McLaren
27.05.1990	Ayrton Senna	McLaren
12.05.1991	Ayrton Senna	McLaren
31.05.1992	Ayrton Senna	McLaren
23.05.1993	Ayrton Senna	McLaren
15.05.1994	Michael Schumacher	Benetton
28.05.1995	Michael Schumacher	Benetton
19.05.1996	Olivier Panis	Ligier
11.05.1997	Michael Schumacher	Ferrari

Schumacher platzt der Motor

»Es ist passiert, was ich befürchtet hatte. Dieser Kurs mit seinen schnellen Kurven liegt uns einfach nicht. Wir können hier nicht gewinnen«. Ein enttäuschter Michael Schumacher landete bereits in der vierten Runden im Kiesbett, nachdem der Motor seines Ferrari explodiert war. Im Ersatzauto mußte der Kerpener in der Folgezeit hilflos mit ansehen, wie Williams, McLaren Mercedes und Benetton sich mit immer schnelleren Zeiten die Spitzenpositionen aufteilten. Für das Rennen sah der WM-Favorit ebenfalls schwarz: »Ich kann nur noch versuchen, möglichst viele Punkte zu holen.«

Derweil unterstrich Williams Renault erneut seine Ausnahmestellung: Außer Frentzen und Villeneuve durchbrach kein anderer

Trainingsergebnis/Startaufstellung

1.	Villeneuve	Williams Renault	1:16,525
2.	Frentzen	Williams Renault	1:16,791
3.	Coulthard	McLaren Mercedes	1:17,521
4.	Alesi	Benetton Renault	1:17,717
5.	Häkkinen	McLaren Mercedes	1:17,737
6.	Berger	Benetton Renault	1:18,041
7.	M. Schumacher	Ferrari	1:18,313
8.	Fisichella	Jordan Peugeot	1:18,385
9.	R. Schumacher	Jordan Peugeot	1:18,423
10.	Herbert	Sauber Petronas	1:18,494
11.	Irvine	Ferrari	1:18,873
12.	Panis	Prost Mugen Honda	1:19,157
13.	Morbidelli	Sauber Petronas	1:19,323
14.	Salo	Tyrrell Ford	1:20,079
15.	Hill	Arrows Yamaha	1:20,089
16.	Nakano	Prost Mugen Honda	1:20,103
17.	Barrichello	Stewart Ford	1:20,255
18.	Trulli	Minardi Hart	1:20,452
19.	Verstappen	Tyrrell Ford	1:20,582
20.	Katayama	Minardi Hart	1:20,672
21.	Diniz	Arrows Yamaha	1:21,029
22.	Magnussen	Stewart Ford	1:21,060

Pilot die Schallmauer von 1:17 min; damit sicherte sich Williams zum zehnten Mal in Folge die Pole Position. Ein Blick in die Statistik beweist zusätzlich die Klasse der Engländer: In den letzten 28 Grand Prix-Rennen konnte im Training nur Michael Schumacher in die Williams-Phalanx einbrechen.

Nicht überraschend »mischten« auch die »Silberpfeile« wieder vorne mit. Denn McLaren Mercedes setzte den neuen, 760 PS starken Motor ein, mit dem der Rennstall über die schnellste Maschine im Feld verfügt. Mika Häkkinen, am Ende auf Startposition fünf, war mit einer Spitzengeschwindigkeit von 312 km/h sogar schneller als die Williams-Boliden. Allerdings scheinen die Verantwortlichen der Maschine bei längeren Distanzen nicht zu trauen – sie wurde bislang nur im Training eingesetzt.

Bereits im Training bildeten sich Blasen auf den Reifen der Williams-Wagen

Circuit de Catalunya

Viele schnelle 180 Grad-Kurven bieten echtes Krafttraining für die Fahrer, die auf diesem Kurs ihre Fitness unter Beweis stellen müssen. Auch die Wagen müssen der Strecke durch hohen Spritverbrauch und Reifenverschleiß Tribut zollen.

Taktik bestimmt den Verlauf der Rennen, da es der Strecke an guten Überholmöglichkeiten mangelt.

Streckenlänge: 4,728 km

Renndistanz: 65 Runden (307,32 km)

Sieger 1996: Michael Schumacher, Ferrari

Rundenrekord: 1:24,531 min, Damon Hill, Williams Renault, 1995

Kampf ums beste Gummi

25. Mai, Barcelona. Der Große Preis von Spanien entpuppte sich als eine regelrechte »Reifenschlacht« zwischen den Herstellern »Goodyear« und »Bridgestone«. Auf der »Gummi verschlingenden« Strecke in Barcelona wurden die Fahrer fast zu Spielbällen ihrer Pneus, denn keiner wußte, ob die »Sohlen« bis ins Ziel durchhalten würden.

Der Kampf der Reifenhersteller wurde erstmals öffentlich auf dem Circuit de Catalunya ausgetragen. Zur Entscheidung stand die Frage, ob das Material von Goodyear oder Bridgestone die Marterstrecke am besten überstehen würde. Nach der Kritik, die sich der amerikanische Fabrikant von seinen Kunden in letzter Zeit eingefangen hatte – in erster Linie wurde die unzureichende Haftung bemängelt – gelobte Goodyear für Spanien Besserung. Und tatsächlich waren ihre Pneus in den Kurven reinster Klebstoff, was den Fahrern erlaubte, den Fuß häufiger auf dem Gaspedal stehen zu lassen.

Den ersten Schlagabtausch der Gummikonkurrenten, das Qualifikationstraining am Samstag, konnte Goodyear eindeutig für sich entscheiden: Die Startplätze eins bis fünf belegten Wagen mit Reifen »made in USA«.

Doch im Hauptrennen, das aufgrund der Streckenlänge andere Anforderungen an die Haltbarkeit des Reifenmaterials stellte, sollten die Karten neu gemischt werden.

Gleich zu Anfang katapultierte sich der aus Reihe vier startende Michael Schumacher unmittelbar hinter den führenden Jacques Villeneuve, gefolgt von David Coulthard, Jean Alesi und Mika Häkkinen. Aber Coulthard attackierte Schumacher, der nach seinem fulminanten Start seine Widersacher nicht auf Distanz halten konnte, ständig. In der 13. Runde nutzte der Schotte eine kurze Schwächeperiode des Deutschen und überholte den Ferrari mühelos. Nach diesem Manöver kam der »Überholte« in derselben Runde erstmals an die Box, um frische Reifen aufzuziehen. Damit war klar, Ferrari hatte sich für eine Drei-Stopp-Boxenstrategie entschieden. Während der nächsten Umrundungen outeten sich die Teams von McLaren, Sauber, Jordan und Williams, alle auf Good-

Heftiger Positionskampf zwischen J. Villeneuve (vorn rechts) und D. Coulthard

Im Training blickten Teamchef Alain Prost (l.) und sein Spitzenfahrer Olivier Panis noch skeptisch auf den Monitor, der die – meist schnelleren – Rundenzeiten der Konkurrenz meldete. Im Rennen steigerte sich Panis aber erheblich und lieferte sich bis zum Schluß einen spannenden Kopf-an-Kopf-Fight mit dem späteren Sieger Jacques Villeneuve. Mit dem Erfolg von Panis haben die blauen »Flitzer« schon jetzt mehr Punkte gesammelt, als der zurückhaltende Prost vor der Saison prognostiziert hatte.

year-Sohlen unterwegs, mit der gleichen Taktik. Diese Stopps kamen einer ersten Schlappe für Goodyear gleich, denn bis zu diesem Zeitpunkt war nur ein Bridgestone-Wagen neu bestückt worden. Mit zunehmender Dauer des Rennens bestätigte sich dieser Trend: Kein einziges Team mit Goodyear-Pneus war in der Lage, weniger als drei Mal an die Box zu fahren, wollte man überhaupt die Zielflagge sehen. Demgegenüber beließen es alle Bridgestone-Kunden bei zwei Reifenwechseln. In Zeit umgerechnet bedeutete das für jeden von ihnen einen Gewinn von ca. 26 Sekunden auf alle »Dreistopper«, denn so lange dauert im Normalfall ein Wechsel einschließlich An- und Abfahrt. Daß bessere Reifen allein aber nicht gleichbedeutend mit mehr Erfolg sind, bewies in Barcelona ein Blick in die Statistik. Denn der einzige, der das Gummivorteil nutzen konnte, war, wie schon in Brasilien, Olivier Panis. Der Prost-Fahrer nahm die Gelegenheit beim Schopfe und fuhr auf den zweiten Platz vor.

Seitdem Alain Prost das Team gehört, fährt Panis ohnehin wie

Das Rennergebnis

1. Villeneuve	1:30:35,896 Std.
2. Panis	+ 5,804 sek.
3. Alesi	+ 12,534 sek.
4. M. Schumacher	+ 17,979 sek.
5. Herbert	+ 27,986 sek.
6. Coulthard	+ 29,744 sek.

Fahrerwertung

1. Villeneuve	30 Punkte
2. M. Schumacher	27 Punkte
3. Panis	15 Punkte
4. Irvine	14 Punkte
5. Coulthard	11 Punkte
6. Berger	10 Punkte
Häkkinen	10 Punkte
8. Alesi	7 Punkte
9. Barrichello	6 Punkte
10. Herbert	5 Punkte

Konstrukteurswertung

1. Ferrari	41 Punkte
2. Williams Renault	40 Punkte
3. McLaren Mercedes	21 Punkte
4. Benetton Renault	17 Punkte
5. Prost Mugen Honda	15 Punkte
6. Jordan Peugeot	8 Punkte
7. Stewart Ford	6 Punkte
Sauber Petronas	6 Punkte
9. Tyrrell Ford	2 Punkte

ausgewechselt. Der früher eher passiv Agierende hat seither eindeutig an Selbstbewußtsein gewonnen und läßt die Konkurrenz diese Veränderung durch beherzte Angriffe auf der Strecke spüren. Merkt der Franzose, daß er eine Chance hat zu überholen, überlegt er nicht mehr lange – er tut es.

Gegen Ende des Rennens versprach das Geschehen auf dem Kurs

zu einem echten Krimi zu werden. Dem vorneweg fahrenden Villeneuve machte der an Zwei liegende Panis das Leben schwer. Der Franzose bewegte seinen Wagen kontinuierlich mit Rundenzeiten von 1:22 min bis auf 13 Sekunden an den Kanadier heran. Für Williams begann nun eine Phase des Rechnens: Holte man den Piloten zum dritten Stopp an die Box, wäre der Zeitaufwand zu groß gewesen, um wieder als Erster auf den Parcours zu gehen. Würde man den Piloten mit den maroden, mit Blasen behafteten Reifen weiter auf der Piste lassen, bestand die Gefahr, daß Villeneuve Panis' Angriffe nicht mehr abwehren könnte. Williams ging dieses Risiko ein.

Daß diese Zitterpartie erfolgreich endete, verdankte Williams nicht zuletzt dem Glück. Denn als der Prostpilot Villeneuve »an den Kragen wollte«, blieb er hinter Eddie Irvine stecken, den es zu überrunden galt. Der Ire machte seinen Wagen so breit, daß ein Vorbeikommen ohne Unfallrisiko für Panis nicht möglich war. In der Folge schwenkten Streckenposten blaue Fahnen, die dem Ferrari-Piloten signalisieren sollten, dem festhängenden Panis endlich den Weg zu bahnen. Irvine ignorierte die Aufmerksamkeiten und beschäftigte sich seinerseits mit der Jagd des vor ihm fahrenden Verstappen. Daraufhin reagierte die Rennleitung und zitierte Irvine für eine zehnsekündige Strafsitzung an die Box. Sein Verhalten rechtfertigte der »blinde« Ferrarifahrer anschließend so: »Ich war in ein Duell gegen Verstappen verwickelt. Wir zwei wollten Trulli überrunden. Ich dachte, die blauen Flaggen wären für den Italiener!«.

Den unglücklichen Panis kostete die Verzögerungstaktik wertvolle Zeit und den möglichen Sieg, denn Villeneuve nutzte die Gunst des Augenblicks und vergrößerte seinen Vorsprung auf mehr als 16 Sekunden. Im Ziel angekommen, erlebten die Zuschauer einen jubelnden Kanadier mit riesigen Blasen auf den Reifen und einen wohlverdienten Zweiten, Olivier Panis, dessen Rollwerk kaum abgenutzt erschien. Der Dritte im Bunde war Jean Alesi, der im Renntrimm neben Villeneuve ebenfalls nur zwei Mal das Goodyear-Felgengummi wechselte und mit ebenso erschreckendem Profilbild die karierte Flagge erblickte.

In Japan freute man sich dennoch, Goodyear mit »Bridgestone-Panis« Paroli geboten zu haben.

Heinz-Harald Frentzen beim Reifenwechsel in der Williams-Box

HINTERGRUND

»Es gibt weltweit kein besseres Vermarktungsinstrument als die Formel 1«

Schon immer war der Milliardenzirkus Formel 1 von potenten Geldgebern abhängig. Ohne sie wären Jahresgehälter von 35 Millionen Dollar – geschätztes Einkommen von Spitzenverdiener Michael Schumacher – auch überhaupt nicht finanzierbar.

Ein »hochkommerzielles High-Tech-Abenteuer« nennt das amerikanische Wirtschaftsmagazin »Forbes« die Formel 1, mit hoher Rentabilität und ungebrochenen Wachstumsaussichten.

Während in den 50er Jahren die Mineralölindustrie der Formel 1 unter die Arme griff, helfen heute vor allem amerikanische Tabakkonzerne den Teams in den Sattel. Rund 1,6 Milliarden Mark werden mit Werbung, Eintrittskarten, Fanartikeln und den von Bernie Ecclestone weltweit vermarkteten Fernsehrechten bei jedem Grand Prix umgesetzt. Das meiste davon fließt, zum Unwillen vieler Veranstalter und einiger Rennställe, in die Taschen von Bernie Ecclestone. Der Präsident der Formula One Constructor Association (FOCA) lenkt seit gut 20 Jahren die einzige interkontinentale Sportveranstaltung der Welt – mit Erfolg. Und den sprechen ihm selbst seine schärfsten Kritiker nicht ab. Unter seiner Führung wuchs das profitable Unternehmen Formel 1 erst zu seiner heutigen Größe, ohne seine Geschäftstüchtigkeit wären Phänomene wie der »Paddock-Club« nur Hirngespinste.

Für den kleinen Unkostenbeitrag von 1600 Dollar erwerben sich besondere Fans am Renntag den Zugang zum »Paddock«, dem Fahrerlager. Ein Exklusivrecht, auf das sich bei Kaviar, Lachs und Champagner im Schnitt etwa 3000 VIP's regelmäßig freuen.

Obwohl 1997 die Umsätze in der Formel 1 wieder neue Rekordhöhen erreichten, drohen dem florierenden Unternehmen Einbrüche – vor allem in Form des Werbeverbots für Tabakwaren. Schon jetzt existieren die durch Gesetze des jeweiligen Veranstalterlandes vorgeschriebenen Beschränkungen in einigen europäischen Ländern, und es erfordert von den Teams vor Ort einige Phantasie, um die auf dem Wagen plazierten Werbelogos unsichtbar zu machen. So ersetzte Jordan beispielsweise das Logo von Benson & Hedges in Frankreich durch Schlangenschuppen, Ferrari beließ das Signet von Marlboro auf dem Boliden, verzichtete aber auf den Schriftzug, und McLaren, das als bewegliche Litfaßsäule die Reemtsma-Sorte »West« bewirbt, verwies mit »Comicfiguren« auf den »qualmenden« Geldgeber.

Doch für 1998 wurden in Europa bereits jetzt Verschärfungen bei der Durchsetzung des Verbots angekündigt. Den Grand Prix in Ka-

nada, wo im Herbst 1997 ebenfalls ein strenges Werbeverbot für Tabakwaren eingeführt wurde, konnte Ecclestone durch geschickte Verhandlungen, bei denen er für den Formel 1-Lauf eine Ausnahmeregelung erwirkte, verhindern. Für den Fall, daß ein Werbeverbot in Europa den Formel 1-Sport ernsthaft gefährden würde, hat Ecclestone schon vorgesorgt. Nach dem Willen des Briten zieht der Zirkus dann einfach nach Asien, Malaysia und Südkorea haben bereits ihr Interesse angemeldet, neue Märkte,

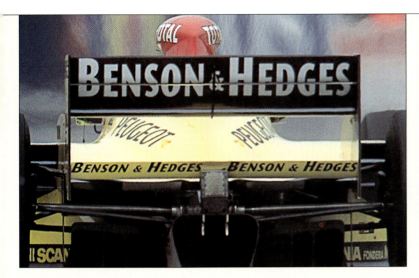

die auch von der Industrie mit Interesse beobachtet werden. Helmut Werner, ehemaliger Vorstandschef von Mercedes und von Ecclestone mit der Abwicklung des geplanten Börsengangs der Formel 1 beauftragt, warnte in einem Focus-Interview allerdings vor Abwanderungsplänen: »Die Formel 1 braucht das europäische Element. Hier ist automobile Kompetenz angesiedelt«.

Daß man auch mit weniger gesundheitsgefährdenden Produkten das Portemonnaie füllen kann, beweist das Erfolgsduo Michael Schumacher und Willi Weber. Schumacher verdient sogar auch dann Geld, wenn er gar nicht im Cockpit seines Ferrari sitzt. Mit einer eigenen Vermarktungsfirma kümmert sich Weber darum, daß jeder Schu-

macher-Fan über den Kauf von Devotionalien dem deutschen Megastar nahe sein kann. Verkauft werden Mützen, Leder-Jacken, T-Shirts, ein eigener Bestellkatalog, für 7,50 Mark am Kiosk erhältlich, ordnet die fast 300 Artikel, die der Name des zweifachen Weltmeisters ziert. Laut »auto, motor und sport« betrug der Umsatz beim Verkauf von Fanartikeln 1996 rund 75 Millionen Mark, mit steigender Tendenz für das Jahr 1997. Daß in der automobilen Königsklasse damit noch lange nicht das Ende der Fahnenstange erreicht ist, weiß keiner – außer Bernie Ecclestone – besser als Weber. »Es gibt«, so der umtriebige Manager, »weltweit kein besseres Vermarktungsinstrument als die Formel 1«.

2. Juni
Senna-Prozeß: Weltmeister Damon Hill, Ex-Teamkollege von Ayrton Senna, muß in den Zeugenstand. Mit seiner Aussage, die Änderungen an seinem Wagen und dem von Senna seien identisch gewesen, entlastet er seinen ehemaligen Arbeitgeber Williams.

11. Juni
Gelbe Karte für Villeneuve: Der Kanadier wird in Paris vom Motorsport-Weltverband FIA verwarnt. Grund dafür ist ein Interview, daß Villeneuve dem Nachrichtenmagazin »Der Spiegel« gab und in dem er mit heftigen Worten die FIA und das 98er-Reglement kritisiert hat.

Gleich drei »Mitarbeiter« des F1-Zirkus feiern an diesem Tag ihren Geburtstag: Teamchef Jackie Stewart (58), Benetton-Fahrer Jean Alesi (33) und Benetton-Cheftechniker Pat Symonds (44).

12. Juni
Die kanadische Post stellt neue Briefmarken vor, die an den 1982 tödlich verunglückten F1-Piloten Gilles Villeneuve erinnern.

13. Juni
Prost-Pilot Olivier Panis erweist sich im Vorfeld des Kanada-GP für einen kleinen Jungen als »rettender Engel«. Bevor die Sicherheitsbeamten den Dreikäsehoch aus der Box werfen können, stattet ihn der Franzose mit einem Prost-VIP-Pass aus.

14. Juni
F1-Boß Bernie Ecclestone trifft sich in Montreal mit den GP-Organisatoren und dem Kabinettschef des kanadischen Premiers, um über das ab Herbst geltende Tabakwerbeverbot zu verhandeln. Ergebnis: Das Verbot bleibt, aber beim WM-Lauf dürfen ausnahmsweise Autos und Piloten weiterhin die Sponsorenschriftzüge tragen.

14. Juni
Giancarlo Fisichella, Fahrer bei Jordan Peugeot, muß 5000 Dollar Strafe zahlen, da er in der Boxengasse zu schnell unterwegs war.

15. Juni
Beim Großen Preis von Kanada kommt Prost-Pilot Olivier Panis von der Piste ab und wird schwer verletzt. Das Rennen wird in der Pace-Car-Phase nach der 56. Runde abgebrochen. → S. 58

20. Juni
Michael Schumacher wird als Zeuge im Prozeß um den Tod Ayrton Sennas vorgeladen: Der Kerpener fuhr zum Unfallzeitpunkt direkt hinter dem Brasilianer, wovon sich die italienische Staatsanwaltschaft neue Erkenntnisse erhofft.

Norberto Fontana wird anstelle von Gianni Morbidelli beim GP in Frankreich

ins Sauber-Cockpit steigen. Morbidelli hatte sich am 19. Juni bei Testfahrten in Magny-Cours den linken Arm gebrochen und wird für mehrere Rennen ausfallen.

26. Juni
Das Aussehen von Jacques Villeneuve ist Thema Nummer 1 im Fahrerlager von Magny-Cours: Der Kanadier hat sich seine dunklen Haare strohblond gefärbt.

29. Juni
Start zum 8. WM-Lauf im französischen Magny-Cours. Sieger wird Michael Schumacher vor Jean Alesi und Giancarlo Fisichella. → S. 64

1.–30. Juni
Der letzte unabhängige Motorenbauer in der F1, der Engländer Brian Hart (60), will in der kommenden Saison wieder mit V10-Motoren aufwarten. Zur Zeit beliefert er noch das italienische Minardi-Team mit seinen V8-Aggregaten.

Der Kartenvorverkauf für den Östrreich-Grand Prix am 21. September läuft auf Hochtouren: Bereits jetzt sind 60000 Tickets verkauft und die Veranstalter beschließen, Zusatztribünen für weitere 17000 Fans zu bauen.

Ron Dennis, McLaren-Teamchef, erhält von der Londoner State-Universität den Ehrendoktor-Titel der Wissenschaft.

Motorenlieferant Honda macht Teamchef Alain Prost unmißverständlich klar, daß eine Auswechslung des Japaners Shinji Nakano nicht in Frage kommt.

Jarmo Mahonen, Funktionär beim Finnischen Automobilsportverband, kündigt an, daß in seinem Land eine F1-Strecke gebaut werden soll.

Die Wiederaufnahme von Südafrika in den GP-Kalender ist unwahrscheinlich, denn die Rückkehr würden eine Investition von ca. 10 Mio. Mark bedeuten. Staatschef Nelson Mandela allerdings will mit diesem Geld wichtigere Projekte in seinem Land finanzieren.

Salzburg: Gerhard Berger leidet an einer schweren Kieferhöhleninfektion, die einige Operationen nach sich zieht. Schon beim Grand Prix von Kanada wird der 23jährige Alexander Wurz, bislang Testfahrer bei Benetton Renault, als Ersatzpilot ins Berger-Cockpit steigen.

Sprüche und Zitate
»Wenn ich einen guten Tag habe und Michael einen schlechten, dann könnte ich ihn schlagen. Leider hat der Kerl keine schlechten Tage.«
Eddie Irvine über Teamkollege Michael Schumacher

»Die treibende Kraft hinter der F1 ist der Kommerz. Ich glaube nicht, daß sich jemand um das technische Niveau schert. Hauptsache, es kommt im Fernsehen gut rüber.«
Patrick Head, Williams-Cheftechniker

Volle Tribünen sind auf dem Hockenheim jedes Jahr garantiert.

Hockenheim ausverkauft

Schon einen Monat vor dem Grand Prix von Deutschland auf dem Hockenheim Ring meldeten die Veranstalter, daß die Rennveranstaltung bis auf den letzten Platz ausverkauft sei.

»Die Begeisterung der Fans macht mich eine Sekunde schneller. Trotzdem kann ich mich nicht wie gewünscht revanchieren. Wenn ich mich am Eingang den Autogrammjägern zu erkennen gäbe, käme ich nicht zum Fahren.« Mit diesen Worten charakterisierte Michael Schumacher die Begeisterung, die ihm am Ring jedes Jahr »entgegenschwappt«.

Selbst der Stadionsprecher muß während der Veranstaltung mehrmals zum Mikrofon greifen, um die Formel 1-Begeisterten davon abzuhalten, ihre mitgebrachten Feuerwerkskörper im Motodrom zu zünden, da die Fahrer aufgrund der von ihnen nicht zuordenbaren Geräusche ernsthafte Schäden an ihren Boliden vermuten würden.

Für das 97er Spektakel nehmen die Fans Eintrittspreise in Kauf, die selbst bei einem Konzert der »Rolling Stones« nicht erzielt werden: Ein Wochenende im Motodrom mit Training und Rennveranstaltung kostet im Schnitt ca. 500 Mark.

Mehr Formel 1 schon 1998 ?

Ron Dennis, Teamchef von McLaren und neben dem Williams Renault-Rennstall der einzige, der das Concorde-Abkommen mit dem Internationalen Automobilverband (FIA) nicht unterzeichnete, wehrt sich gegen zusätzliche Grand Prix-Rennen.

»18 Rennen kommen nicht in Frage, ein zusätzliches Rennen kostet nicht nur eine Menge Geld. Ich finde es auch wichtig, daß die WM eine gewisse Stabilität hat und daß man nicht damit herumspielt. Dazu steht zu viel auf dem Spiel.«

Ron Dennis

Mit diesen Worten bezog Ron Dennis Stellung zu Überlegungen von Seiten der FIA, die Saison um ein weiteres Rennen zu verlängern und das Finale erst am 9. November in Portugal auszutragen – statt wie geplant am 26. Oktober in Spanien. Dennis gehört in den Augen der FIA ohnehin zu den Spielverderbern, da er das Concorde-Abkommen, das u.a. die finanzielle Beteiligung der Teams an den Einnahmen der Formel 1 regelt, als einziger neben Williams noch nicht unterzeichnet hatte.

B. Ecclestone

Bernie Ecclestone drohte den »Abtrünnigen« unverhohlen mit Konsequenzen: »Die Formel 1 hat auch das Fehlen von Lotus und Brabham verkraftet...«

Der geschäftstüchtige Brite möchte den Formel 1-Zirkus während einer Saison so lange wie möglich präsentieren. Dabei vertritt er den Standpunkt, die Anzahl der Testfahrten könne ohne weiteres zugunsten zusätzlicher Rennen reduziert werden. Außerdem, so Ecclestone, könnte eine geringere Zahl von Probefahrten bei den Motorenherstellern Kapazitäten freisetzen, die eine Belieferung zusätzlicher Teams ermöglichen würde.

Eine Frage des Antriebs

Die Krone der automobilen Königsklasse ist das Ziel für jeden Formel 1-Rennstall. Bei der Jagd nach dem Titel ist es aber bis heute nur einigen wenigen gelungen, die Bausteine für den Erfolg richtig zusammenzusetzen – und dabei spielt die Motorenfrage eine wesentliche Rolle.

Herausragende Techniker, Spitzen-Piloten und potente Geldgeber – die Vergangenheit hat gezeigt, daß in dieser Kombination das wichtigste fehlt, um dem Feld nicht nur »hinterherzurollen«: der adäquate Antrieb, sprich ein leistungsstarker, zuverlässiger Motor.

Bis auf Ferrari sind alle Rennställe bei der Motorenbeschaffung auf Fremdlieferanten angewiesen. Diesen Vorteil wußten die Italiener in den letzten Jahren aber nur unzureichend zu nutzen, denn in punkto Stabilität hinkte man in Maranello lange Zeit hinter der Konkurrenz her.

Um vom Fleck zu kommen, haben alle anderen Teams zwei Alternativen – allerdings nicht zur Auswahl. Entweder gelingt es, mit einem der wenigen an der Formel 1 interessierten Motorenlieferanten einen Werksvertrag auszuhandeln, der eine kostenlose Nutzung für den Zeitraum der vertraglichen Bindung vorsieht. Oder sie müssen – für viel Geld – die Motoren einkaufen. Diese Triebwerke sind zwar in der Regel ausgereift und standfest, aber es handelt sich nur um Ausbaustufen der Werksmotoren, die leistungsmäßig mindestens eine Stufe unter den aktuellen Versionen der Werksteams rangieren.

In dieser Saison standen werksseitig Renault, Ford und Peugeot zur Disposition, die sich, mit Ausnahme von Ford, auf die Teams Williams und Jordan konzentrierten. Der »Sauber-abtrünnige« Motorenhersteller Ford stürzte sich exclusiv mit dem Newcomer-Team Steward in die Saison.

Im kommenden Jahr werden die Karten allerdings wieder neu gemischt, denn bei einigen Teams laufen die begehrten Werksverträge aus. Die Konkurrenz steht jetzt bereits Schlange.

Im einzelnen wird es 1998 folgende Veränderungen geben: Jordan verliert seinen Motorenpartner Peugeot nach dreijähriger Zusammenarbeit an »Prost Grand-Prix«. Der ehemalige Weltmeister Prost konnte seine Landsleute von seinem Traum überzeugen, ein rein französisches Team mit großer Perspektive auf die Beine zu stellen. Peugeot hat sich daher exklusiv bis in das Jahr 2001 an den »Professor« gebunden.

Renault zieht sich am Ende der Saison ganz aus dem Formel 1-Sport zurück, bleibt aber den Teams Williams und Benetton unter dem Namen »Mechacrome« erhalten. Ford, das sein Engagement in der Rennserie perspektivisch ausgerichtet hat, hält Steward die Treue, obwohl das britische Team 1997 keine Bäume ausriß.

Der Arrows-Rennstall muß sich im kommenden Jahr weiterhin mit den schwachen Triebwerken von Yamaha zufrieden geben, da der gewünschte Handel mit Mugen-Honda nicht zustande kam. Die alleinigen Rechte für diese Aggregate erhielt Jordan.

Der Mercedes Motor V-10 F0110E erledigt seine Dienste im McLaren MP4/12. In dieser Allianz hoffen die Partner auf Siege

In der 15. Runde kracht Ralf Schumacher kurz hinter Start und Ziel ungebremst in den Reifenstapel. Zum Glück konnte er seinem Wagen unverletzt entsteigen. Mit seinem erneuten »Aussetzer« beraubte sich Schumacher aber um einen möglichen Platz auf dem Siegerpodest.

Grand Prix der Unfälle

15. Juni, Montreal. Michael Schumacher gewann den bisher schwärzesten Grand Prix der Saison 1997. Nachdem Bruder Ralf einen spektakulären Unfall noch unbeschadet überstanden hatte, traf es den Prostpiloten Panis bei seinem Ausritt um so härter – der Franzose brach sich beide Beine.

Wie nicht anders zu erwarten, stand Kanada ganz im Zeichen des Heimspiels von Jacques Villeneuve. Alles schien für einen großen Auftritt des Lokalmatadoren vorbereitet, und auch die Tatsache, daß Michael Schumacher erstmals in dieser Saison die Pole Position vor Villeneuve einnahm, wurde von den 120 000 Zuschauern an der Strecke – ein Rekordergebnis im Circuit Gilles Villeneuve – allenfalls als kleiner Schönheitsfehler registriert. Der Williams-Fahrer hatte sogar eigens für sein »Heimspiel« eine VIP-Lounge angemietet, in der Verwandte und Bekannte seine Fahrkünste bewundern sollten.

Doch es kam anders, als der vermeintliche Hauptdarsteller es sich vorgestellt hatte. Eingangs der zweiten Kurve lagen die WM-Spitzenreiter dicht hintereinander, als dem Kanadier ein Fahrfehler mit fatalen Folgen unterlief: Villeneuve mußte sein Fahrzeug nach wenigen Sekunden abstellen und brachte sich selbst um die geplante große »Show«.

Selbstkritisch kommentierte Villeneuve den »Aussetzer«: »Kanada 1997 war die bislang größte Enttäuschung meiner Karriere. Ich habe einen Fehler gemacht, der vielleicht in der Formel 3 verzeihbar wäre, nicht aber in der Formel 1«. Nachdem der erste Ärger verflogen war, blickte der Verlierer aber schon wieder nach vorn: »Ich schäme mich, daß mir das ausgerechnet vor meinen Landsleuten passiert ist. Der Fehler stachelt mich aber an, einen Sieg in der kommenden Saison nachzuholen.«

Auf der Strecke spulte Schumacher, weiter auf Rang eins liegend, routiniert seine Runden ab. Ihm folgte Fisichella, der mit einem guten Start von Platz sechs auf drei vorgefahren war und nach dem Ausfall von Villeneuve an zweiter Stelle lag.

In der sechsten Runde ereignete sich der nächste Unfall: Ukyo Katayama »zerlegte« sein Fahrzeug, blieb aber so ungünstig auf der Piste stehen, daß die Verantwortlichen den restlichen Akteuren einen Safety-Car vorausschickten. Nachdem die letzten Reste von Katayamas Minardi vom Asphalt geräumt waren, verließ das Sicherheitsfahrzeug vier Runden später den Rennbetrieb wieder. Schumacher bewies sofort nach der Freigabe seine Entschlossenheit und setzte sich von der Konkurrenz ab. Zu diesem Zeitpunkt machte aber auch Alexander Wurz von sich reden, denn der Debütant lag überraschend auf dem sechsten Platz.

Der Österreicher saß an Stelle

Circuit Gilles Vileneuve

Pont de la Concorde

Virage du Casino

Virage Senna

Lange und schnelle Geraden wechseln sich auf dem Inselkurs in Montreal mit langsamen Schikanen und Spitzkehren ab. Dieses Profil belastet die Bremsen und schafft Probleme bei der Abstimmung des Wagens. Dafür bietet die Strecke vor den Kurven sehr gute Überholmöglichkeiten.

Streckenlänge: 4,421 km
Renndistanz: 69 Runden (305,049 km)
Sieger 1996: Damon Hill, Williams Renault
Rundenrekord: 1:21,916 min, Jacques Villeneuve, Williams Renault, 1996

Barrichello brilliert

Rubens Barrichello legte in der Qualifikation auf Stewart Ford überraschend die drittbeste Zeit der 22 Teilnehmer vor.

Nicht Schumacher, Frentzen oder Villeneuve hießen die Hauptdarsteller der Qualifikation – der Name von Rubens Barrichello leuchtete eine Viertelstunde vor dem Ende plötzlich auf der Anzeigentafel an dritter Position auf.

Der kometenhafte Aufstieg des Brasilianers, der in Barcelona vom 17. Startplatz ins Rennen gegangen war, wurde von Stewart Ford mit kleinen Veränderungen an Heckflügel und Chassis begründet. Deshalb jubelte der mit einer Spitzengeschwindigkeit von 320 km/h gestoppte Barrichello nach seiner überzeugenden Fahrt zu Recht: »Jetzt fahre ich den SF-1/02, der perfekt ist«.

Nicht ganz nach Plan lief es dagegen für Lokalmatador Jacques Villeneuve. Nachdem der Williams-Pilot zehn Minuten vor Schluß unter dem Jubel des kanadischen Publikums für eine neue Rundenbestzeit gesorgt hatte, riß Michael Schumacher wenig später das Steuer noch einmal herum: Mit einem Vorsprung von 13 Tausendstel-Sekunden landete er erstmals in dieser Saison auf der Pole-Position.

Trainingsergebnis/Startaufstellung

1.	M. Schumacher	Ferrari	1:18,095
2.	Villeneuve	Williams Renault	1:18,108
3.	Barrichello	Stewart Ford	1:18,388
4.	Frentzen	Williams Renault	1:18,464
5.	Coulthard	McLaren Mercedes	1:18,466
6.	Fisichella	Jordan Peugeot	1:18,750
7.	R. Schumacher	Jordan Peugeot	1:18,869
8.	Alesi	Benetton Renault	1:18,899
9.	Häkkinen	McLaren Mercedes	1:18,916
10.	Panis	Prost Mugen Honda	1:19,034
11.	Wurz	Benetton Renault	1:19,286
12.	Irvine	Ferrari	1:19,503
13.	Herbert	Sauber Petronas	1:19,622
14.	Verstappen	Tyrrell Ford	1:20,120
15.	Hill	Arrows Yamaha	1:20,129
16.	Diniz	Arrows Yamaha	1:20,175
17.	Salo	Tyrrell Ford	1:20,336
18.	Morbidelli	Sauber Petronas	1:20,357
19.	Nakano	Prost Mugen Honda	1:20,370
20.	Trulli	Minardi Hart	1:20,370
21.	Magnussen	Stewart Ford	1:20,491
22.	Katayama	Minardi Hart	1:21,034

seines Landsmanns Gerhard Berger am Steuer des Benetton, der wegen gesundheitlicher Probleme in Kanada passen mußte. Wurz, bei Benetton eigentlich nur als Testfahrer unter Vertrag, nutzte seine Chance mit einer couragierten Vorstellung. Bereits im Qualifying hatte er mit dem achten Startplatz aufhorchen lassen, der ihn für das Rennen auf eine gute Plazierung hoffen ließ.

Aber trotz einer bemerkenswerten Leistung war Wurz' Premiere in der 36. Runde beendet – die An-

Das Rennergebnis

1.	M. Schumacher	1:17:40,646 Std.	
2.	Alesi	+	2,565 sek.
3.	Fisichella	+	3,219 sek.
4.	Frentzen	+	3,768 sek.
5.	Herbert	+	4,716 sek.
6.	Nakano	+	36,701 sek.

Fahrerwertung

1.	M. Schumacher	37 Punkte
2.	Villeneuve	30 Punkte
3.	Panis	15 Punkte
4.	Irvine	14 Punkte
5.	Frentzen	13 Punkte
	Alesi	13 Punkte
7.	Coulthard	11 Punkte
8.	Berger	10 Punkte
	Häkkinen	10 Punkte
10.	Fisichella	8 Punkte

Konstrukteurswertung

1.	Ferrari	51 Punkte
2.	Williams Renault	43 Punkte
3.	Benetton Renault	23 Punkte
4.	McLaren Mercedes	21 Punkte
5.	Prost Mugen Honda	16 Punkte
6.	Jordan Peugeot	12 Punkte
7.	Sauber Petronas	8 Punkte
8.	Stewart Ford	6 Punkte
9.	Tyrrell Ford	2 Punkte

triebswelle versagte den Dienst. Mit verblüffender Selbstsicherheit gab Wurz nach dem Rennen seine Einschätzung an die Presse: »Mein Start war super; zu Beginn ging ich alles ruhig an, weil ich die Reifen

schonen wollte. Diese Taktik sollte sich später eigentlich auszahlen.« Obwohl sein Plan ein Wunschtraum blieb, war Benetton mit dem Auftritt des Newcomers zufrieden.

Für Ralf Schumacher endete der siebte Grand Prix seiner Karriere ebenso abrupt wie spektakulär. In der 15. Runde übersah der 22jährige bei Tempo 182 km/h eine Kurve und raste ungebremst in einen Reifenstapel. Der Aufprall des Jordan ließ Schlimmes ahnen, aber »Schumi II« konnte zum Glück ohne Blessuren den Weg in die Box aufnehmen.

Weniger glimpflich verlief der »Crash« des Franzosen Olivier Panis in der 52. Runde. Der Prostwagen geriet in der Passage »S« von Kurve 5 außer Kontrolle, prallte wie ein Gummiball zwischen den Begrenzungsmauern hin und her, bevor er in einem Reifenstapel landete. Das Cockpit brach bei dem Aufprall in zwei Teile, der Franzose erlitt Frakturen an beiden Beinen. Panis' Teamkollege Shinji Nakano fuhr stattdessen auf den sechsten Platz, konnte sich aber über den ersten WM-Punkt kaum freuen.

So tragisch dieses Ereignis war, es verhalf Michael Schumacher am Ende zum vorzeitigen Sieg. Der Deutsche hing vor dem Unfall von Panis mit deutlichem Abstand hinter dem Mercedes von David Coulthard. Als der Schotte die Box ansteuerte, entwickelte sich der Routinestopp zum Alptraum: Die Kupplung streikte, Coulthard konnte keinen Gang mehr einlegen. Nachdem der Schaden behoben war, konnte der McLaren-Pilot, an Position sieben liegend, nicht mehr in das aktuelle Renngeschehen eingreifen. Er mußte sich wie alle Teilnehmer hinter

Michael Schumacher und Giancarlo Fisichella folgen dem Safety Car.

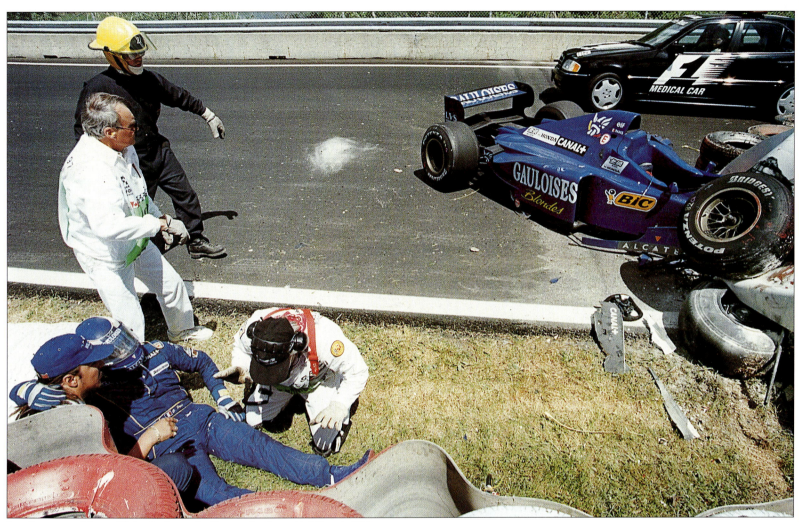

Streckenposten leisten Olivier Panis unmittelbar nach seinem Unfall erste Hilfe.

dem Safety-Car einreihen, der aufgrund des Panis-Unfalls auf die Strecke beordert worden war.

Vier Runden führte das Sicherheitsfahrzeug den aktiven Rennbetrieb vor Schumacher an, bis die Verantwortlichen den Grand Prix von Kanada vorzeitig abbrachen und den Ferrari zum Sieger erklär-ten. Sichtlich erschüttert von den Ereignissen des Rennens verzichte-te der Sieger auf die obligatorische Champagnerdusche. Schumacher nahm den Siegerpokal mit versteinerte Miene entgegen und ließ später wissen, daß er sich um Panis sorge und ihm nicht nach Feiern zumute gewesen sei.

STICHWORT

Pace Car garantiert Sicherheit

Der Einsatz eines Safety Car in der sog. Pace Car Phase wird von der jeweiligen Rennkommission an der Strecke angeordnet, wenn das Renngeschehen durch nicht eingeplante Umstände gefährdet ist. Dazu zählen in erster Linie Unfälle und plötzlich einsetzender Regen.

Der Safety Car setzt sich in diesen Fällen vor das Fahrerfeld, bis die Gefahrquellen, z.B. herumliegende Autoteile, regennasse Strecke, beseitigt sind. Für alle Fahrer gilt in dieser Phase absolu-tes Überholverbot, sie müssen die Positionen beibehalten, die sie zum Zeitpunkt des Safety Car-Einsatzes innehaben, dürfen aber zum jeweils vor ihnen liegenden Fahrzeug aufschließen. Erst wenn das Sicherheitsfahrzeug die Strecke wieder verläßt, kann der Kampf um Positionen wieder aufgenommen werden.

Ist eine Änderung der Wetterbedingungen nicht absehbar, entscheidet die Rennkommission über den Abbruch des Rennens.

Mit regloser Miene nimmt Michael Schumacher den Pokal in Empfang.

Gilles Villeneuve wurde im Fahrerlager als risikobereiter aber fairer Pilot geschätzt. Niki Lauda hielt seinen Nachfolger bei Ferrari für den »schnellsten Fahrer der Welt«.

BIOGRAFIE

»Ich schätze seinen Kampfgeist mehr als andere Qualitäten«

»Ein möglicher Sieg ist mir immer lieber als ein sicherer dritter Platz. Ich bin Rennfahrer, und das bedeutet für mich, Rennen zu gewinnen und nicht, Punkte zu sammeln.« An diesem ehrgeizigen Prinzip machte der Kanadier Gilles Villeneuve während seiner Fahrerkarriere keine Abstriche. Mit seinem Einsatz und seiner Risikobereitschaft fuhr Villeneuve zumeist in Grenzbereichen, »Gilles wollte immer der Beste sein«, wie Teamkollege Jody Scheckter es einmal ausdrückte.

Sein Debüt gab der als hochtalentiert geltende Nachwuchsfahrer am 16. Juli 1977 in Silberstone auf McLaren, drei Monate später saß er

beim Saisonfinale im japanischen Fuji bereits im Ferrari-Cockpit, wo er seine erfolgreichsten Jahre verbringen sollte.

Fuji wurde zum Schauplatz eines schweren Unfalls – mit Villeneuve als Hauptbeteiligten. Bei einem Abbremsmanöver fuhr der Kanadier auf den Tyrrell des Schweden Ronnie Peterson auf und flog nach der Kollision in eine 20 m entfernt stehende Gruppe von Zuschauern und Fotografen. Der Ferrari brach beim Aufprall auseinander, Villeneuve blieb wie durch ein Wunder unverletzt, zwei Menschen starben, zehn weitere wurden verletzt. Die Öffentlichkeit war entsetzt, der damals 25jährige der Sündebock.

Trotzdem erhielt er für die Saison 1978 von Enzo Ferrari, dem der Charakter des »Draufgängers« imponierte, einen Vertrag: »Ich schätze seinen Kampfgeist mehr als alle anderen Qualitäten, die ein Rennfahrer haben kann«.

Villeneuve dankte es dem greisen »Commendatore« durch Erfolge. Am 8. Oktober 1978 gewann er sein »Heimspiel«, den Großen Preis von Kanada, ein Jahr später beendete er den teaminternen Zweikampf um die Fahrer-Weltmeisterschaft gegen Scheckter mit vier Punkten Rückstand auf den Südafrikaner als Zweiter. Scheckters Triumph war zugleich ein Sieg unspektakulärer Gleichmäßigkeit und

Zuverlässigkeit, Eigenschaften, mit denen man im Formel 1-Sport überlebt, aber nicht die Massen faszinieren kann.

Nach diesem Doppelsieg war es vorerst mit der »Ferrari-Herrlichkeit« vorbei, die roten Renner aus Maranello verloren ihre Vormachtstellung. Doch Gilles Villeneuve blieb bei den Italienern, eine Entscheidung, die ihn bei seinem Ehrgeiz vor ein großes Problem stellte. Wollte der Kanadier vorne mitfahren – und nichts anderes wollte er –, mußte er permanent am Limit fahren. Wie 1981 in Monte Carlo, als er dem mit einer Ewigkeit von 45 Sekunden führenden Alan Jones Paroli bot, den Williams-Pilo-

Das Ferrari-Wrack nach dem Unfall am 8. Mai 1982

Heute erinnern nur noch Pokale an die Erfolge des Kanadiers.

ten angriff und ihn schließlich überholte.

Knapp einen Monat später lieferte er ein weiteres Glanzstück ab: Obwohl von den Rundenzeiten her fast eineinhalb Sekunden langsamer als die Konkurrenz, passierte er als erster die Ziellinie. Jacques Lafitte nötigte diese Leistung damals großen Respekt ab: »Kein Mensch kann Wunder vollbringen, aber bei Gilles bin ich mir da nicht mehr so sicher«.

Trotz dieser Erfolge wurde die Luft bei Ferrari dünner und zum Eklat kam es beim Großen Preis von San Marino 1982. Gegen die Stallorder überholte Teamkollege Didier Pironi den Kanadier und betrog ihn damit seiner Meinung nach um den sicheren Sieg. Für Villeneuve lagen die Konsequenzen aus diesem Vorfall auf der Hand, er kündigte den Ferrari-Verantwortlichen seinen Wechsel an.

Doch bevor es dazu kommen konnte, fand seine Karriere ein tragisches Ende. Beim Training zum Großen Preis von Belgien in Zolder am 8. Mai 1982 verunglückte Villeneuve tödlich. Der Unfall ereignete sich, als der Kanadier mit Tempo 260 km/h in eine lange Linkskurve einbog. Der Deutsche Jochen Mass wollte dem Heranstürmenden ausweichen und zog seinen March nach außen, im Glauben, Villeneuve wolle innen vorbeiziehen. »Es war eine unglückliche Entscheidung von uns beiden. In der Hundertstelsekunde, die wir Zeit hatten, war sie nicht

mehr zu korrigieren«, versuchte Mass später zu erklären. Nach der Kollision der beiden Fahrzeuge flog der Ferrari in eine Böschung und

brach auseinander. Dabei zog sich Villeneuve, der mitsamt dem Fahrersitz aus dem Wagen geschleudert wurde, tödliche Verletzungen zu.

Neulinge bringen frischen Wind

Besser hätte es aus deutscher Sicht in der Qualifikation nicht laufen können. Mit den Schumacher-Brüdern und Heinz Harald Frentzen standen erstmals in der Grand Prix-Geschichte drei deutsche Fahrer auf den Plätzen eins bis drei.

Darüber hinaus bestimmten die Neulinge das Samstagsgeschehen. Jarno Trulli feierte nach seinem Ausstieg bei Minardi im Prost Mugen Honda Premiere und landete auf Anhieb in der dritten Startreihe. Nur eine Reihe dahinter plazierte sich der Ersatzfahrer von Gerhard Berger im Benetton Renault, Alexander Wurz. Überraschenderweise ließ der junge Testfahrer damit sogar seinen Teamkollegen Jean Alesi bei dessen »Heimspiel« hinter sich.

Trainingsergebnis/Startaufstellung

1. M. Schumacher	Ferrari	1:14,548
2. Frentzen	Williams Renault	1:14,749
3. R. Schumacher	Jordan Peugeot	1:14,755
4. Villeneuve	Williams Renault	1:14,800
5. Irvine	Ferrari	1:14,860
6. Trulli	Prost Mugen Honda	1:14,957
7. Wurz	Benetton Renault	1:14,986
8. Alesi	Benetton Renault	1:15,228
9. Coulthard	McLaren Mercedes	1:15,270
10. Häkkinen	McLaren Mercedes	1:15,339
11. Fisichella	Jordan Peugeot	1:15,453
12. Nakano	Prost Mugen Honda	1:15,857
13. Barrichello	Stewart Ford	1:15,876
14. Herbert	Sauber Petronas	1:16,018
15. Magnussen	Stewart Ford	1:16,149
16. Diniz	Arrows Yamaha	1:16,536
17. Hill	Arrows Yamaha	1:16,729
18. Verstappen	Tyrrell Ford	1:16,941
19. Salo	Tyrrell Ford	1:17,256
20. Fontana	Sauber Petronas	1:17,538
21. Katayama	Minardi Hart	1:17,563
22. Marques	Minardi Hart	1:18,280

Circuit de Nevers

Die Hausstrecke des neuen Rennstalls von Alain Prost liegt zwischen Paris und Lyon mitten auf dem »platten« Land.

Nur eine schnelle Kurve und wenig Überholchancen zeichnen diesen Retortenkurs aus – »langweilig und anspruchslos«, so lautet die fast einhellige Meinung der Formel 1-Piloten.

Streckenlänge: 4,25 km
Renndistanz: 72 Runden (306 km)
Sieger 1996: Damon Hill, Williams Renault
Rundenrekord: 1:17,070 min, Nigel Mansell, Williams Renault, 1992

Zurückhaltung abgelegt

29. Juni, Magny-Cours. Mit der schnellsten Rennrunde, der Pole-Position und einem Sieg baute Michael Schumacher seine Führung im WM-Klassement aus.

In der Kunst der Untertreibung war Michael Schumacher schon immer der ungeschlagene König, und beim Grand Prix von Frankreich demonstrierte er in dieser Disziplin erneut seine Qualitäten. Im Vorfeld der Rennveranstaltung auf seine Chancen angesprochen, sah Schumacher sich allenfalls in einer Außenseiterrolle: Er sei froh, wenn er überhaupt in die Punkteränge fahren könne. Und selbst nachdem er am Sonntag die Zielflagge als Erster gekreuzt hatte, sagte er: »Pole Position und Sieg – das ist wie ein Traum.« Doch wie um sich selbst Lügen zu strafen, gab sich der Wahlschweizer nach seinem 25. Grand Prix-Sieg dann doch optimistisch und verkündete: »Wenn es so weiterläuft, dann werde ich eben doch schon in diesem Jahr Weltmeister.«

Damit bestätigte er gegen seine sonstige Gewohnheit erstmals öffentlich seine Favoritenstellung, eine Einschätzung, die nach dem Erfolg in Frankreich und dem daraus resultierenden 14-Punkte-Abstand auf Jacques Villeneuve niemanden mehr verwunderte.

Vom Start weg machte der Ferrari Tempo und lag nach der zweiten Runde schon über zwei Sekunden vor Frentzen und Irvine. Der wie entfesselt fahrende Schumacher konnte Frentzen bis zur 25. Runde um weitere 13 Sekunden distanzieren und gab die Führung lediglich bei seinen beiden Boxenstopps kurz aus der Hand.

Nach etwa der Hälfte des Rennens zogen schwarze Regenwolken über der Rennstrecke auf, die in der Folgezeit an den Boxen einen regelrechten »Reifenpoker« auslösten. Da niemand wußte, ob es wirklich anfangen würde zu regnen, wurde die Entscheidung, welchen Reifen man beim Boxenstopp aufziehen sollte, zum Roulettespiel.

Diese Frage richtig zu beantworten, war von entscheidender Bedeutung. Bestückt man ein Fahrzeug nämlich mit Regenreifen und der Regen bleibt aus, muß der Pilot einen weiteren Stopp – und damit wertvolle Zeiteinbußen – in Kauf nehmen. Vor diesem Hintergrund sorgten die Wolken über Magny Cours für einen regen Funkkontakt zwischen den Fahrern und ihren jeweiligen Teamchefs, wobei die Entscheidung am Ende dem Piloten überlassen blieb.

In der 44. Runde begann es dann doch zu nieseln und wenige Augenblicke später bugsierte Noberto Fontana, der mit profillosen Reifen unterwegs war, den Sauber Petronas ins Aus. Trotz dieses Ausritts vertrauten alle Topfahrer in der Hoffnung, daß ein Wolkenbruch ausbleiben möge, weiter auf Slicks.

Jacques Villeneuve war einer der Verlierer im Reifenspiel: Der Kanadier setzte, an Position vier liegend, auf Intermediates und verlor 15 Sekunden auf die Spitze, da die Piste

Das Rennergebnis

1. M. Schumacher	1:30:50,492	Std.
2. Frentzen	+ 23,537	sek.
3. Irvine	+ 1:14,801	min.
4. Villeneuve	+ 1:21,784	min.
5. Alesi	+ 1:22,735	min.
6. R. Schumacher	+ 1:29,871	min.

Fahrerwertung

1. M. Schumacher	47 Punkte
2. Villeneuve	33 Punkte
3. Frentzen	19 Punkte
4. Irvine	18 Punkte
5. Panis	15 Punkte
Alesi	15 Punkte
7. Coulthard	11 Punkte
8. Berger	10 Punkte
Häkkinen	10 Punkte
10. Fisichella	8 Punkte

Konstrukteurswertung

1. Ferrari	65 Punkte
2. Williams Renault	52 Punkte
3. Benetton Renault	25 Punkte
4. McLaren Mercedes	21 Punkte
5. Prost Mugen Honda	16 Punkte
6. Jordan Peugeot	13 Punkte
7. Sauber Petronas	8 Punkte
8. Stewart Ford	6 Punkte
9. Tyrrell Ford	2 Punkte

noch nicht naß genug war, um diesem Reifentyp die Entfaltung seines Potentials zu erlauben.

Schumacher war derweil unangefochten auf ungrillten Goodyears unterwegs, gab neun Runden vor Schluß allerdings noch eine nicht planmäßige »Pirouette« zum besten. Nachdem er den Ferrari für eine anstehende Kurve nicht in die gewünschte Position bringen konnte, geriet er ins Kiesbett. Bei diesem Zwischenfall stand dem Kerpener das Glück zur Seite, denn er fand den Weg zurück auf den Straßenbelag.

Als der Triumph in der Schlußphase des Rennens feststand, zeigte der Sieger eine schöne Geste: Er ließ Bruder Ralf zurückrunden, damit dieser für Jordan noch einen WM-Punkt einfahren konnte.

STICHWORT

Zurückrunden

Die Geste des Zurückrundens, mit der Michael Schumacher seinem Bruder einen WM-Punkt schenkte, basiert auf folgenden Prinzipien: Fährt der Sieger durchs Ziel, ist das Rennen für alle Fahrer beendet. Dabei ist es unerheblich, ob sie die gesamte Renndistanz zurückgelegt haben. Auch überrundete Fahrer müssen nur noch bis zur Ziellinie fahren, dann werden sie gewertet. In Frankreich lag der überrundete Ralf Schumacher kurz vor der Ziel-

Michael und Ralf Schumacher im Verfolgerduell

durchfahrt seines Bruders knapp hinter seinem Bruder. Indem Ralf noch einmal überholen konnte und damit rundengleich mit seinem Bruder war, erhielt er die Möglichkeit, den Kurs noch einmal zu umrunden und die volle Renndistanz zurückzulegen. Da der auf Rang sechs liegende, nicht überrundete McLaren-Pilot David Coulthard in der letzten Runde ausfiel, aber gegenüber dem überrundeten Ralf Schumacher eine längere Renndistanz aufwies, war das Zurückrunden »notwendig«, um einen WM-Punkt zu »ergattern«.

△ Als die ersten Regenwolken über der Rennstrecke auftauchten, herrschte an allen Boxen Hochbetrieb. Der Reifenwechsel – wie hier bei Heinz Harald Frentzen und Michael Schumacher – wurden für die Fahrer zum Vabanquespiel, weil die Entscheidung für Regenreifen bei anhaltender Trockenheit mit wertvollen Zeitverlusten verbunden sein konnte. Michael Schumacher vertraute das ganze Rennen über auf Slicks – ein Risiko, das am Ende belohnt wurde.

▷ Der zweite Ferrari-Pilot Eddie Irvine hatte nach dem Rennen ebenfalls gute Laune: Mit seinem dritten Rang sammelte er für sich und den Rennstall wertvolle Punkte für die Weltmeisterschafts-Gesamtwertung.

Reifenwahl entscheidet über Sieg und Niederlage

Gleichgültig, zu welcher Seite die Rennställe im Glaubenskrieg um die besseren Reifen tendieren, ob sie mit den schwarzen Gummis aus Japan (Bridgestone) oder Amerika (Goodyear) sympathisieren – an dem – komplizierten – Reglement des Internationalen Autobilverbandes FIA kommt kein Team vorbei. Diese Bestimmungen sehen Folgendes vor: Einem Fahrer stehen für das Wochenende neun Reifensätze mit verschiedenen Gummimischungen (ein Satz umfaßt vier Reifen) – plus vier speziell auf Regen abgestimmte Sätze – zur Verfügung. Von diesen neun Sätzen können die Piloten in Absprache mit den Technikern ihres Rennstalls zwei Gummimischungen auswählen, von denen sie je sieben Sätze für das freie Training am Samstag morgen bestimmen.

Nach dem freien Training müssen sich die Teams für eine der beiden Mischungen entscheiden, denn von diesen Pneus erhält der Fahrer sieben Sätze, mit denen er Qualifying, Warm up und Rennen zu bestreiten hat.

Die 28 Reifen werden dem Technischen Kommissar vorgelegt, der

diese vier Reifensätze markiert – als Zeichen, das diese Sätze für das Qualifying benutzt werden müssen. Prinzipiell können für das Hauptrennen am Sonntag alle sieben Reifensätze gefahren werden, vorausgesetzt, die vier für das Qualifying reservierten Sätze sind noch brauchbar.

Mit diesen – auf den ersten Blick – verworrenen Richtlinien hat die FIA »Spielanleitungen« für einen regelrechten Reifenpoker festgeschrieben. Denn ohne zu wissen, welche Temperaturen im Rennen – und damit auf dem Asphalt – herrschen, müssen die Verantwortlichen sich 24 Stunden vor Rennbeginn auf eine Taktik einigen. Neben den meteorlogischen Unwägbarkeiten am Renntag gilt es vor allem, für das Qualifikationstraining die richtige Wahl zu treffen. Denn der selbe Reifen muß auf der einen Seite möglichst schnelle Rundenzeiten ermöglichen, die über die Startaufstellung entscheiden, und andererseits über die gesamte Renndistanz halten.

Für 1998 sind die Reifen-Bestimmungen in einigen Punkten geändert worden. Ab dem kom-

menden Jahr wird es keine Slicks mehr geben, das sind Reifen ohne Profil, die bislang bei trockenem Wetter benutzt wurden. Das neue Gummi, »Rillenreifen« genannt, enthält am hinteren Rad vier, am vorderen Rad drei Längsrillen. Regenreifen werden von dem 98er-Richtlinien nicht angetastet.

Als Hauptgrund für die Umgestaltung der Trockenpneus nennt der größte Verfechter des neuen Reglements, FIA-Präsident Max Mosley, Sicherheitsaspekte. Der Advokat schwört dabei auf die geringere Auflagefläche des Reifen und der damit reduzierten Haftung zum Asphalt. Logische Konsequenz: Die Fahrer können eine Kurve nicht mehr mit Vollgas nehmen, wie es heute noch allzu häufig der Fall ist.

Mosley erörterte seinen Standpunkt dezidiert: »Wir werden alles mit den Rillen steuern, durch die Zahl, Tiefe und Breite, für Strecken wie Monaco werden wir einen speziellen Reifen fordern. Es ist nicht ausgeschlossen, daß wir eines Tages bei Profilreifen enden, wie sie die Straßenautos fahren.«

Die neuen Standards ließen sich

die Rennställe gegen die Zusage »abluchsen«, daß die Chassis von der FIA in nächster Zeit unangetastet bleiben. Mosley sah sich bei diesem Handel als Sieger: »Der effizienteste Weg sind Rillenreifen. Wenn man Rillen einführt, ist es unwichtig, wieviel Power oder Downforce man hat.«

Schon in dieser Saison begannen die Teams damit, den »Gerillten« zu testen. Dabei kamen sie zu teils verblüffenden Ergebnissen: Als Rubens Barrichello (Stewart Ford) in Silverstone aus der Stow Corner flog und zu kreiseln begann, hatte er das Gefühl, dabei schneller geworden zu sein. Die spätere Datenauswertung gab ihm Recht. Der Pilot wendete sich anschließend brieflich an Mosley, um seine Bedenken bezüglich dieses Phänomens zu bekunden. Der FIA-Präsi-

dent hatte für den Schrecken des Brasilianers nur Zynismus übrig: An Hand des Unfalls sehe man eben, wie notwendig es sei, die Autos zu verlangsamen.

Trotzdem muß sich die FIA aufgrund von Erfahrungen zahlreicher anderer Fahrer mit mehreren Unwägbarkeiten im Fahrverhalten der Autos auseinandersetzen, die mit den neuen Sohlen in Verbindung gebracht werden: Da der Bremsweg sich bei Rillenreifen nur um ca. fünf Meter verlängert, werden alle Fahrer – nicht nur die guten – vor Kurven nur unwesentlich früher bremsen als bislang. Ein leichteres Überholen, wie von Mosley intendiert, ist also nicht möglich. Zudem wird das Auto bei Lastwechseln in schnellen Passagen unruhig, wobei es sich auf Bodenwellen regelrecht aufschaukelt. Darüber hinaus wei-

sen die Piloten auf einen nicht unwesentliche psychologischen Faktor hin: Seitdem die Teamtechniker ohne Auflagen der FIA die Fahrwerke verändern durften, fühlen sich die Fahrer sicherer in den Wagen, was sich auch in der Unfallstatistik widerspiegelt. Der FIA-Präsident will von alldem nichts wissen: »Ich kann mich noch gut daran erinnern, als wir im Rallye-Sport wieder Profilreifen eingeführt haben. Die Piloten beschwerten sich, wie schwierig die Autos zu kontrollieren seien. Sie meinten, der Sport werde gefährlicher. Die Wahrheit ist: Man muß seine Geschwindigkeit den Gegebenheiten anpassen. Und: Einige Fahrer werden mit solchen Verhältnissen immer besser zurecht kommen als andere. Heute spricht im Rallyesport kein Mensch mehr davon.«

Kalendarium

7. Juli

Gerhard Berger denkt über seinen Rücktritt nach. Ein Angebot von Williams für die nächste Saison könnte seine Pläne allerdings umstimmen.

8. Juli

Hobbypilot Johann Berger (62), Vater von F1-Pilot Gerhard, verunglückt tödlich mit einem Privatflugzeug in der Nähe von Kufstein.

9. Juli

Ab 1998 geht die Jordan-Mannschaft mit Mugen-Honda-Motoren an den Start. Hirotoshi Honda, Direktor von Mugen, und das Team von Jordan einigten sich auf einen Zwei-Jahres-Vertrag.

10. Juli

Zu Ehren der südamerikanischen Formel 1-Piloten Juan Manuel Fangio und Ayrton Senna wird am Rande der englischen Donington-Park-Strecke ein Denkmal enthüllt.

13. Juli

Der frischgebackene Silverstone-Gewinner Jacques Villeneuve hat einen weiteren Grund zum Feiern: Er bescherte seinem Team Williams den 100. GP-Erfolg. → S. 72

Weitere Jubilare in Silverstone: Damon Hill fährt seinen 75. GP-Einsatz, Jacques Villeneuve seinen 25. und David Coulthard den 50. seiner Karriere.

Auch in diesem Jahr steigt nach dem Rennen in Silverstone wieder die traditionelle Party von Teamchef Eddie Jordan. Für die richtige musikalische Stimmung sorgt u.a. Weltmeister Damon Hill.

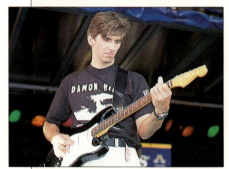

Damon Hill überzeugte bei der Jordan-Party als Leadgitarrist

15. Juli

Jacques Villeneuve wird aufgrund eines »Fehlers« in Silverstone für ein Rennen auf Bewährung gesperrt. Schuld ist der, nach Ansicht der Jury, zu große Abstand des führenden Kanadiers zum Saftey-Car gewesen, das nach einem Startunfall auf die Strecke geschickt wurde.

23. Juli

Jetzt ist es offiziell: Jordan-Fahrer Giancarlo Fisichella (24) wird in der kommenden Saison für Benetton fahren.

24. Juli

Das Benetton-Team muß 1998 auf seinen Fahrer Gerhard Berger verzichten. Der Tiroler erklärt in einer Pressekonferenz, daß er den Rennstall am Saisonende verlassen wird.

25. Juli

Heinz-Harald Frentzen wird vom Automobilclub von Deutschland (AvD) für seine Verdienste um den Motorsport zum Ehrenmitglied ernannt.

Der technische Direktor und Mitinhaber des Williams-Teams, Patrick Head, bestätigt, daß der Rennstall auch 1998 auf seine derzeitigen Fahrer Villeneuve und Frentzen setzt.

27. Juli

Glänzendes Comeback beim Großen Preis von Deutschland: »Rennopa« Gerhard Berger fährt nach sechswöchiger Krankheits-Pause mit seinem Benetton Renault souverän auf den ersten Platz. → S. 76

Verwarnung für »Schumi I«: Die Geste Schumachers, den ausgefallenen Fisichella »Huckepack« zu nehmen und mit ihm die Ehrenrunde zu Ende zu fahren, bringt ihm eine Ermahnung der Rennleitung ein.

31. Juli

Eddie Irvine bleibt Teamkollege von Michael Schumacher bei Ferrari. Der italienische Rennstall hat seine Option auf den 31jährigen Iren für 1998 eingelöst.

1.–31. Juli

Einige F1-Teambosse wollen sich neue Sponsoren an Land ziehen: Benetton steht in Gesprächen mit dem Kurierdienst »Federal Express«, Stewart mit dem Telekommunikatiosunternehmen MCI.

Bis ins Jahr 2001 F1-WM-Läufe in Deutschland: FIA-Präsident Max Mosley bestätigt die Verträge mit den Veranstaltern der Hockenheim- und Nürburgring GmbH.

»Die Rolle des Weltverbandes FIA soll eingeschränkt werden«, so lautet zumindest die Meinung der Rennställe McLaren, Williams, Tyrell und Arrwos, die dem FIA-Concorde-Abkommen von »Börsengänger« Ecclestone nicht beitreten wollen.

Der deutsche Formel 3-Fahrer Nick Heidfeld (20) absolviert für McLaren sämtliche Testfahrten auf dem »98er Auto« (Profilreifen, schmalere Spur).

Ralf Schumacher wird auch in der kommenden Saison weiterhin für Eddie Jordan fahren. Damit zerschlagen sich Spekulationen, daß der 22jährige zu McLaren wechseln wird.

Am 9. November könnte das WM-Finale in Portugal stattfinden: Die von der FIA geforderten Umbauten sollen von der Regierung finanziert werden.

Hollywood-Star Sylvester Stallone hat von Bernie Ecclestone die Rechte für einen Spielfilm gekauft. Titel des Streifens: »Formel 1«.

Tyrrell testet in Silverstone als zweites Team nach Williams ein F1-Auto nach dem 98er-Reglement. Fahrer Mika Salo ist mit dem Ergebnis allerdings sehr unzufrieden.

Sprüche und Zitate

»Was ist der Unterschied zwischen dem Golfspieler Tiger Woods und einem Arrows Yamaha? Tiger kommt normalerweise 500 Yards weit...«
Witz aus dem Fahrerlager

»Ich habe lernen müssen, daß sich Fitness nicht auf dem Liegestuhl am Meer verbessern läßt.«
Jordan-Pilot Giancarlo Fisichella

Talentschmiede Formel 3

Die Formel 3 galt schon in der Vergangenheit für viele Fahrer als das Sprungbrett in die Formel 1.

Ob die Schumacher-Brüder, Heinz-Harald Frentzen, Mika Häkkinen oder Jos Verstappen – alle haben sie etwas gemeinsam: sie kamen über die Formel 3 in die Formel 1. Das Besondere an dieser Formel ist die Tatsache, daß sämtliche Fahrer über gleiches Material verfügen – ein in der Leistung vorgeschriebener Motor und aerodynamisch identische Chassis. In dieser Rennserie kommt dem Fahrer die größte Bedeutung zu – er allein entscheidet über Sieg oder Platz.

Aus diesem Grund beobachten die Formel 1-Teams seit längerem diese Serie und schicken regelmäßig Headhunter zu den Rennen, um nach jungen Talenten Ausschau zu halten.

In diesem Jahr gilt die ganze Aufmerksamkeit dem 20jährigen Deutschen Nick Heidfeld, der schon jetzt auf der Wunschliste von Mercedes-Benz steht. Heidfeld absolvierte 1997 Jahr neben Renneinsätzen in der Formel 3 bereits erste Testfahrten im aktuellen McLaren Mercedes.

Anfang Oktober fügte er seiner bislang kometenhaft verlaufenen Karriere einen weiteren Erfolg hinzu: Als jüngster Fahrer gewann er die deutsche Formel 3-Meisterschaft.

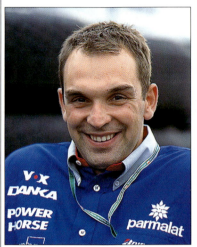

Jörg Müller kam aus der Formel 3 und wurde Testfahrer für das Arrows-Team.

Kilometerlange Entwicklung

Durchschnittlich 5100 Kilometer legt ein Formel 1-Wagen in allen Grand Prix-Rennen zurück. Das ist aber nur ein Bruchteils dessen, was ein Bolide im Jahr leisten muß.

Tests in der Vor- und Nachsaison sowie zwischen den Rennen »fressen« zusammen mit den Trainingsläufen vor den jeweiligen Grand Prix' die meisten Kilometer.

Allein in der Vorsaison spulen die Spitzenteams tausende von Kilometern ab, um den Wagen auf seine Effizienz und Standfestigkeit zu prüfen.

Im Laufe einer Saison wird ein Rennwagen stets weiterentwickelt und bedarf daher zusätzlicher Probeläufe, um Belastungen an Chassis, Fahrwerk und Motor zu simulieren. Im Schnitt kommen die Rennställe zwischen den Rennen noch einmal auf ca. 5000 Testkilometer.

Durch die ständigen Veränderung hat der Rennwagen dann am Ende einer Saison meist nur noch wenig mit dem Modell zu tun, das zum Saisonbeginn auf der Strecke steht. Und bereits nach dem letzten Rennen beginnen die Entwicklungsingenieure damit, das Auto für die kommende Saison zu konstruieren. Sie bedienen sich des »alten« Boliden, um vorab z.B. einen neuen Motor auszuprobieren, neue Frontflügel oder andere Bausteine zu checken, die für den Wagen des nächsten Jahres schon vorproduziert werden können.

Testkilometer in der Vorsaison[1]

1.	Benetton Renault	6500 km
2.	McLaren Mercedes	5700 km
3.	Ferrari	5500 km
4.	Tyrrell Ford	4700 km
5.	Prost Mugen Honda	3100 km
6.	Jordan Peugeot	2800 km
7.	Williams Renault*	2300 km
8.	Sauber Petronas	1700 km
9.	Stewart Ford	1300 km
10.	Arrows Yamaha	1100 km
11.	Minardi Hart	1000 km
12.	Lola Ford	300 km

1) Stand Anfang März 1997
* Aufgrund zahlreicher Defekte konnten nicht mehr Kilometer gefahren werden

Überholen verboten

Bei der Weiterentwicklung der Formel 1-Fahrzeuge scheinen die Konstrukteure vorläufig am Endpunkt angekommen zu sein. Der Kampf um Sieg oder Niederlage entscheidet sich fast nur noch in der Box.

Der technische Fortschritt in der Formel 1 hat das fahrerische Können in den letzten Jahren mehr und mehr in den Hintergrund treten lassen. Er ist auch dafür verantwortlich, daß packende Überholmanöver in der Formel 1 Mangelware geworden sind. Auf der Suche nach immer besseren Materialien und effizienterer Aerodynamik gleichen die Autos sich heute wie ein Ei dem anderen.

Mit dem Einzug von Kohlefaserbremsscheiben und Molybdän-Bremszangen (mehrfache Bremskolben pro Zange) gelang es den Ingenieuren, die Fahrzeuge zu »Spätbremsern« zu entwickeln. Dieser Fortschritt hat zur Folge, daß heutzutage alle Fahrer an Kurven heranfahren können, ohne vom Gaspedal zu gehen. In der Vegangenheit trennte sich gerade in Kurven fahrerisch die Spreu vom Weizen, weil Spitzenpiloten früher bremsende Konkurrenten noch vor einer Kurve überholen konnten.

Auch bei den Reifen hat es gravierende Veränderungen gegeben: Die neuen Gummis verfügen über eine Haftgrenze, die sehr hohe Kurvengeschwindigkeiten ermöglicht. Selbst in Kurven können Fahrer noch Gas geben, ohne Gefahr zu laufen, die Kontrolle über den Boliden zu verlieren.

Gab es in dieser Saison überhaupt noch Unterschiede in punkto Leistungsfähigkeit, dann lagen sie im Bereich des Antriebs. Doch auch hier bieten die Motorenhersteller ihren Kunden mittlerweile Triebwerke an, die selbst dem letzten im Starterfeld erlauben, Geschwindigkeiten und Beschleunigungswerte jenseits von »Gut und Böse« zu erreichen. Im Endergebnis führen die technischen Entwicklungen zu einer Leistungsdichte, wie sie beim Grand Prix von Silverstone im Qualifikationstraining deutlich wurde: Die Startplätze eins bis elf trennt nicht einmal eine Sekunde.

In Zukunft entscheidet wahrscheinlich die Schnelligkeit der Teams beim Boxenstopp, wer einen Grand Prix gewinnt.

Wie in jedem Jahr lud Eddie Jordan (vorne) auch 1997 nach dem Grand Prix in Silverstone die Fahrer wieder zu seiner traditionellen Party ein. Musikalisch überzeugten dabei besonders Damon Hill an der Gitarre und Johnny Herbert am Schlagzeug.

Weiterentwicklungen an Bremsen, Motor und Reifen machen das Überholen mittlerweile fast unmöglich.

Warten auf das Pech der Anderen

13. Juli, Silverstone. Mit seinem vierten Sieg in dieser Saison bescherte Jacques Villeneuve dem Williams-Rennstall zugleich den 100. Grand Prix-Erfolg in der Formel 1-Geschichte. Dabei nutzte der Kanadier allerdings die Ausfälle von Michael Schumacher und Mika Häkkinen zu seinem Vorteil.

Im Vorfeld der Veranstaltung in England gab es bei Williams reichlich Unruhe, nachdem Patrick Head, Cheftechniker im Team, öffentlich die fahrerischen Fähigkeiten von Heinz Harald Frentzen angezweifelt hatte: »Der Frentzen wird in seiner Karriere vielleicht fünf Rennen gewinnen, aber keine 30«.

Frentzens Versuch, seinen Kritiker mit einer überzeugenden Vorstellung den Wind aus den Segeln zu nehmen, mißriet gründlich. Bereits in der Einführungsrunde würgte er den Motor ab; zur Strafe mußte der Mönchengladbacher das Rennen aus der letzten Reihe aufnehmen. Als der Start freigegeben wurde, machte Frentzen die Blamage nach wenigen Metern perfekt: Er tuschierte Jos Verstappen und segelte ins Kiesbett.

Alexander Wurz profitierte ebenso wie der Sieger von zahlreichen Ausfällen während des Rennens.

Teamkollege Jacques Villeneuve fuhr derweil mustergültig auf Platz eins, vor Michael Schumacher und David Coulthard. Alles lief nach Plan, bis der Führende in der 22. Runde routinemäßig an der Box

Circuit Silverstone

Trotz zahlreicher Renovierungsarbeiten in den letzten Jahren gehört dieser, auf einem ehemaligen Flugplatz erbaute Kurs nach wie vor zu den anspruchsvollsten Hochgeschwindigkeitsstrecken im Grand Prix-Kalender. Durch den Einbau von Bremsschikanen in vielen Kurven verlor die Strecke leider etwas von ihrem unverwechselbaren Charakter. Jede der teils mit Bodenwellen versehenen Kurven verlangt Piloten und Autos alles ab, zumal man für dieses Jahr die »Copse Corner« am Ende der Zielgeraden wieder schneller gemacht hat. Zusätzlich sorgen die motorsportbegeisterten britischen Fans für eine ganz besondere Atmosphäre.

Streckenlänge: 5,14 km
Renndistanz: 59 Runden (303,26 km)
Sieger 1996: Jacques Villeneuve, Williams Renault
Rundenrekord: 1:29,288 min, Jacques Villeneuve, Williams Renault, 1996

Vom Frankreich-Debakel erholt

Nach dem Ausfall in Magny-Cours ließ Williams-Pilot Jacques Villeneuve keinen Zweifel daran, daß er den Kampf um den WM-Titel noch lange nicht aufgegeben hatte. Heinz Harald Frentzens wenige Minuten vor dem Ende der Qualifikation aufgestellte Bestzeit konterte der Kanadier im letzten Augenblick und setzte sich mit einem Vorsprung von 0,134 sec an die Pole Position. Mit den Worten »Das Auto ist gut. Michael ist noch lange nicht Weltmeister« gab Villeneuve sich auch für das Rennen siegessicher.

Schumacher, der, bevor seine Reifen abbauten, für wenige Augenblicke einmal die schnellste Zwischenzeit vorgelegt hatte, mußte sich mit dem vierten Rang zufrieden geben. Seine Aussichten für Sonntag schätzte der in der WM-Wertung mit 14 Punkten Führende allerdings nicht allzu rosig ein: »Ich muß dicht an Villeneuve dranbleiben. Er darf nicht zuviele Punkte aufholen«.

Trainingsergebnis/Startaufstellung

1.	Villeneuve	Williams Renault	1:21,598
2.	Frentzen	Williams Renault	1:21,732
3.	Häkkinen	McLaren Mercedes	1:21,797
4.	M. Schumacher	Ferrari	1:21,977
5.	R. Schumacher	Jordan Peugeot	1:22,277
6.	Coulthard	McLaren Mercedes	1:22,279
7.	Irvine	Ferrari	1:22,342
8.	Wurz	Benetton Renault	1:22,344
9.	Herbert	Sauber Petronas	1:22,368
10.	Fisichella	Jordan Peugeot	1:22,371
11.	Alesi	Benetton Renault	1:22,392
12.	Hill	Arrows Yamaha	1:23,271
13.	Trulli	Prost Mugen Honda	1:23,366
14.	Nakano	Prost Mugen Honda	1:23,887
15.	Magnussen	Stewart Ford	1:24,067
16.	Diniz	Arrows Yamaha	1:24,239
17.	Salo	Tyrrell Ford	1:24,478
18.	Katayama	Minardi Hart	1:24,553
19.	Verstappen	Tyrrell Ford	1:25,010
20.	Marques	Minardi Hart	1:25,141
21.	Barrichello	Stewart Ford	1:25,525
22.	Fontana	Sauber Petronas	ohne Zeit

»Die Formel 1 käme zu früh«

Daß sich auch alte Hasen bei der Beurteilung von Talenten irren können, beweist die Einschätzung von Niki Lauda. Nach Alexander Wurz und seinen Perspektiven für die Zukunft gefragt, antwortete der Österreicher: »Für ihn käme die Formel 1 zu früh«.

Was Wurz von dieser Einschätzung hielt, zeigte er in Silverstone eindrucksvoll. Bei seinem dritten Einsatz in der Formel 1 plazierte er sich sensationell hinter Teamkollege Jean Alesi auf dem dritten Rang. Daß er eine Chance in der Königsklasse erhielt, verdankte der 23jährige Benetton-Testfahrer dem Pech von Landsmann Gerhard Berger. Der mußte sich im

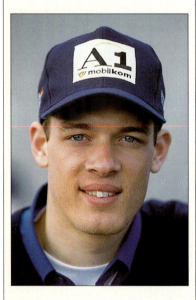

Juni einer Kieferoperation unterziehen, Wurz durfte bereits in Kanada für ihn einspringen. Schon in Übersee überzeugte Wurz; bis zu seinem Ausfall in der 35 Runde lag er aussichtsreich auf dem sechsten Rang.

Sein zweiter Auftritt in Magny Cours endete ebenfalls nicht sonderlich glücklich. Auf regennasser Straße drehte er sich und bugsierte den Benetton ins Aus. »Mein Fehler, aber da muß ich durch«, kommentierte Wurz anschließend selbstbewußt sein Mißgeschick.

Nach Bergers Rückkehr in Hockenheim mußte Wurz wieder auf der Ersatzbank Platz nehmen. Wie wichtig der Österreicher für das Benetton-Team noch werden soll, zeigte sich im September: Teamchef Briatore gab ihm einen Dreijahresvertrag ab 1998.

Damon Hill bestätigte seinen Aufwärtstrend mit einem sechsten Platz.

Mit ihrer speziellen Kopfbedeckung zeigen diese Zuschauer, wem ihre Sympathien in Silverstone gelten – Jordan-Pilot Ralf Schumacher.

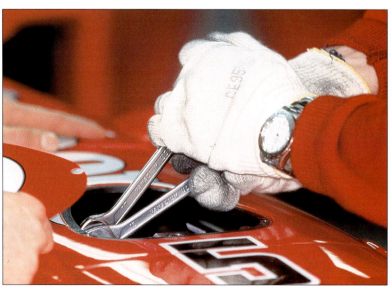

Vor dem Rennen arbeiten Mechaniker akribisch an Schumachers Ferrari.

parkte. Der vorgesehene Reifenwechsel entwickelte sich nämlich zum Drama: Eine Radmutter verklemmte sich und es dauerte mehr als eine halbe Minute, bis das Problem behoben werden konnte. Wieder auf der Strecke, fand der Kanadier sich auf dem siebten Rang wieder, die Williams-Crew sah in diesem Moment den 100. Sieg in weite Ferne rücken.

Schumacher hatte in der Zwischenzeit mit großem Abstand auf die Verfolger die Führung übernommen – bis zur 37. Runde. Hier ließ ihn ein Radlager im Stich, Schumacher mußte den Ferrari abstellen. Sieben Runden später war

Das Rennergebnis

1. Villeneuve	1:28:01,665 Std.	
2. Alesi	+	10,205 sek.
3. Wurz	+	11,296 sek.
4. Coulthard	+	31,229 sek.
5. R. Schumacher	+	31,880 sek.
6. Hill	+	1:13,552 min.

Fahrerwertung

1. M. Schumacher	47 Punkte
2. Villeneuve	43 Punkte
3. Alesi	21 Punkte
4. Frentzen	19 Punkte
5. Irvine	18 Punkte
6. Panis	15 Punkte
7. Coulthard	14 Punkte
8. Berger	10 Punkte
Häkkinen	10 Punkte
10. Fisichella	8 Punkte

Konstrukteurswertung

1. Ferrari	65 Punkte
2. Williams Renault	62 Punkte
3. Benetton Renault	35 Punkte
4. McLaren Mercedes	24 Punkte
5. Prost Mugen Honda	16 Punkte
6. Jordan Peugeot	15 Punkte
7. Sauber Petronas	8 Punkte
8. Stewart Ford	6 Punkte
9. Tyrrell Ford	2 Punkte
10. Arrows Yamaha	1 Punkt

sogar der erste Totalausfall für Ferrari in diesem Jahr perfekt, als Eddie Irvine mit einem Antriebsdefekt ebenfalls liegenblieb.

Der enttäuschte Schumacher schaute gleich nach dem Rennen wieder nach vorne: »Ich würde mich weitaus mehr ärgern, wenn es mir in zwei Wochen auf dem Hockenheimring passieren sollte.«

Das weitere Renngeschehen wurde jetzt von Häkkinen und dem immer schneller werdenden Villeneuve bestimmt. Als die beiden in die 53. Runde einbogen, sah es so aus, als könne der Finne seinen ersten Sieg in der Formel 1 nach Hause tragen. Aber noch in der gleichen Runde verrauchten mit Häkkinens Motor auch die Träume des Führenden. Es gewann der Franco-Kanadier Jaques Villeneuve vor Jean Alesi und dem stark fahrenden Alexander Wurz.

Für Frentzen wird die Luft im Rennzirkus dünner

Des einen Leid, des anderen Freud: Während Jacques Villeneuve den Sieg in Silverstone ausgelassen feierte, hatte der »Versager« des Wochenendes den Ort des Geschehens schon vor dem Rennende verlassen. Die englischen Massenblätter, bekannt und gefürchtet für ihre häufig polemische Berichterstattung, wußten nach dem Ausfall von Heinz Harald Frentzen in Silverstone, was sie dem einheimischen Weltmeister Damon Hill schuldig waren. Während die seriöse Times dem Deutschen »Anfängerfehler« attestierte, feierte sie gleichzeitig den ersten Punktgewinn von Hill in dieser Saison. Um im Anschluß anzumerken, daß Frentzen mit seinem Fehler »wenig dazu beigetragen habe«, die Diskussionen um den umstrittenen Wechsel – vor der Saison hatte Frentzen den Platz von Hill im Williams-Rennstall übernommen – aus der Welt zu räumen.

Was war geschehen? Bereits beim Vorstart hatte der Mönchengladbacher den Motor abgewürgt, war zur Strafe für den fälligen Startabbruch beim zweiten Versuch ans Ende des Feldes beordert worden und anschließend bereits in der ersten Runde nach einer Kollision mit Jos Verstappen ausgefallen.

Während Frentzen für das Malheur beim ersten Start eine defekte Leerlauftaste verantwortlich machte, sah sich Williams-Technikchef Patrick Head, der schon Tage vor dem Grand Prix Kritik am zweiten Mann bei Williams geübt hatte, in seiner Meinung (»Frentzen ist ein Fahrer, der in seiner Karriere fünf, aber keine 30 Rennen gewinnt«) bestätigt: »Er darf sich nicht auf die Taste verlassen, er hätte eben die Kupplung ziehen müssen«. Einmal in Fahrt, rechnete er dem Deutschen weitere Fehler vor: »Heinz Harald verliert bei seinen Starts mehr Plätze als jeder andere Fahrer... Er muß sich mehr in die Technik hineindenken und sich an die wechselnden Bedingungen anpassen«.

Ein Blick auf die bisherige Bilanz Frentzens nach neun Rennen verdeutlichte, daß die Situation sich langsam zuspitzte: Abgesehen von seinem Sieg in Imola, mit dem er schon damals kolportierte Zweifel an seinen fahrerischen Fähigkeiten kurzzeitig zum Verstummen bringen konnte, fuhr Frentzen sechs Mal an den Punkterängen vorbei.

Die Diskussionen um den umstrittenen Piloten heizte in der Woche nach Silverstone das Londoner Boulevardblatt »Sun« zusätzlich an. Williams, so die »Sun«, suche bereits jetzt nach einer Möglichkeit, den 30jährigen am Saisonende aus seinem Zweijahresvertrag zu entlassen. Als heißester Anwärter auf die Nachfolge wurde Vorgänger Damon Hill genannt.

Teamchef Frank Williams tat seinerseits wenig, um die Spekulationen um seine Nummer 2 zu beenden. Auf die Frage, ob der Deutsche auch 1998 für ihn fahren würde, antwortete er: »Ich kann das nicht direkt mit Ja beantworten«.

Erst nachdem der Mönchengladbacher gegen Ende der Saison mit drei dritten Plätzen in Monza, Zeltweg und am Nürburgring sein Können unter Beweis stellte, schwenkte die Stimmung bei Williams um. Der Teamchef gab bekannt, daß man 1998 personell unverändert ins Rennen gehen würde.

Berger stiehlt Schumacher die Show

27. Juli, Hockenheim. Der 37jährige Österreicher Gerhard Berger feierte bei seinem ersten Auftritt nach überstandener Kieferoperation ein glanzvolles Comeback und gewann in seinem 202. Grand Prix-Rennen den Großen Preis von Deutschland.

Die Beziehung zwischen Gerhard Berger und dem Hockenheimring hat eine besondere Geschichte. 1994 feierte der Tiroler dort seinen letzten Sieg, damals noch in einem Ferrari, im vergangenen Jahr brachte ihn zwei Runden vor Schluß ein Motorschaden um den sicher geglaubten Sieg. Auch in diesem Jahr machte sich der Österreicher, der aufgrund seiner Erkrankung die letzten drei Rennen aussetzen mußte, keine großen Hoffnungen, zumal das Team Benetton-Renault in dieser Saison noch keinen Sieg verzeichnen konnte. »Ich hätte nie davon geträumt, bevor ich hierhergekommen bin«, kommentierte der Sieger den nicht nur für ihn unerwarteten Ausgang des Rennens.

Berger erwischte gleich zu Beginn den besten Start, gefolgt von Giancarlo Fisichella, Michael Schumacher, Mika Häkkinen, Jean Alesi und Jacques Villeneuve. Bis zur 17. Runde bestimmte dieses Sextett das Renngeschehen, ehe Berger den »Boxenpoker« eröffnete. Der nun führende Schumacher legte vier Runden später den ersten Boxenstopp ein, Fisichella durfte nun sieben Runden lang das Gefühl genießen, einen Grand-Prix anzuführen. Nachdem der Römer, Stallgefährte von Ralf Schumacher, seinerseits in der 24. Runde in die Boxengasse fuhr, übernahm Berger die Führungsrolle erneut und gab sie bis zum Schluß nicht mehr aus der Hand.

Hockenheim sah aber nicht nur Glückspilze, zu denen auch Michael Schumacher mit seinem zweiten Platz zählte, denn »Schumi« verdankte seine Plazierung der Pech-

TRAINING

Favoriten patzen

Neben »Oldie« Gerhard Berger, der sich nach drei Rennen Pause auf Anhieb die Pole Position erkämpfte, war Jordan-Pilot Giancarlo Fisichella die Überraschung in der Qualifikation. Mit 23 Tausendstel Sekunden Rückstand auf Berger raste der Italiener auf den zweiten Rang – der beste Startplatz, den der Römer in seiner Karriere herausfahren konnte. Fisichella selbst verwunderte diese Leistungsexplosion anscheinend weniger als die Fachleute an der Strecke. Selbstbewußt gab der 24jährige zu Protokoll: »Ich wußte nach den Monza-Tests, daß wir stark sein werden.«

Weniger angetan von seiner Plazierung, dafür aber um so ratloser, war Jacques Villeneuve, der sich den Abstand zu Teamkollege Frentzen nicht erklären konnte: »Ich fuhr dieselbe Flügeleinstellung wie er, hatte aber ständig 3 km/h weniger Topspeed.«

Gerhard Berger berät die Abstimmung des Benetton mit den Mechanikern des Rennstalls.

Trainingsergebnis/Startaufstellung

1. Berger	Benetton Renault	1:41,873
2. Fisichella	Jordan Peugeot	1:41,896
3. Häkkinen	McLaren Mercedes	1:42,034
4. M. Schumacher	Ferrari	1:42,181
5. Frentzen	Williams Renault	1:42,421
6. Alesi	Benetton Renault	1:42,493
7. R. Schumacher	Jordan Peugeot	1:42,498
8. Coulthard	McLaren Mercedes	1:42,687
9. Villeneuve	Williams Renault	1:42,967
10. Irvine	Ferrari	1:43,209
11. Trulli	Prost Mugen Honda	1:43,226
12. Barrichello	Stewart Ford	1:43,272
13. Hill	Arrows Yamaha	1:43,361
14. Herbert	Sauber Petronas	1:43,660
15. Magnussen	Stewart Ford	1:43,927
16. Diniz	Arrows Yamaha	1:44,069
17. Nakano	Prost Mugen Honda	1:44,112
18. Fontana	Sauber Petronas	1:44,552
19. Salo	Tyrrell Ford	1:45,372
20. Verstappen	Tyrrell Ford	1:45,811
21. Marques	Minardi Hart	1:45,942
22. Katayama	Minardi Hart	1:46,499

DER KURS

Hockenheimring

Die Hochgeschwindigkeitsstrecke mit den zwei Gesichtern: Zum einen die sehr schnellen Waldpassagen (bis zu 340 km/h Spitzengeschwindigkeit), nur unterbrochen durch drei Schikanen, zum anderen das recht langsame Motodrom. Eine optimale Abstimmung der Autos ist daher für die Teams kaum zu finden. Motoren, Reifen und Bremsen müssen auf diesem Kurs Akkordarbeit leisten.

Der gefährlichste Abschnitt des Kurses ist die Anfahrt zur »Jim Clarke Kurve«, bei der die Fahrer die Geschwindigkeit von fast 340 km/h auf knapp 100 km/h »herunterschrauben« müssen, um durch die kritische Schikane fahren zu können.

Streckenlänge: 6,823 km
Renndistanz: 45 Runden (307,035 km)
Sieger 1996: Damon Hill, Williams Renault
Rundenrekord: 1:41,590 min, Riccardo Patrese, Williams Renault

Boris Becker (M.) und Marius Müller-Westernhagen (r.) beim Fachsimpeln an der McLaren-Box

Popstar Phil Collins (l.) im Gespräch mit Jackie Stewart

strähne von Fisichella. Der Jordan-Pilot mußte, an zweiter Stelle liegend, sechs Runden vor Schluß mit einem Reifenschaden an die Box. Zwar reihte sich der Italiener nach einem schnellen Reifenwechsel als Sechster wieder ins Renngeschehen ein, mußte seinen Wagen aber in der 40. Runde endgültig wegen eines Motorschadens abstellen.

Heinz Harald Frentzen hatte nach seinem »Aussetzer« in Silverstone erneut ein frühes Aus zu verkraften. Nach einem schwachen Start drängte ihn der Ferrari-Pilot Eddie Irvine in der ersten Kurve nach innen und tuschierte den Williams. »Ich hätte in den Rasen fahren müssen, aber ich konnte nicht mehr umschalten«, bekannte ein sichtlich frustrierter Frentzen nach seinem Ausfall. Frentzen wehrte sich auch gegen die immer lauter werdenden Stimmen, Williams habe sich mit ihm einen Fehleinkauf geleistet: »Man schätzt mich bei Williams immer noch als großes Talent ein.«

Teamkollege und Silverstone-Gewinner Villeneuve komplettierte an diesem sonnigen Nachmittag die schwache Williams-Vorstellung, denn der Kanadier drehte sich in der 33. Runde ins Aus, was dem Rennstall nach Melbourne und Monaco die dritte Nullrunde einbrachte.

Schumacher, der eine änliche Pleite in England verdauen mußte, sah durch das Pech des unmittelbaren Konkurrenten um die

HINTERGRUND

Der Große Preis von Schumacher

Seit Michael Schumacher die Formel 1 in Deutschland populär gemacht hat, pilgern alljährlich 150 000 Fans zum Hockenheimring, um ihren »Schumi« siegen zu sehen. »Das Größte ist, wenn der Schumi hier gewinnt, der Frentzen ist zwar auch deutsch – aber halt nicht der Schumi«.

Die Sympathien sind trotz des Einstiegs von Ralf Schumacher und Heinz-Harald Frentzen klar verteilt. Michael Schumacher hat in Deutschland für einen Boom gesorgt, und hätten die Veranstalter des Rennens die Möglichkeit zusätzliche Zuschauerkapazitäten zu schaffen – es wäre kein Problem, die Ränge zu füllen. Jahr für Jahr melden die Verantwortlichen den Großen Preis von Deutschland ausverkauft. Dabei ist es kein preiswertes Vergnügen, den Idolen nahe zu sein. Zahlte der Besucher 1995 noch 150 DM pro Karte, mußte er ein Jahr später schon das Doppelte für seine Rennleidenschaft berappen. Dem Zuschauerinteresse hat diese Preiserhöhung keinen Abbruch getan.

Für Schumacher ist die Veranstaltung auf der bei Mannheim gelegenen Strecke längst ein Heimspiel: »Schumiland« und »Schumania« – diese Begriffe sind in aller Welt feste Größen bei der Bericht-

erstattung vom Ring. Hier jubeln und leiden die Anhänger mehr mit ihrem Idol als an allen anderen Renntagen der Saison.

1994 stand der Start von Schumacher wegen eines Vergehens in Silverstone auf der Kippe. Die Veranstalter befürchteten im Vorfeld der Veranstaltung Zuschaueraus-

Ein richtiger »Schumi«-Fan reist mit Camping-Ausrüstung zum Ring.

schreitungen und waren am Ende heilfroh, daß der Wahlschweizer doch am Rennen teilnehmen konnte. Als der damalige Benetton-Pilot, an Platz zwei liegend, mit einem Motorschaden ausfiel, leerten sich schlagartig die Zuschauerränge, obwohl der Grand Prix noch in vollem Gang war.

Im Jahr darauf reichte kein Superlativ, um die Atmosphäre in Hockenheim zu umschreiben. Die Fans wurden Zeuge eines motorsport-geschichtlichen Ereignisses: »Schumi« gewann als erster deutscher Fahrer den Lauf. Kurze Zeit später verkündete die Hockenheimring GmbH stolz, daß der Große Preis von Deutschland für 1996 bereits ausverkauft sei.

Daß nicht alle »Hockenheim-Verrückten« durch das »Schumifieber« auf die Idee gekommen sind, einem Formel-1 Lauf an der Strecke beizuwohnen, nehmen die »Puristen« der automobilen Königsklasse für sich in Anspruch. Sie unterscheiden sich von je her in ihrem Selbstverständnis von den »Neuen«: Mit dem Campingmobil verbringen diese »richtigen Fans« ihren wohlverdienten Jahresurlaub samt Familie in den Wäldern um Hockenheim und fahren erst nach Hause, wenn die Zielflagge gewunken wurde.

GRAND PRIX VON DEUTSCHLAND

Weltmeisterschaft die eigenen Chancen auf den Gesamtsieg steigen: »Die Situation in der WM ist nun sehr gut. Ich will die Weltmeisterschaft aber nicht auf diese Weise gewinnen. An diesem Wochenende waren wir aber besser als Williams«. Anschließend gratulierte er dem Sieger mit den Worten: »Der Rennopa hat es uns allen mal wieder richtig gezeigt!«

Abseits der Strecke tummelte sich – wie in jedem Jahr – am Hockenheim-Ring die Prominenz. In diesem Jahr debütierten aus deutscher Sicht die Schwimmerin Franziska van Almsick, der Skisprung-Olympiasieger Jens Weißflog und die Teenie-Band Tic Tac Toe, bekannt durch den Titel »Ich find dich Scheiße«, im »VIP-Lager«. Dort trafen sie auf »alte Hasen« wie Boris Becker mit Freund Marius Müller-Westernhagen sowie Steffi Graf, die eine Verabredung mit Formel 1-Macher Bernie Ecclestone auf dem Programm hatte.

Das Rennergebnis

1. Berger	1:20:59,046 Std.	
2. M. Schumacher	+ 17,527 sek.	
3. Häkkinen	+ 24,770 sek.	
4. Trulli	+ 27,165 sek.	
5. R. Schumacher	+ 29,995 sek.	
6. Alesi	+ 34,717 sek.	

Fahrerwertung

1. M. Schumacher	53 Punkte
2. Villeneuve	43 Punkte
3. Alesi	22 Punkte
4. Berger	20 Punkte
5. Frentzen	19 Punkte
6. Irvine	18 Punkte
7. Panis	15 Punkte
8. Coulthard	14 Punkte
Häkkinen	14 Punkte
10. R. Schumacher	9 Punkte

Konstrukteurswertung

1. Ferrari	71 Punkte
2. Williams Renault	62 Punkte
3. Benetton Renault	46 Punkte
4. McLaren Mercedes	28 Punkte
5. Prost Mugen Honda	19 Punkte
6. Jordan Peugeot	17 Punkte
7. Sauber Petronas	8 Punkte
8. Stewart Ford	6 Punkte
9. Tyrrell Ford	2 Punkte
10. Arrows Yamaha	1 Punkt

Michael Schumacher nahm den ausgefallenen Giancarlo Fisichella mit auf die Ehrenrunde, handelte sich dafür allerdings eine Verwarnung der Rennleitung ein.

BIOGRAPHIE

Trotz eines Motorschadens im freien Training siegte Berger 1994 in Hockenheim

Im Namen des Erfolges

Der am 27. August 1959 in Wörgl (Österreich) geborene Gerhard Berger bestritt in diesem Jahr beim Großen Preis von Imola seinen 200. Grand Prix – anders ausgedrückt: Der Tiroler ist seit 1985 ununterbrochen in der Formel 1 aktiv und damit der erfahrenste Pilot in der aktuellen Formel 1-Szene.

»Die Formel 1 ist nicht geboren, damit man sich hinter verschlossenen Wänden mit Zahlen und Daten beim Computer begeilt, sondern um den Zuschauern zu zeigen, wer am besten sein Auto beherrscht, und man nicht aufgrund von Berechnungen und Strategien gewinnt, sondern durchs Fahren auf der Piste ...«. Mit dieser Äußerung dokumentierte Berger, daß er einer Generation von Fahrern angehört, die noch keine elektronischen Fahrhilfen benötigt, um etwaige fahrerische Mängel zu vertuschen. In seiner Anfangszeit war der »Steuermann« der entscheidende Faktor, wollte man einen F1-Boliden schnell bewegen – und Berger war immer einer von ihnen.

Bis Berger den »Traum eines jeden Rennfahrers« erreichte, verbrachte der Tiroler seine Zeit in der Formel 3. Zusätzlich wurde er von BMW als Touren-Rennwagen-Werksfahrer engagiert. Da BMW in den 80er Jahren Motoren für den Formel 1-Zirkus lieferte – und damit über gewissen Einfluß verfügte – verschaffte das Unternehmen dem vielversprechenden »Neuen« für die letzten fünf Rennen der Saison 1984 einen Platz am Steuer eines ATS-BMW. Berger nutzte diese Gelegenheit und belegte auf Anhieb den fünften Rang, der Durchbruch war geschafft. Als »Belohnung« erhielt der schnelle Tiroler für die nächste Saison einen Vertrag bei Arrows-BMW.

Doch noch bevor Berger das erste Mal für seinen neuen Arbeitgeber ins Cockpit steigen konnte, traf ihn ein harter Schicksalsschlag: Bei einem schweren Verkehrsunfall am 28. Oktober 1984 jagte ein betrunkener Autofahrer in den entgegenkommenden Wagen von Berger. Der Rennfahrer wurde bei diesem Aufprall durch die Heckscheibe nach draußen geschleudert und blieb bewußtlos – mit zwei gebrochenen Halswirbeln –

BMW ebnete dem jungen Gerhard Berger den Weg in die Formel 1.

Zwei, die sich verstanden – Gerhard Berger und Ayrton Senna

Gerhard Berger saß zwischen 1990 und 1992 im McLaren-Honda.

im Gras liegen. Später kommentierte Frohnatur Berger dieses Unglück mit leichtem Schmunzeln: »Das Timing meines Unfalls war optimal, eine Woche nach Saisonschluß ist's passiert, und eine Woche vor dem ersten Rennen war ich wieder fit«.

Das Debüt bei Arrows ließ sich gut an: Der Tiroler wurde von Lauf zu Lauf besser, schon bald ließ er den Teamkollegen Thierry Boutsen im Qualifying hinter sich. BMW wanderte im folgenden Jahr zu Benetton und nahm Gerhard Berger gleich mit, denn Arrows entpuppte sich damals wie heute als schwachbrüstiges Team.

Der »Umzug« mit BMW sollte ein Meilenstein in der Karriere des ehrgeizigen Piloten sein. Beim Grand Prix von Mexiko gelang ihm sein erster Triumph. Auf dem Podest angekommen, sah die Fachwelt einen Sieger, der trotz 38,5 Grad Fieber den Pokal stolz in die Lüfte hob. Der Sieg änderte nichts an seiner zuvor gefällten Entscheidung, Benetton den Rücken zu kehren. Berger war ohnehin an einem Punkt angekommen, an dem er sich aussuchen konnte, wessen Rennwagen er bewegen wollte. Unter den zahlreichen Offerten suchte sich Berger nicht gerade die leichteste Aufgabe heraus: die Wahl viel auf Ferrari.

Zwischen 1987 und 1989 verbuchte der Tiroler bei den »Roten« allerdings nur vier Siege. Die übermächtige Konkurrenz bei McLaren, mit Alain Prost und Ayrton Senna am Steuer, sowie die mangelnde Zuverlässigkeit des Ferrari-Autos machten ihm zu schaffen. Entnervt von den vielen Ausfällen und einem »Horrorcrash« in Imola in der Tamborello Kurve, beschloß der Österreicher den Rennstall zu verlassen, um für 1990 in einem besseren Fahrzeug Platz zu nehmen. Mit dem Ziel, einmal in seinem Leben Weltmeister zu werden, ging er zu McLaren-Honda. Damit begab er sich in die »Höhle des Löwen«, denn sein Copilot war kein geringerer als Ayrton Senna. Wo andere Fahrer keinen Vertrag ohne »Senna Klausel« unterschrieben, um den übermächtigen Brasilianer aus dem Weg zugehen, äußerte sich Berger überraschend unbekümmert über seinen Entschluß: »Der Senna ist auch nur aus Fleisch und Blut«.

In Wahrheit wollte er aber wohl von dem Besten lernen, um eines Tages selber einmal der Beste zu sein. Bis 1992 kam er diesem Wunsch schrittweise näher, doch bevor sein Potential zur vollen Entfaltung kommen konnte, war bei McLaren »nichts mehr zu holen«. Sennas WM-Titel von 1991 und 1992 führten in dem Rennstall zu einer »Erfolgsübersättigung«; McLaren begann nachlässig zu werden und machte Fehler.

Berger begriff die Konsequenzen dieser Entwicklung sehr schnell und ging wieder auf die Suche nach einem neuen Arbeitgeber. Der Weg führte zurück zu Ferrari, wo der Tiroler, der bei der Vermarktung seiner Person auf einen Manager verzichtete, eine zweistellige Millionen-Gage aushandelte.

Seit 1996 fährt der dreifache Familienvater mit eher bescheidenem Erfolg für den Rennstall Benetton-Renault. Als ihn im Juni dieses Jahres eine Kieferoperation für mehrere Rennen an der Ausübung seines Jobs hinderte und wenig später sein Vater bei einem Flugzeugabsturz ums Leben kam, schrieb ihn die Fachwelt schon fast ab. Doch beim Wiedereinstieg in Hockenheim zeigte der »Rennopa«, daß die Zeit für ihn noch nicht reif war: Eine Pole und der spätere Sieg sprachen für sich und Gerhard Berger selbst bezeichnete diesen Triumph als den schönsten seiner Karriere.

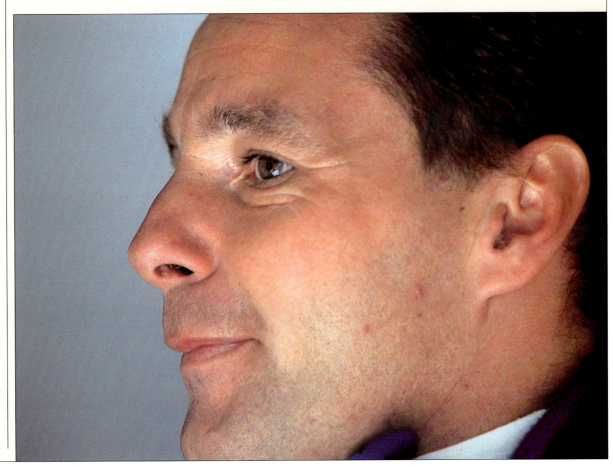

Kalendarium

10. August
Comeback für Weltmeister Damon Hill: Beim GP von Ungarn führt der Arrows-Pilot bis zur letzten Runde. Aufgrund eines Defekts muß der Brite sich aber mit dem zweiten Platz hinter Jacques Villeneuve zufrieden geben. → S. 84

23. August
Leichtathletik-Prominenz in Spa: Carl Lewis (neunfacher Olympiasieger) und Leroy Burrell (Ex-100-m-Weltrekordler) schauen hinter die Kulissen des Formel 1-Zirkus'.

Carl Lewis

Dreimal müssen beim freien Training die roten Flaggen (Rennabbruch) aufgrund von Unfällen von Mika Häkkinen und Gianni Morbidelli sowie nach einem Dreher von Jarno Trulli geschwenkt werden.

24. August
Ferrari-Pilot Michael Schumacher sichert sich in Spa auf regennasser Piste den 4. Saisonsieg. → S. 88

Minardi feiert in Spa seinen 200. Grand Prix-Einsatz. Seit 1985 ist der italienische Rennstall mit Teamgründer und -besitzer Giancarlo Minardi im F1-Geschehen.

Keine Zeitstrafe für Häkkinen: Während der Pace Car-Phase beim Rennen in Spa rutscht der Mclaren-Pilot in die Wiese, verliert zwei Plätze und reiht sich trotz Überholverbots wieder an seine alte Position ein. Darauf steht eigentlich eine 10-Sekunden-Strafe an der Box – aber die Rennleitung bemerkt den Vorfall nicht.

30. August
Der Mönchengladbacher Heinz-Harald Frentzen ist zu Gast auf der Internationalen Funkausstellung in Berlin.

1.–31. August
Jackie Stewart läßt verlauten, daß Jan Magnussen nicht mehr für ihn fahren werde, wenn seine Leistungen nicht besser würden. Als möglicher Nachfolger ist der kolumbianische F3000-Pilot Juan-Pablo Montoya im Gespräch.

Schon jetzt sind für den 98er-Grand Prix in Hockenheim 60 000 Karten verkauft.

Neuer Sponsor für Villeneuve: Der Kanadier hat einen Vertrag mit dem Schweizer Uhrenhersteller Baume & Mercier unterzeichnet.

Benetton gibt bekannt, daß der z.Zt. für das Jordan-Team fahrende Giancarlo Fisichella 1998 für das italienische Team arbeiten wird. Eddie Jordan gibt aber zu bedenken, daß die vertragliche Situation von Fisichella noch unklar sei.

Teamchef Alain Prost droht mit der Umsiedelung seines Rennstalls nach England, falls ihm durch die französische Regierung weitere Probleme beim Umzug von Magny-Cours nach Versailles entstehen würden.

Der Rennstall des Briten Ken Tyrrell wird 1998 erstmals mit V10-Triebwerken von Ford ausgestattet (bisher V8-Motoren).

Prost-Pilot Olivier Panis geht es immer besser. Der Franzose, der sich beim GP von Kanada nach einem Unfall beide Beine gebrochen hatte, will schon im September wieder in ein F1-Fahrzeug steigen.

Ausverkauft: Für den Großen Preis von Italien in Monza am 7. September ist keine einzige Karte mehr zu bekommen.

Keines der in Asien geplanten Rennen (Malaysia, Südkorea und China) wird 1998 stattfinden, meldet die Pressestelle der FIA. Angeblich seien die Strecken noch nicht rennreif, zudem sei das finanzielle Risiko nach dem Kursverfall einiger Währungen zu groß.

Der Japaner Toransuke Takagi, Testfahrer bei Tyrrell, wird in der kommenden GP-Saison– dank eines neuen japanischen Hauptsponsors – Teamkollege von Jos Verstappen.

Der Portugal-GP ist für dieses Jahr endgültig von der FIA aus dem Rennkalender gestrichen worden. Dies liegt nicht an den geforderten Umbaumaßnahmen: Es fehlt einfach die Zustimmung aller Teams zu einem zusätzlichen 18. Rennen.

Ex-Sauberfahrer Nicola Larini dreht im italienischen Fiorano einen Werbespot als Ersatzmann für Michael Schumacher. Ausgestattet wird er dafür mit Schumacher-Helm und -Overall.

Tom Walkinshaw kann »Eagle Star«, eine der größten britischen Versicherungsgesellschaften, als neuen Sponsor für sein Team gewinnen.

Goodyear will seinen Vorsprung auf den Konkurrenten Bridgestone bewahren: In den nächsten Wochen nehmen über 120 neue Ingenieure in der Forschungs- und Entwicklungsabteilung beim amerikanischen Reifenkonzern ihre Arbeit auf.

F1-Chef Bernie Ecclestone will die Anzahl der Testfahrten kürzen. Stattdessen sollen mehr Rennen in den GP-Kalender aufgenommen werden.

Gianni Morbidelli, Pilot beim Rennstall Sauber, unterhält einen eigenen Fanclub in Italien. Die bei Verlosungen gewonnenen Einnahmen spendet der Italiener einer Gesellschaft gegen Leukämie.

Einige britische Zeitungen berichten, daß der F1-Trainingsmodus geändert werden soll: Die Startaufstellung würde sich demnach aus einer Addition des Freitags- und Samstagstrainings ergeben.

Sprüche und Zitate
»Ich hätte Michael überholen können. Aber er braucht die Punkte dringender als ich.«
Ralf Schumacher nach dem Ungarn-GP

»Williams war bis vor kurzem, verglichen mit dem Radsport, der Ausreißer. Jetzt hat das Feld den Ausreißer eingeholt.«
Michael Schumacher

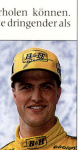

Ralf Schumacher

»Ich glaub, ich liege mit Stirling Moss im Clinch um den Titel erfolgreichster Nicht-Weltmeister.«
Gerhard Berger im »STERN«

Blick über die neugestaltete Strecke des ehemaligen Ö-Rings in Zeltweg

Comeback für Österreich

Nach zehnjähriger Abwesenheit durften sich die Motorsportbegeisterten der Alpenrepublik wieder auf »ihren« Großen Preis von Österreich freuen.

»Motorsportenthusiasmus« gehört in Österreich zur Tradition: Als nach dem Zweiten Weltkrieg Benzinknappheit herrschte, bedeutete das noch lange nicht, daß keine Rennen ausgetragen wurden. Im Gegenteil: Wer seine Rennmaschine im Krieg retten konnte, beteiligte sich an Wettbewerben, die auf improvisierten Kursen, oft mitten in der Stadt, stattfanden.

Ende der 50er Jahre verlagerten sich diese Rennen mehr in ländliche Regionen, wo Flugplätze zu Austragungsorten umfunktioniert wurden. Der »Große Preis von Österreich« fand 1964 in Zeltweg ebenfalls auf einem Flugplatzgelände statt und endete mit einer mittleren Katastrophe: Von 20 gestarteten Fahrern kamen nur neun ins Ziel. Der Straßenbelag, eine Aneinanderreihung grober Betonplatten, wurde den »grazilen« Formel 1-Autos zum Verhängnis. Die Folge waren eine Reihe gebrochener Lenksäulen, gerissene Radaufhängungen und Bremsdefekte. Da sich die Streckenverhältnisse im Jahr darauf nicht verbesserten, blieb der Formel 1-Troß Zeltweg ab 1966 fern.

Ende der 60er Jahre tauchte ein Name am österreichischen Motorsporthimmel auf, der für neue Impulse sorgte: Jochen Rindt. Wollte man das Idol jemals in Österreich fahren sehen, mußte ein neuer Kurs her. Am 27. Juli 1969 war es soweit, die Steyrer präsentierten die für damalige Verhältnisse sicherste Rennstrecke der Welt. 1970 fand auf dem Kurs erstmals ein Formel 1-Rennen statt und 100 000 Zuschauer wohnten der Premierenfeier bei. Jochen Rindt fiel aber zur Enttäuschung der Einheimischen schon nach 22. Runden mit einem Motorschaden aus.

In den 70er und 80er Jahren entwickelte sich der Große Preis von Österreich bei den Fahrern zunehmend zur Lieblingsstrecke und das Publikum konnte nach dem Tod von Jochen Rindt (1970) lange Zeit einen anderen Landsmann feiern – Niki Lauda.

Bis 1987 war der »Ö-Ring« Jahr für Jahr eine feste Größe im Rennkalender, wobei es immer wieder Streit zwischen der Kommune in Zeltweg und Bernie Ecclestone gab. Der FOCA-Boss weigerte sich, der Gemeinde die seiner Meinung nach zu hohen Steuern zu zahlen. Zusätzlich monierte der Formel 1-Macher, daß die Landwirte den Grand Prix ausnutzten, um immer höhere Gebühren für die Nutzung ihrer Weiden als Besucherparkplatz zu erheben. Ecclestone verlor daraufhin die Lust an Österreich, und als sich 1987 das Rennen zum »Chaos-Wochenende« entwickelte (zwei Mal mußte der Grand-Prix wegen eines Startunfalls neu begonnen werden), entschied er sich, Zeltweg – vorläufig – aus dem WM-Kalender zu streichen.

»Wir möchten Motorsport nicht landesweit, sondern weltweit betreiben«

Ab der Jahrtausendwende möchte der bayerische Autohersteller BMW wieder in der automobilen Königsklasse Fuß fassen. Für diese Unternehmung hat man sich keinen geringeren Partner als Williams ausgesucht.

BMW kam, sah und siegte – der Einstieg des Autoherstellers in die Formel 1 hätte 1982 besser nicht sein können, denn den Bayern gelang es schon im zweiten Jahr, den Formel 1-Titel zu erobern.

In den frühen 80er Jahren herrschte eine Flaute in der Formel 1, die Technik der Fahrzeuge schien ausgereift. Umso erfreuter war Brabham-Rennstallbesitzer Bernie Ecclestone, als die Bayrischen Motorenwerke versuchten, für die Formel 1 einen Turbomotor auf die Beine zu stellen. Ecclestone engagierte BMW als Motorenpartner für sein Chassis und verschaffte den Bayern den Eintritt in den »Olymp« des Motorsports.

Dort angekommen, entpuppte sich der Turbomotor von BMW allerdings als Spritfresser, außerdem fehlte ihm die Standfestigkeit. Brabham verschob den Einsatz der Triebwerke und setzte für die Rennen weiterhin Cosworth-Saugmotoren ein. Nach einer Zeit des Vertröstens platzte BMW der Kragen. Die Verantwortlichen stellten Ecclestone vor die Wahl: Entweder würde Brabham die BMW-Triebwerke im Renntrimm benutzen – oder man würde sich einen anderen Partner suchen. Ecclestone gab nach, und Nelson Piquet landete nach nur fünf Rennen bereits auf dem Siegerpodest.

Das kommende Jahr (1983) sollte das von BMW und Brabham werden. Alle im Rennzirkus wußten, daß der Erfolg nur über die Kombination Brabham-BMW führen würde und mit Nelson Piquet, dem Weltmeister von 1981, hatte man einen weiteren »Trumpf im Ärmel«. In dieser Saison holten die Fahrer für das Team sieben Siege, 13 Pole-Positions sowie elf schnellste Runden. Piquet wurde, wie vorausgesehen, erster Weltmeister in einem turbogetriebenen Formel 1-Wagen.

In den darauffolgenden Jahren gelang es dem Team nicht annähernd, an diesen Erfolg anzuknüpfen. Im Gegenteil – als BMW in der letzten Evolutionsstufe versuchte, den Turbo flach in den Brabham BT55 einzubauen, stellte sich dieses Unternehmen als Flop des Jahres heraus.

Nach dem Gewinn des WM-Titels wurde es stiller um BMW. Nur Gerhard Berger konnte mit einem Benetton-BMW-Turbo (Benetton war neben Brabham zweiter Motorenempfänger von BMW) 1986 in Mexico einen weiteren Grand Prix-Sieg – seinen ersten – feiern.

1987 erlosch das Turbofeuer für den Münchner Autobauer. Ein neues Gesetz des Internationalen Automobilverbandes (FIA) schrieb den Turbos eine Ladedruckbegrenzung von vier Bar vor, eine Vorgabe, die in Bayern nicht erfüllt werden konnte.

Erst 1997 meldete sich BMW in Sachen Formel 1 wieder zu Wort. Auf der Internationalen Automobilausstellung (IAA) in Frankfurt kündigte Vorstandschef Bernd Pischetsrieder das geplante Comeback an. Als zukünftigen Partner haben sich die Motorenwerke das Williams-Team auserkoren: »Wir wollen nicht erst nach 60 Rennen zum erstenmal gewinnen. Wir haben unsere Palette um einige Marken erweitert, wir wollen die typischen BMW-Stärken Dynamik und Sportlichkeit wieder in den Vordergrund stellen. Wir haben immer gewußt, daß wir in die Formel 1 zurück gehen würden. Wir haben uns nur überlegt, wann dafür der richtige Zeitpunkt ist.« Die »Brautwahl« erklärten die Verantwortlichen im übrigen mit den Worten: »Eine Charakterfrage«.

Nelson Piquet feierte auf Brabham-BMW seine größten Erfolge. 1983 wurde er zum zweiten Mal – nach 1981 – Weltmeister.

Gebannt beobachtet die Arrows-Yamaha-Crew den »Husarenritt« von Weltmeister Damon Hill am Monitor.

DER KURS

Hungaroring

Der Kurs in der Nähe von Budapest zählt zu den langsameren Strecken

im F1-Zirkus (Schnitt 172 km/h). Entscheidend für Sieg oder Niederlage sind eine gute Boxen- und Rennstrategie sowie eine gute Startposition. Denn Überholmanöver sind auf diesem Ring sehr schwierig und nur der hat eine Chance, der auf der Geraden eindeutig schneller als die Konkurrenz ist.

Streckenlänge: 3,968 km
Renndistanz: 77 Runden (305,536 km)
Sieger 1996: Jacques Villeneuve, Williams Renault
Rundenrekord: 1:18,308 min, Nigel Mansell, Williams Renault, 1992

Der Hungaroring hat keine Kurvennamen

TRAINING

Der Weltmeister kehrt zurück

Noch am Freitag war Damon Hill mit seinem Arrows wegen eines Getriebeschadens kaum aus der Box gekommen. Aber einen Tag später stellte der Weltmeister beim Qualifying seine Klasse unter Beweis. Dabei kamen seine 1:15,044 min und der damit verbundene dritte Startplatz vor dem Hintergrund der begrenzten Leistungsfähigkeit von Arrows Yamaha einer Sensation gleich. Aber Hill wußte: »Motorleistung ist hier in Budapest nicht so wichtig«. Mitverantwortlich für das Resultat machte Hill Reifenhersteller Bridgestone: »Bedenkt man, daß der Hungaroring Neuland für Bridgestone ist, muß man den Reifeningenieuren ein dickes Lob aussprechen.«

Trainingsergebnis/Startaufstellung

1.	M. Schumacher	Ferrari	1:14,672
2.	Villeneuve	Williams Renault	1:14,859
3.	Hill	Arrows Yamaha	1:15,044
4.	Häkkinen	McLaren Mercedes	1:15,140
5.	Irvine	Ferrari	1:15,424
6.	Frentzen	Williams Renault	1:15,520
7.	Berger	Benetton Renault	1:15,699
8.	Coulthard	McLaren Mercedes	1:15,705
9.	Alesi	Benetton Renault	1:15,905
10.	Herbert	Sauber Petronas	1:16,138
11.	Barrichello	Stewart Ford	1:16,138
12.	Trulli	Prost Mugen Honda	1:16,297
13.	Fisichella	Jordan Peugeot	1:16,300
14.	R. Schumacher	Jordan Peugeot	1:16,686
15.	Morbidelli	Sauber Petronas	1:16,766
16.	Nakano	Prost Mugen Honda	1:16,784
17.	Magnussen	Stewart Ford	1:16,858
18.	Verstappen	Tyrrell Ford	1:17,095
19.	Diniz	Arrows Yamaha	1:17,118
20.	Katayama	Minardi Hart	1:17,232
21.	Salo	Tyrrell Ford	1:17,482
22.	Marques	Minardi Hart	1:18,020

GRAND PRIX VON UNGARN

Freude bei Arrows: Damon Hill überquert in Budapest als Zweiter die Ziellinie.

Hill bestätigt Trainingseindrücke

10. August, Budapest. Nur ein technischer Defekt verhinderte auf den letzten 1000 Metern die Triumphfahrt des bislang glücklosen Weltmeisters Damon Hill. Dem Engländer gelang es aber trotzdem noch, den Arrows-Yamaha auf Platz zwei zu fahren und sicherte dem Rennstall mit diesem Erfolg den ersten Podestplatz seit 1981.

Schon nach dem Abschlußtraining trauten einige Teilnehmer ihren Augen nicht, als der Arrows von Hill mit einem Rückstand von nur vier Zehnteln auf den Besten – Michael Schumacher – die dritte Startposition erkämpfte. Schon allein damit war dem Weltmeister ein kleines Kunststück gelungen, denn bislang waren in dieser Saison für Arrows eher die hinteren Startplätze reserviert. Doch Hill sollte am Sonntag sogar noch zulegen.

Bereits kurz nach der Aufnahme des Rennens überholte der Brite nach excellentem Start den vor ihm liegenden Jacques Villeneuve und setzte sich hinter Michael Schumacher fest, wobei er überraschenderweise das Renntempo des Führenden locker mithalten konnte.

In der 11. Runde bahnte sich eine Sensation an, als der Brite den Wiedersacher vergangener Tage ausbremste und erstmals in diesem Jahr einen Grand-Prix anführte. Begünstigt durch den immer langsamer werdenden Schumacher, der sich auf der Strecke so breit machte, daß ihn niemand überholen konnte, fuhr Hill rasch einen Zwei-Sekunden-Vorsprung heraus.

Der Deutsche hatte an diesem Tag große Probleme mit den Reifen. »Nach drei Runden waren die Hinterreifen kaputt. Das war aber kein Abstimmunsproblem, denn mit dem Handling des Wagens an sich war ich recht zufrieden. Von den vier verwendeten Reifensätzen war nur der zweite einigermassen brauchbar«. Vor diesem Hintergrund hatte Schumacher mit dem Kampf an der Spitze nichts zu tun und mußte sich stattdessen darauf beschränken, in die Punkteränge zu fahren. Dabei profitierte er in der Endabrechnung vom Pech des an vierter Stelle liegenden David Coulthard, der 10 Runden vor Schluß vorzeitig ausrollte. Und selbst um diese Position mußte Schumacher bis zum Ende noch bangen und kämpfen, da sich ein Verfolgertrio, bestehend aus Bruder Ralf, Eddie Irvine und Shinji Nakano, immer näher heranarbeitete. Nun galt es nur noch, den Konkurrenten keine Lücke zum Überholen zu bieten. Nach dem Rennen gab der Kerpener zu, daß der hinter ihm fahrende Bruder Vorteile gehabt habe: »Er (Ralf Schumacher) war schneller, keine Frage. Da es um die Weltmeisterschaft ging, versteht

Ralf auch, daß es nicht um Bruderliebe geht.«

Die Unglücksraben der Verantstaltung konnte man im Mercedes Lager finden, denn beide Piloten mußten nach technischen Defekten das Lenkrad

Im Erfolg vereint – Sieger Jacques Villeneuve (r.) und der Zweitplazierte Damon Hill freuen sich zusammen über ihr gutes Abschneiden in Budapest.

vorzeitig aus der Hand geben. Zwar bemühte sich Mercedes-Sportchef Norbert Haug, Mika Häkkinen und David Coulthard aus der Schußlinie zu nehmen, – »Beide Defekte gehen auf unsere Kappe« – aber nach dem vierten Komplettausfall für die neuen »Silberpfeile« in dieser Saison stieg die Unruhe bei McLaren unübersehbar.

Ein weiterer Verlierer von Ungarn war Heinz Harald Frentzen, der zum sechsten Mal (das dritte Mal in Folge) in elf Rennen ausfiel. Diesmal wurde ihm ein kaputtes Tankventil zum Verhängnis. Dabei verlief für den Mönchengladbacher bis zur 29. Runde alles nach Plan. Mit einer cleveren Reifenstrategie hatte sich Frentzen förmlich an die Spitze geschlichen und einen Vorsprung von fast 20 Sekunden auf Hill herausgefahren. Sein Erfolgs-

Wieder einmal vom Pech verfolgt war Heinz Harald Frentzen. Ein Defekt am Tankventil beendete die Dienstfahrt des Williamspiloten vorzeitig.

geheimnis bestand in der Wahl der Reifen: Als einziger Top-Ten Pilot hatte er sich für eine »harten Gummimischung« entschieden, die ihn zwar beim Start nicht gerade glanzvoll aussehen ließ, aber für den späteren Rennverlauf von Vorteil war. Die Rechnung ging auch tatsächlich auf, denn er konnte es sich leisten, mit seinen Pneus einmal weniger an die Box zu fahren als die vor ihm liegenden Piloten. Auf diese Weise übernahm Frentzen in der 26. Runde die Führung, als Damon Hill sich zum »Auffrischen« in die Boxengasse verabschiedete.

Doch plötzlich stiegen aus dem komfortabel führenden Williams Flammen auf. Hervorgerufen durch ein defektes Sicherheits-Tankventil, war Benzin aus dem Tank geschwappt und hatte sich an Auspuff und Bremsscheiben entzündet. Mit einer riesigen Stichflamme im Gepäck schaffte es der Führende gerade noch bis zur Box. Dort kam das Aus.

Trotzdem war der Deutsche mit seiner Leistung zufrieden: »Es war schon eine Genugtuung zu sehen, wie die Taktik aufging und die an-

Das Rennergebnis

1. Villeneuve	1:45:47,149 Std.	
2. Hill	+	9,079 sek.
3. Herbert	+	20,445 sek.
4. M. Schumacher	+	30,501 sek.
5. R. Schumacher	+	30,715 sek.
6. Nakano	+	41,512 sek.

Fahrerwertung

1. M. Schumacher	56 Punkte
2. Villeneuve	53 Punkte
3. Alesi	22 Punkte
4. Berger	20 Punkte
5. Frentzen	19 Punkte
6. Irvine	18 Punkte
7. Panis	15 Punkte
8. Coulthard	14 Punkte
Häkkinen	14 Punkte
10. R. Schumacher	11 Punkte

Konstrukteurswertung

1. Ferrari	74 Punkte
2. Williams Renault	72 Punkte
3. Benetton Renault	46 Punkte
4. McLaren Mercedes	28 Punkte
5. Prost Mugen Honda	20 Punkte
6. Jordan Peugeot	19 Punkte
7. Sauber Petronas	12 Punkte
8. Arrows Yamaha	7 Punkte
9. Stewart Ford	6 Punkte
10. Tyrrell Ford	2 Punkte

deren mit ihrer Strategie immer mehr in Schwierigkeiten gerieten.« Frentzens Pech begünstigte Damon Hill, der bis zur vorletzten Runde wie der sichere Sieger aussah. Eine defekte Benzinpumpe zerstörte auch seine Siegträume. Jacques Villeneuve fing den immer langsamer werdenden Briten in der letzten Runde noch ab und feierte den fünften Erfolg in diesem Jahr.

Nach einer glänzenden Leistung fuhr Johnny Herbert auf einen überraschenden dritten Platz.

»Regenkönig von Belgien«

24. August, Spa. Vor 80 000 Zuschauern bot Michael Schumacher nach Monaco erneut einen »Regentanz«, der die Konkurrenz zu Statisten degradierte. Für den Ferrari-Piloten war es die vierte Triumphfahrt auf dem Ardennenkurs nach 1992, 1995 und 1996.

Schumacher und der Circuit de Spa-Francorchamps – diese Beziehung hat sich zu einer regelrechten Freundschaft entwickelt. Hier nahm die Ära Schumacher ihren Anfang, als er 1991 in der Formel 1 debütierte und im Jahr darauf seinen ersten Grand-Prix gewann.

1995 vollbrachte Schumacher das »Wunder von Spa«: vom 16. Startplatz ins Rennen gehend, konnte er am Ende den Lauf noch für sich entscheiden – ein Kunststück, an das nicht einmal die treuesten Fans geglaubt hätten und das in der Geschichte der Formel 1 nur drei anderen Fahrern (Jackie Stewart 1973, Alan Jones, 1977 und John Watson, 1983) gelungen war.

In der letzten Saison fuhr der Wahlschweizer trotz einer verbogenen Lenkung ebenfalls den Sieg nach Hause. Seitdem wird Schumacher von seinen Anhängern als »König von Belgien« verehrt.

Die Chancen auf einen erneuten Sieg im beliebten Kurort Spa standen nach dem für Ferrari unglücklich verlaufenen Abschlußtraining nicht sonderlich gut. Sowohl Schumacher (3. Startplatz) als auch Eddie Irvine, der sogar nur einen indiskutablen 17. Startplatz erreichte, flüchteten sich vor dem Rennen in Durchhalteparolen.

Aber der zweifache Weltmeister ließ sich auch noch etwas einfallen. Als die Wagen am Sonntag die Startaufstellung einnahmen, stand der Ferrari von Schumacher als einziges Fahrzeug unter den ersten vier Wagen mit Intermediates-Reifen an seinem Platz. Alle anderen Fahrer waren mit Regenpneus erschienen, da es knapp 20 Minuten vor dem Start angefangen hatte zu regnen. Die Gummiwahl hatte Michael Schumacher nach dem Prinzip »Sekt oder Selters« getroffen, denn auch er konnte nicht wissen, ob der Niederschlag stärker werden würde. Aber es war die einzige Chance, die Konkurrenz zu düpieren – vorausgesetzt, das Wetter besserte sich möglichst schnell.

Als die Rennleitung fünf Minu-

TRAINING

Schumacher im Pech

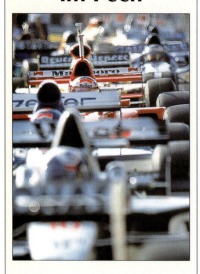

Pech für Michael Schumacher: Kurz vor Beginn des Qualifying sorgte ein Riss im Getriebe seines Ferrari für Aufregung an der Box. Da der Schaden in der Kürze der Zeit nicht zu reparieren war, mußte Schumacher auf das deutlich schwächere Ersatzauto umsteigen. Nach der Hälfte des Trainings nur auf Platz sieben liegend, kämpfte sich der Deutsche in den zweiten 30 Minuten auf einen – unter den gegebenen Bedingungen – guten dritten Startplatz vor.

Beim Freitagstraining hatte McLaren-Pilot Mika Häkkinen eine Schrecksekunde zu überstehen. In voller Fahrt flog dem Wagen nach einem Bruch der Aufhängung das linke Hinterrad weg. Der McLaren raste in eine Plastik-Sperre, Häkkinen konnte zum Glück unverletzt aus dem Fahrzeug aussteigen. Beim offiziellen Training zeigte der Finne aber keine Nachwirkungen und landete auf dem fünften Platz.

Trainingsergebnis/Startaufstellung

1. Villeneuve	Williams Renault	1:49,450
2. Alesi	Benetton Renault	1:49,759
3. M. Schumacher	Ferrari	1:50,293
4. Fisichella	Jordan Peugeot	1:50,470
5. Häkkinen	McLaren Mercedes	1:50,503
6. R. Schumacher	Jordan Peugeot	1:50,520
7. Frentzen	Williams Renault	1:50,656
8. Diniz	Arrows Yamaha	1:50,853
9. Hill	Arrows Yamaha	1:50,970
10. Coulthard	McLaren Mercedes	1:51,410
11. Herbert	Sauber Petrona	1:51,725
12. Barrichello	Stewart Ford	1:51,916
13. Morbidelli	Sauber Petronas	1:52,094
14. Trulli	Prost Mugen Honda	1:52,274
15. Berger	Benetton Renault	1:52,391
16. Nakano	Prost Mugen Honda	1:52,749
17. Irvine	Ferrari	1:52,793
18. Magnussen	Stewart Ford	1:52,886
19. Salo	Tyrrell Ford	1:52,897
20. Katayama	Minardi Hart	1:53,554
21. Verstappen	Tyrrell Ford	1:53,725
22. Marques	Minardi Hart	1:54,505

ten vor Startbeginn beschloß, die Veranstaltung vor dem Pacecar zu eröffnen, entpuppte sich Schumachers Reifenwahl als Volltreffer: Denn nach drei Runden hinter dem Sicherheitsfahrzeug war der Regenschauer vorbei und die Strecke trocknete ab – ideale Bedingungen für halbprofilierte Sohlen.

Villeneuve, von der Pole startend und mit Regenreifen bestückt, fühlte sich von der Entscheidung

Das Rennergebnis

1. M. Schumacher		1:33:46,717 Std.
2. Fisichella	+	26,753 sek.
3. Häkkinen*	+	30,856 sek.
4. Frentzen	+	32,147 sek.
5. Herbert	+	39,025 sek.
6. Villeneuve	+	42,103 sek.

*nachträglich aus der Wertung genommen

Fahrerwertung

1. M. Schumacher		66 Punkte
2. Villeneuve		54 Punkte
3. Frentzen		22 Punkte
	Alesi	22 Punkte
5. Berger		20 Punkte
6. Irvine		18 Punkte
	Häkkinen	18 Punkte
8. Panis		15 Punkte
9. Coulthard		14 Punkte
	Fisichella	14 Punkte

Konstrukteurswertung

1. Ferrari		84 Punkte
2. Williams Renault		76 Punkte
3. Benetton Renault		46 Punkte
4. McLaren Mercedes		32 Punkte
5. Jordan Peugeot		25 Punkte
5. Prost Mugen Honda		20 Punkte
7. Sauber Petronas		14 Punkte
8. Arrows Yamaha		7 Punkte
9. Stewart Ford		6 Punkte
10. Tyrrell Ford		2 Punkte

der Verantwortlichen, das Rennen mit Hilfe des Safety-Cars zu starten, benachteiligt: »Wir hatten uns vor dem Start erkundigt, welchen Start es geben würde, wir hatten keine Antwort erhalten. Niemand wußte, wie lange das Safety-Car auf der Piste bleiben würde. Warum brauchte es überhaupt ein Safety-Car? Und warum für drei Runden? Eine hätte gereicht. Wenn ich sehe, welche Zeiten Schumi mit Intermediates fuhr, dann hätte es keine Safety-Car Phase gebraucht«.

Schumacher nutzte die Gunst der Stunde und führte bereits in der 11. Runde mit sensationellen 47 Sekunden Vorsprung. Dieses Polster reichte aus, um einen souveränen Sieg nach Hause zu fahren.

Spa brachte an diesem Tag noch einen weiteren Gewinner hervor: Der junge Giancarlo Fisichella überraschte nicht nur sein Team mit einem zweiten Platz. Der Römer fightete von Beginn an und zog bereits in der sechsten Runde an Jean Alesi vorbei. In der 24. Runde setzte er sich auf Rang 2, den er bis ins Ziel verteidigte. Der als »Neuent-

GRAND PRIX VON BELGIEN

Rennleiter Jean Todt freut sich gemeinsam mit »Schumi I« über den Sieg.

deckung« gehandelte Italiener äußerte sich im Nachhinein zufrieden über seine Leistung und gab sich für die verbleibenden Rennen der Saison optimistisch: »Mein Auto war nicht sehr schnell, aber zuverlässig und konstant. Dank richtiger Reifenwahl und excellenter Boxenstopps ist für mich ein Traum in Erfüllung gegangen – ein Podestplatz. Ich muß mich beim Team bedanken. Mein nächstes Ziel ist nun ein Sieg. Ich denke, daß ich in Monza eine erste Gelegenheit dazu erhalte.«

Nicht ganz so guter Stimmung war man im Lager von McLaren-Mercedes, obwohl Mika Häkkinen den dritten Podiumsplatz belegte. Die Verstimmung war auf eine Benzinprobe zurückzuführen, die während des Qualifying aus dem Fahrzeug des Finnen entnommen worden war und in die technische

Jordan-Pilot Giancarlo Fisichella jubelt über seinen zweiten Platz.

△ Michael Schumacher gelang es in der ersten Runde, den Benetton-Piloten Jean Alesi innen vor »La Source« zu überholen. Wenig später wiederholt er dieses Kunststück vor »Rivage« mit Jacques Villeneuve. Damit ging er in Führung, die er bis ins Ziel auch nicht mehr abgab.

◁ Im Qualifying schien dem deutschen Williamsfahrer Heinz Harald Frentzen das Pech weiterhin treu zu bleiben: Als er bei seiner »fliegenden Runde« die Leitschienen touchierte, zerriß ihm der rechte Hinterreifen samt Felge. Nachdem er auf »drei Beinen« in die Box gekommen war, wurde die Zeit knapp, um nochmals anzugreifen. Ihm blieb für das Rennen der siebte Startplatz. Im Rennen überzeugte der Mönchengladbacher, landete auf Platz 4 und verbesserte sich durch die Disqualifikation Häkkinens sogar noch um einen Rang.

Kommissare eine Abweichung gegenüber dem »Fingerabdruck« der vor der Saison abgegebenen Probe feststellten. Die Rennleitung beschloß daraufhin gegen den Protest des Rennstalls, die Startfreigabe für Häkkinen nur unter Vorbehalt zu gewähren und bat McLaren Mercedes mit einer Strafe von 25 000 Dollar zur Kasse.

Während des Rennens machte McLaren Mercedes nochmals durch Häkkinen von sich reden. Der Finne segelte in der Safty-Car-Phase von der Strecke, wodurch er mehrere Plätze verlor. Anschließend überholte er, der Safety-Car hatte die Strecke noch nicht verlassen, die vor ihm liegenden Pedro Diniz und Heinz-Harald Frentzen, um sich an alter Position einzufädeln. Mit diesem Manöver verstieß Häkkinen gegen das Überholverbot während der Pace-Car-Phase, die Rennkommission verfügte

eine weitere Strafe gegen McLaren Mercedes: Der Pilot wurde für ein Rennen auf Bewährung gesperrt.

Damit nicht genug, gab es auch noch in der »Benzinaffäre von Spa« ein unerfreuliches Nachspiel. Obwohl McLaren Mercedes glaubhaft versicherte, sich die unterschiedlichen Benzinproben nicht erklären zu können, wurde Häkkinen für Spa nachträglich disqualifiziert und die Geldstrafe von McLaren verdoppelt. Und obwohl der Internationale Automobilverband (FIA) dem Team und dem Mineralöllieferanten Mobil zugestand, im guten Glauben gehandelt zu haben, wurden Häkkinen die vier WM-Punkte ebenfalls aberkannt.

Aus dieser Entscheidung schlug wiederum Williams Kapital, denn Frentzen rutschte auf den dritten Rang vor und Villeneuve erreichte durch die Höherstufung einen zusätzlichen Zähler.

DER KURS

Circuit de Spa-Franchorchamps

Mitten durch die belgischen Ardennen führt dieser ehemalige Landstraßenkurs. Auf dieser Strecke entscheidet in erster Linie die Konstitution des Fahrers über den Ausgang des Rennens. Besonders in der sehr schnellen Linkskurve »Blanchimont« und der abfallenden »Eau Rouge« müssen die Piloten ihr Können unter Beweis stellen. Und wenn dann noch Regen fällt, ist ein spannendes Rennen garantiert.

Streckenlänge: 6,968 km
Renndistanz: 44 Runden (306,592 km)
Sieger 1996: Michael Schumacher, Ferrari
Rundenrekord: 1:51,095 min, Alain Prost, Williams Renault, 1993

Kalendarium

3. September
Mika Häkkinen wird wegen eines nicht regelkonformen Benzins beim Training zum GP von Belgien von der FIA nachträglich disqualifiziert. Damit verliert Häkkinen die Punkte für seinen dritten Podestplatz. Sein Team McLaren muß zusätzlich noch eine Strafe in Höhe von 50 000 Dollar zahlen.

5. September
Ab sofort kann Doppel-Weltmeister Michael Schumacher seine Muskeln direkt vor Ort an der Rennstrecke stählen: Ein eigens für ihn entworfener 1 Mio. DM teurer umgebauter Sattelschlepper fungiert nun als »Fitneßmobil«.

Eddie Jordan will vor Gericht: Die vertraglichen Streitigkeiten zwischen Benetton und dem Jordan-Team um Giancarlo Fisichella soll jetzt ein Zivilgericht klären.

Eddie Jordan

7. September
Jubel in der McLaren-Box: David Coulthard kann in Monza zum zweiten Mal in dieser Saison mit dem »Silberpfeil« zum Sieg fahren. → S. 94

Erneute Verwarnungen: David Coulthard und Jacques Villeneuve ignorieren während des Warm-Up zum GP von Italien die gelben Flaggen. Villeneuve, der zum dritten Mal ausgefallen ist, wird für ein Rennen gesperrt – die Strafe ist auf die kommenden acht Rennen ausgesetzt. Coulthard fährt bis zum Ende der Saison auf Bewährung.

8. September
Neue Sauber-Verpflichtung: Benetton-Pilot Jean Alesi wird in der kommenden Saison neben Johnny Herbert für den Schweizer Rennstall fahren.

16. September
Der Streit um Jordan-Pilot Fisichella ist beendet: Ein Gericht entscheidet, daß der Italiener aufgrund von vertraglichen Bindungen im nächsten Jahr für Benetton fahren muß.

17. September
Der Finne Mika Salo wird 1998 den freigewordenen Platz von Weltmeister Damon Hill im Arrows-Cockpit einnehmen. Damit zerschlagen sich die Hoffnungen des Arrows-Testfahrers Jörg Müller, in der nächsten Saison als vierter Deutscher in der F1 mitzufahren.

18. September
Der als perfekt geltende Wechsel von Weltmeister Damon Hill zum Prost-Rennstall ist gescheitert.

19. September
Das Rätselraten um Hill's Zukunft ist vorbei: Der Brite unterschrieb einen Zweijahresvertrag bei Jordan und wird in der kommenden Saison Teamkollege von Ralf Schumacher. → S. 103

20. September
Das Benetton-Fahrerteam für 1998 steht fest: Neben Giancarlo Fisichella wird der Österreicher Alexander Wurz für den italienischen Rennstall fahren.

Gerhard Berger erhält auf dem A1-Ring eine »eigene« Kurve: Die ehemalige Power-Horse-Kurve trägt nun den Namen des Tirolers.

21. September
Jacques Villeneuve siegt beim Großen Preis von Österreich und liegt damit nur noch einen Punkt in der WM-Wertung hinter Michael Schumacher. → S. 100

27. September
Stewart-Fahrer Jan Magnussen muß nach seinem Ausfall beim Abschlußtraining zum GP von Luxemburg eine 5000-Dollar-Strafe zahlen, weil er das Lenkrad seines Boliden nicht an dem vorgeschriebenen Platz gelassen hat.

28. September
Nach einem Startunfall mit Bruder Ralf muß Michael Schumacher beim Grand Prix von Luxemburg am Nürburgring seinen Ferrari vorzeitig abstellen. Sieger wird WM-Konkurrent Jacques Villeneuve, der von den Ausfällen der beiden McLaren Mercedes' profitiert. → S. 104

Prost-Pilot Olivier Panis feiert am Nürburgring an einem sechsten Platz sein Comeback nach dem schweren Unfall beim Kanada-GP.

Neuer Mann auf der Benetton-Kommandobrücke: Beim GP von Luxemburg tritt der Nachfolger von Flavio Briatore, Dave Richards, erstmals als neuer Teammanager an die Öffentlichkeit.

1.–30. September
Benetton und Ferrari konzentrieren sich auf den Bau des 98er-Autos und verzichten dabei auf ein Übergangsmodell (97er Chassis, 98er Regeln). Die neuen Boliden sollen schon im Dezember fertiggestellt sein.

Maranello-Tradition: Don Matteo Cavani, Nachfolger des bei einem Autounfall ums Leben gekommenen Pfarrers Don Erio Belloi, wird bei einem Ferrari-Sieg weiterhin die Glocken läuten lassen.

Ralf Schumacher engagiert sich für die Aktion »Sicherer Schulweg«. Bei verschiedenen Veranstaltungen hat der Jordan-Pilot Kinder zum Verhalten im Straßenverkehr beraten.

Neuer Rekord: Die Ferrari-Boliden haben in dieser Saison mehr als 27 000 Testkilometer abgespult.

Ferrari ist neuer »Testsieger«

Der burgenländische Winzer Willi Opitz kreiert einen »Formel 1-Wein«: »West McLaren Pole Position Wein« lautet der Name für die neue Rebensaft-Schöpfung.

Sprüche und Zitate
»Leider gibt es kaum gute Manager in unserem Geschäft. Die meisten laufen doch nur mit einem leeren Aktenkoffer und einer Wurstsemmel darin herum.«
Gerhard Berger

»Stirbt die Formel 1? Sie fragen nach der Todesursache? Langeweile – weil keine Überholmanöver mehr passieren.«
Niki Lauda in der »Welt am Sonntag«

1998 ein Team – Alexander Wurz im Gespräch mit Alessandro Benetton

Flavio Briatore erklärte schon relativ früh seinen Rücktritt als Benetton-Teamchef. Nachfolger des Italieners wird Dave Richards.

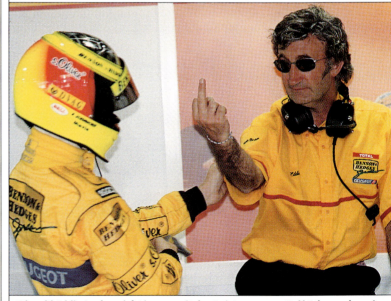

Obwohl Eddie Jordan nicht immer mit den Leistungen von Ralf Schumacher einverstanden war, wird der Deutsche auch 1998 für Jordan fahren.

Fahrerkarussell kommt langsam zum Stillstand

Bei den Planungen für die kommende Saison verzichteten die Teams weitestgehend auf spektakuläre Neuverpflichtungen. Das lag natürlich daran, daß die attraktiven Spitzenfahrer Michael Schumacher und Jacques Villeneuve in ihren Rennställen längerfristig gebunden sind. Also vertrauen die Teams 1998 vernehmlich jungen Fahrern, die ihre Arbeitgeber mit entsprechendem Erfolgshunger in die Erfolgsspur bringen sollen.

Nach Einschätzung von Gerhard Berger, dem Renn-Methusalem der Formel 1, konnte das Traumziel jedes Fahrers für die nächste Saison nur einen Namen haben – McLaren Mercedes. »Ein gesundes Budget, Mercedes-Motoren und mit Adrian Newey den besten Designer«, in dieser Kombination gibt es keine attraktivere Alternative.

Der Tiroler spekulierte vor seinem im Oktober bekanntgegebenen Rücktritt selbst mit einem Platz im Cockpit der neuen Silberpfeile. Die Fachzeitschrift »auto, motor, sport« spitzte Bergers Ausgangslage Anfang August noch zu: »Entweder er landet bei McLaren, oder er hört auf«. Doch auch ohne den Abschied des Österreichers wäre es mit McLaren nichts geworden.

Seit längerem hält sich in der Rennszene das Gerücht, McLaren Mercedes würde am liebsten einen deutschen Fahrer, allen voran Michael Schumacher, verpflichten. Doch Schumacher hat bei Ferrari noch einen Vertrag für die nächste Saison, sein Bruder Ralf wird bei Jordan ebenfalls keine vorzeitige Freigabe erhalten, und der dritte in der Reihe, Heinz-Harald Frentzen, war nach einer durchwachsenen Saison bei Williams froh, als sein Arbeitgeber bekanntgab, ihm auch

1998 das Vertrauen zu schenken. Da auch Damon Hill mit seiner undurchsichtigen Verhandlungsstrategie bei McLaren Mercedes nicht landen konnte, verlängerte der Rennstall kurzerhand die Verträge mit David Coulthard und Mika Häkkinen. Nicht zuletzt in dem Wissen, daß es hinter Michael Schumacher etwa neun Fahrer gibt, die sich in punkto Leistungsfähigkeit kaum unterscheiden. Und zu denen gehören auch Coulthard und Häkkinen.

Auch bei den anderen Rennställen waren die Personalplanungen im September weitestgehend abgeschlossen. Dabei zog Jordan mit Ex-Weltmeister Damon Hill den größten Fisch an Land (→ S. 103). Von den Erfahrungen des Briten erhofft sich Teamchef Eddie Jordan auch einen zusätzlichen Leistungsschub für Ralf Schumacher, der 1997 zu viele Ausfälle vorzuweisen hatte.

Peter Sauber verpflichtete als zweiten Mann neben Johnny Herbert den Franzosen Jean Alesi. Ein Wechsel, der nicht zuletzt auf Vermittlung von Gerhard Berger zustande kam. Sauber dazu: »Gerhard hat in zwei Richtungen gute Arbeit geleistet. Er konnte mich einerseits in einem Gespräch überzeugen, daß Alesi, im richtigen Umfeld, in

der Lage ist, seine Leistungen zu steigern. Er hat aber auch Alesi klar gemacht, wer wir sind. Es war der Verdienst von Gerhard, daß Jean auf uns aufmerksam wurde«. Bevor der Franzose Sauber den Zuschlag gab, hatte er bereits vergeblich versucht, mit Jordan und Alain Prost ins Geschäft zu kommen. Jordan mußte allerdings abwarten, wie sich der Streit mit Benetton um Giancarlo Fisichella entwickelte. Flavio Briatore, Teamchef von Benetton, hatte eine Option auf den Römer eingelöst, über die Jordan mit dem Konkurrenten stritt. Als das Problem endlich aus der Welt geschafft war und Fisichellas Wechsel zu Benetton feststand, zog Jordan Damon Hill als Neuverpflichtung »aus dem Ärmel«, Alesi blieb außen vor.

Prost will im nächsten Jahr die französische Ausrichtung seines Rennstalls korrigieren und hatte mit Olivier Panis bereits einen Landsmann im Cockpit. Zudem hatte Jarno Trulli den »Professor« mit seinen Leistungen im bisherigen Saisonverlauf überzeugt. Trulli war im Juni als Ersatzfahrer für den verletzten Panis ins Team gerutscht und setzte beim Großen Preis von Österreich mit einem dritten Startplatz Glanzlichter.

Grund genug für Prost, dem 22jährigen für 1998 voll zu vertrauen.

Arrows versucht den Weggang von Damon Hill mit der Verpflichtung des jungen Mika Salo zu kompensieren, das 1997 weit hinter dem Feld herfahrende Tyrrell-Team hofft auf den Testfahrer Toransuke Takagi, der einen japanischen Hauptsponsor mitbringt.

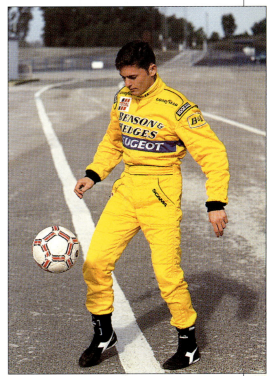

Giancarlo Fisichella wird im nächsten Jahr bei Benetton seine Brötchen verdienen.

Jean Alesi (l.) im Gespräch mit Gerhard Berger. Während der Franzose zu Sauber wechselt, wird der Österreicher seine Karriere beenden.

Heinz-Harald Frentzen stand Mitte der Saison bei Williams zur Disposition, konnte seinen Arbeitgeber aber dann durch gute Leistungen überzeugen.

Bei Arrows wurde eine Schweigeminute zum Gedenken an die am 31. August in Paris tödlich verunglückte Prinzessin Diana abgehalten.

»Am Motor liegt es nicht«

7. September, Monza. Mit einem Sieg für McLaren-Mercedes stellte David Coulthard klar, daß der Triumph in Australien am Anfang der Saison keine Eintagsfliege war. Für Mercedes hatte dieser Erfolg zusätzlich eine historische Bedeutung, denn 42 Jahre nach Juan Manuel Fangio konnte ein »Silberpfeil« wieder einmal Monza erobern.

»Stell dir vor, wir hätten den Vertrag mit David nicht verlängert, und Coulthard gewinnt. Dann hätten wir uns was anhören können«, sagte nach der Triumphfahrt des Schotten ein überglücklicher Mercedes-Sportdirektor Norbert Haug. Nach der langen Durststrecke – McLaren Mercedes hatte nur in Melbourne gewonnen – hatten manche Fachleute bereits gemutmaßt, der Erfolg in Australien sei vielleicht doch eher Zufall gewesen.

Zwischen Australien und Monza lagen nun schon elf weitere Grand Prix-Rennen und die Punktekonten der McLaren-Fahrer sahen mit jeweils 14 Zählern alles andere als vielversprechend aus. David Coulthard hatte es in dieser Zeit auf vier Zielankünfte mit Plazierungen fernab der Podiumsplätze gebracht. Mika Häkkinen, der zweite Pilot im McLaren-Cockpit, spannte sein Team nach zahlreichen Ausfällen und mäßigen Plazierungen ebenfalls auf die Folter. Ein dritter Platz in Hockenheim war noch das beste Ergebnis des Finnen.

Die Ursachen für die bescheidene Ausbeute mußten sich Fahrer und Rennstall zu gleichen Anteilen zuschreiben. Fuhren die Piloten ein unfallfreies Rennen, bescherte meist ein Motorendefekt das vorzeitige Aus. Der Grund für die Instabilität des Aggregates lag in dem kompromißlosen Bemühen von Mercedes, das Fahrzeug mit mehr PS auszustatten. Da der Rennstall aber nie genügend Zeit für eine zuverlässige Überprüfung der jeweiligen Entwicklungsstufen zur Verfügung hatte, mußten Einbußen in punkto Haltbarkeit in Kauf genommen werden.

Für Italien waren die Mercedes-Verantwortlichen trotzdem zuversichtlich, zumal das Profil des Autodromo Nazionale di Monza ihren Wunschvorstellungen entspricht. Der Kurs gehört zu den schnellsten Rennstrecken im Zirkus, die Boliden erreichen auf der Zielgeraden eine Spitzengeschwindigkeit jenseits der 330 km/h-Marke.

Als das Feld den Grand Prix aufnahm, konnte »Schnellstarter« Coulthard gleich drei Plätze gutmachen und sich hinter Jean Alesi und Heinz Harald Frentzen auf Rang drei vorkämpfen. Um den vierten

---

TRAINING

Schlechte Vorzeichen für das Rennen

Mit dem schlechtesten Startplatz (9. Rang) dieser Saison mußte sich WM-Favorit Michael Schumacher in Monza abfinden.

Nachdem der Kerpener im Qualifying ohne Sprit auf der Strecke liegengeblieben war, bekannte er enttäuscht: »Ich habe so einen Einbruch eigentlich schon früher erwartet. Wir müssen hart arbeiten, um die Defizite meines Wagens wieder in den Griff zu bekommen«. Für sein schwaches Abschneiden machte Schumacher auch die Reifen verantwortlich: »Wenn die Reifen zu heiß werden, werde ich einfach zu langsam«.

Bruder Ralf war mit seinem 8. Startplatz ebenfalls nicht zufrieden. Denn zum siebten Mal verlor er das Trainingsduell gegen Teamkollege Giancarlo Fisichella. Der Römer (3. Platz) wurde seinerseits von der Rennleitung mit einer Sperre für ein Rennen belegt, weil er die gelbe Flagge ignorierte.

Trainingsergebnis/Startaufstellung

1.	Alesi	Benetton Renault	1:22,990
2.	Frentzen	Williams Renault	1:23,042
3.	Fisichella	Jordan Peugeot	1:23,066
4.	Villeneuve	Williams Renault	1:23,231
5.	Häkkinen	McLaren Mercedes	1:23,340
6.	Coulthard	McLaren Mercedes	1:23,347
7.	Berger	Benetton Renault	1:23,443
8.	R. Schumacher	Jordan Peugeot	1:23,603
9.	M. Schumacher	Ferrari	1:23,624
10.	Irvine	Ferrari	1:23,891
11.	Barrichello	Stewart Ford	1:24,177
12.	Herbert	Sauber Petronas	1:24,242
13.	Magnussen	Stewart Ford	1:24,394
14.	Hill	Arrows Yamaha	1:24,482
15.	Nakano	Prost Mugen Honda	1:24,553
16.	Trulli	Prost Mugen Honda	1:24,567
17.	Diniz	Arrows Yamaha	1:24,639
18.	Morbidelli	Sauber Petronas	1:24,735
19.	Salo	Tyrrell Ford	1:25,693
20.	Verstappen	Tyrrell Ford	1:25,845
21.	Katayama	Minardi Hart	1:26,655
22.	Marques	Minardi Hart	1:27,677

Zum zweiten Mal in dieser Saison gewann der Schotte David Coulthard einen Grand Prix für das Team McLaren Mercedes.

Rang lieferten sich Giancarlo Fisichella und Jacques Villeneuve ein spannendes Duell, das der junge Italiener zu seinen Gunsten entschied. Das Jordan-Talent gab seine Position an diesem Tage nur einmal wegen eines Boxenstopps preis und bestätigte in der Endabrechnung als Vierter seine Leistung von Spa eindrucksvoll.

Teamkollege Ralf Schumacher mußte in Monza zum wiederholten Mal die momentane Überlegenheit des ungeliebten Stallgefährten anerkennen, denn »Schumi II« fuhr seinen Jordan nur auf den 15. Platz. Trotzdem machte der 22jährige von sich reden, als er in der 38. Runde den Sauberpiloten Johnny Herbert bei Tempo 330 km/h ins Kiesbett schickte. Der Engländer konnte dem Autowrack nach dem Abflug zum Glück unverletzt entsteigen, war aber sehr verärgert über den Kontrahenten: »Was er scheinbar nicht versteht, ist, daß man in solchen High-Speed-Passagen dem Konkurrenten den nötigen Platz lassen muß, und genau das hat er nicht getan. Mir macht ein Fight nichts aus, aber so geht's nicht. Das war unnötig und nicht akzeptabel. So verhalten sich unerfahrene Fahrer, die noch viel lernen müssen über diese Kunst, mit hohen Geschwindigkeiten gegeneinander Rennen zu fahren. Das geht scheinbar nicht von heute auf morgen.« Auch Team-Chef Peter Sauber schloß sich dieser Meinung an. Vor laufenden Kameras machte er darauf aufmerksam, daß in der Vergangenheit schon weniger gravierende Fahrfehler zu Katastrophen geführt hätten. Schumacher entschuldigte sich später bei Sauber und Herbert, gab aber zu verstehen, daß er das Unfallgeschehen etwas anders gesehen habe als die beiden.

Michael Schumacher hatte im »Ferrariland« ganz andere Sorgen. Nach seiner Ankündigung, einen Podestplatz erreichen zu wollen, sahen ihn 120 000 enttäuschte Tifosi während der gesamten Veranstaltung abgeschlagen auf den hinteren Plätzen fahren. Schumachers Wunsch basierte auf einem für 16 Uhr vorausgesagten Gewitter, das allerdings ausblieb. Ferrari wußte schon im Vorfeld, daß der Wagen nur bei Regen konkurrenzfähig seien würde. Nach dem Rennen gab der zweimalige Weltmeister seine Zurückhaltung auf und urteilte über das noch von John Barnard entworfene Fahrzeug: »Der Ferrari ist auf den Geraden zu langsam. Am Motor liegt es nicht. Das Auto ist schlicht aerodynamisch zu wenig effizient. Nüchtern betrachtet haben wir gegenüber '96 keinen Fortschritt gemacht. Uns kommt nur zugute, daß der Vorsprung der Williams auf die Gegner geschmolzen ist. «

Entschieden wurde der Grand Prix von Italien aufgrund der Leistungsdichte (fast alle Teilnehmer fuhren die gleichen Rundenzeiten) und mangelnder Überholmöglichkeiten in der Boxengasse. Als das Führungsduo Alesi und Coulthard gemeinschaftlich in der 32. Umrundung an die Box ging, arbeiteten die McLaren-Helfer schneller – Coulthard ging vor Alesi zurück auf den Kurs. Lakonisch bemerkte der Schotte, nach seinem Reifenwechsel sei der Rest des Nachmittags nur Herumrollen gewesen.

DER KURS

Autodrome Nationale di Monza

Ferraris Hausstrecke ist trotz vieler Schikanen mit Abstand der schnellste Kurs im gesamten Formel 1-Jahr. Um die Geschwindigkeit auf die Piste zu bringen, fahren die Piloten mit extrem wenig Flügel, wodurch die Fahrzeuge in den langsameren Passagen an Bodenhaftung verlieren und somit schwieriger zu handhaben sind.

Streckenlänge: 5,77 km
Renndistanz: 53 Runden (305,81 km)
Sieger 1996: Michael Schumacher, Ferrari
Rundenrekord: 1:26,110 min, Michael Schumacher, Ferrari, 1996

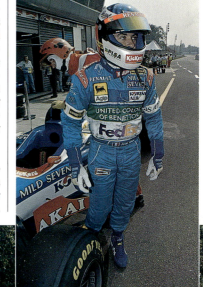

Der Trainingsschnellste Jean Alesi verlor den Kampf um den Sieg von Monza in der Box. Bis zur 32. Runde sah der Franzose wie der sichere Sieger aus.

Das Rennergebnis

1. Coulthard	1:17:04,609 Std.	
2. Alesi	+	1,937 sek.
3. Frentzen	+	4,343 sek.
4. Fisichella	+	5,871 sek.
5. Villeneuve	+	6,416 sek.
6. M. Schumacher	+	11,481 sek.

Fahrerwertung

1. M. Schumacher	67 Punkte
2. Villeneuve	57 Punkte
3. Alesi	28 Punkte
4. Frentzen	27 Punkte
5. Coulthard	24 Punkte
6. Berger	21 Punkte
7. Irvine	18 Punkte
8. Fisichella	17 Punkte
9. Panis	15 Punkte
10. Häkkinen	14 Punkte

Konstrukteurswertung

1. Ferrari	85 Punkte
2. Williams Renault	84 Punkte
3. Benetton Renault	53 Punkte
4. McLaren Mercedes	38 Punkte
5. Jordan Peugeot	28 Punkte
5. Prost Mugen Honda	20 Punkte
7. Sauber Petronas	15 Punkte
8. Arrows Yamaha	7 Punkte
9. Stewart Ford	6 Punkte
10. Tyrrell Ford	2 Punkte

Eine lebende Legende

Als 1950 die erste offizielle Fahrer-Weltmeisterschaft, die heutige Formel 1, gestartet wurde, hatte Enzo Ferrari gegen die Konkurrenz aus dem eigenen Land nichts »zu melden«. Sein alter Arbeitgeber Alfa Romeo beherrschte mit Guiseppe Farina und Juan Manuel Fangio am Steuer alle sechs zur Weltmeisterschaft zählenden Läufe souverän.

Erst ein Jahr später gelang es dem Ferrari-Piloten José Froilan Gonzalez in Silverstone, die Alfa-Phalanx zu durchbrechen – die Wachablösung war damit eingeläutet. Schon im darauffolgenden Jahr

F1-Weltmeister auf Ferrari

Datum	Name
1952	Alberto Ascari
1953	Alberto Ascari
1956	Juan Manuel Fangio
1958	Mike Hawthorne
1961	Phil Hill
1964	John Surtees
1975	Niki Lauda
1977	Niki Lauda
1979	Jody Scheckter

sicherte Alberto Ascari den roten »Flitzern« mit dem springenden Pferd den ersten WM-Titel, wobei er das Kunststück fertigbrachte, sieben von acht Läufen für sich zu entscheiden.

Mitte der 50er Jahre erlitt Enzo Ferrari mit dem Rennstall schwere – auch private – Rückschläge. Mit den britischen Grand Prix-Teams BRM, Cooper, Lotus und Brabham sowie den deutschen »Silberpfeilen« erschienen Konkurrenten in der Rennszene, denen Ferrari wenig entgegenzusetzen hatte. Darüber konnte auch der WM-Sieg von Juan Manuel Fangio 1956 nicht hinwegtäuschen, denn der Erfolg kam eigentlich in einem von Ferrari umgebauten Lancia zustande. Lancia hatte sich nach dem Tod seines Spitzenfahrers Alberto Ascari, der pikanterweise bei Testfahrten auf einem Ferrari in Monzo verunglückte, aus der Formel 1 zurückgezogen. Ferrari übernahm, mit einer finanziellen Fünf-Jahres-Garantie von Fiat im Rücken, die Weiterentwicklung der D50-Wagen von Lancia.

Ascari war nicht der letzte Todesfall, den Ferrari zu beklagen hatte. Im gleichen Jahr verlor Enzo Ferrari seinen Sohn Dino, der im Alter von 24 Jahren an Leukämie

△ Der junge Engländer Stirling Moss versuchte 1954 in Monza vergeblich, die übermächtigen Mercedes-»Silberpfeile« in Schach zu halten. Am Ende mußten Moss und Ferrari aber die Überlegenheit der Deutschen anerkennen.

▷▽ Gianclaudio »Clay« Regazzoni (r.) und Niki Lauda (u.) führen in den 70er Jahren gemeinsam für Ferrari. Regazzoni verschenkte 1974 den WM-Titel, als er im letzten Rennen nur als Elfer ins Ziel kam und den Brasilianer Emerson Fittipaldi in der Endabrechnung an sich vorbeiziehen ließ. Lauda, der sich 1971 mit einem Bankkredit von 3,5 Mio. Schilling in die Formel 1 eingekauft hatte, machte es ein Jahr später besser und wurde überlegen Weltmeister.

starb. Fahrer wie Peter J. Collins, Musso, Wolfgang Graf Berghe von Trips, Lorenzo Bandini und Gilles Villeneuve prägten über zwei Jahrzehnte die Geschichte der Formel 1, ihr Tod war auch gleichzeitig von privater Tragik für Enzo Ferrari, den immer ein persönliches Verhältnis mit seinen Piloten verband.

Die 60er Jahre wurden für den Rennstall zu einem problematischen Jahrzehnt. Trotz großer Anstrengungen kehrte das Glück in den ersten Jahren der neuen 3-Liter-Grand Prix-Formel nicht nach Maranello, dem Hauptsitz der Firma, zurück. Jackie Ickx, Chris Amon oder Clay Regazzoni gewannen zwar den ein oder anderen Grand Prix, die Weltmeisterschaft machten in dieser Zeit aber andere – Lotus, Tyrrell, Matra und McLaren – unter sich aus.

Erst mit Niki Lauda kehrte der Erfolg zurück. Der Österreicher triumphierte auf dem 312 T in fünf von 14 Grand Prix-Rennen und hätte auch ein Jahr später den Titel gewinnen können, wenn ihn nicht ein Feuerunfall am Nürburgring zurückgeworfen hätte. Zu diesem Zeitpunkt hatte der greise Enzo das Zepter schon aus der Hand gegeben und 50% seiner Firma an Fiat veräußert.

Die WM-Titel von 1975, 1977 (Niki Lauda) und 1979 (Jody Scheckter) komplettieren die Erfolgsstatistik der »Nobelschmiede«, die seither, trotz großer finanzieller Aufwendungen, vergeblich auf den »großen Wurf« wartet.

Die Geschichte des springenden Pferdes

Als Enzo Ferrari am 17. Juni 1923 bei einem relativ unbedeutenden Rennen in der Nähe von Ravenna gewann, gehörte Graf Enrico Baracca, Vater des berühmtesten italienischen Kampffliegers im Ersten Weltkrieg, Francesco Baracca, zu den ersten Gratulanten. Francesco Baracca, der im Juni 1918 in Österreich abgeschossen worden war, hatte in Erinnerung an seine Zeit bei der Kavallerie ein Wappen an seinem Flugzeug angebracht – ein springendes Pferd auf weißem Grund. Dieses offenbar vom Flugzeugwrack abgetrennte und den Eltern übersandte Wappen übergab Francescos Mutter Enzo Ferrari am Tag seines Sieges als Glücksbringer für seine Fahrzeuge.

Ferrari würdigte diese Geste, indem er das springende schwarze Pferd auf einem gelben Schild – Schwarz und Geld sind die Stadtfarben von Ferraris Heimatstadt Modena – auf alle Rennwagen der Scuderia Ferrari und alle Gebrauchswagen seiner Firma als Emblem plazierte. Auf diese Weise wurde die Huldigung an einen Fliegerhelden zu einem der bekanntesten Markenzeichen der Motorwelt.

Seit 1996 der neue Hoffnungsträger bei Ferrari – Michael Schumacher

---

BIOGRAPHIE

Enzo Ferrari: »Der Rennsport ist mein Leben«

Nach dem Willen des Vaters sollte der am 20. Februar 1898 in Modena geborene Enzo Ferrari eigentlich den Familienbetrieb (Metallverarbeitung) übernehmen, aber der kleine Enzo fühlte sich zu anderem berufen: Er wollte Sportjournalist oder Opernsänger werden.

Doch als er zusammen mit dem Vater 1908 das Straßenrennen Targa Bologna hautnah erlebte, wußte er, daß er zum Rennfahrer berufen war.

Nach dem Ersten Weltkrieg kam Ferrari als Testfahrer beim Sportwagenhersteller CMN in Mailand unter, seinen ersten Wettkampf bestritt er im Oktober 1919 beim Parma-Berceto-Rennen.

1920 verließ Ferrari CMN in Richtung Alfa Romeo, wo er die Rennmannschaft »Scuderia Ferra-

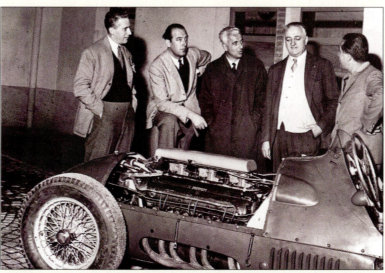

Enzo Ferrari (2.v.r.) im Kreise seiner Crew: (v.L) Rennleiter Ugolini, Konstrukteur Lampredi sowie den Rennfahrern Villoresi und Ascari

ri« aus der Taufe hob. Die Beziehung zu Alfa endete 1939 im Streit, und Enzo Ferrari gründete daraufhin eine eigene Firma, die »Auto Avio Costrutioni«.

Der erste Rennwagen unter seinem Namen, der Tipo 125 Sport, erschien im Mai 1947 und feierte noch im selben Monat den ersten Sieg. 1949 folgte der erste Grand Prix-Erfolg in Le Mans, dem vier Jahre später die erste von 20 Weltmeisterschaften folgte.

1969 kaufte der Fiat-Konzern einen 50%-Anteil an Ferraris Firma, der »Commendatore« blieb aber Chef des Rennstalls. Sein Alterswunsch, »eines Tages mitten in der Arbeit zu sterben«, erfüllte sich für den italienischen »Nationalhelden« nicht; er starb am 14. August 1988 in Modena.

Premiere am A1-Ring

21. September, Zeltweg. Zehn Jahre nach dem letzten Grand Prix in Österreich kehrte die Formel 1 in die Alpenrepublik zurück und 125 000 Fans versammelten sich, um dem Spektakel beizuwohnen.

Die Steirer hatten sich die Heimkehr der automobile Königsklasse einiges kosten lassen. Rund 330 Mio. Schilling waren nötig, um den Kurs regelkonform umzubauen, bzw. komplett neu zu bauen. Von der ehemaligen Rennstrecke blieb nichts übrig – außer der geographischen Lage. Selbst der Name des einstigen »Ö-Rings« wurde »ausgetauscht«: Nach der Fertigstellung heißt der Kurs nun »A1-Ring«.

Als die Ampeln das Zeichen zum Start der »Premierenfeier« gaben, kam der Trainingsschnellste Jacques Villeneuve so langsam vom Fleck, daß Mika Häkkinen, Jarno Trulli und Rubens Barrichello keine Mühe hatten, an ihm vorbeizuziehen. Am Ende der ersten Runde kam aber schon das Aus für den »Blitzstarter« Häkkinen, der seinen Wagen mit Motorschaden in der Wiese abstellen mußte. Damit führte Panis-Ersatzfahrer Trulli zum ersten Mal in seiner Karriere ein Formel 1-Feld an. Der beherzt fahrende Italiener hatte schon im Training auf sich aufmerksam gemacht, als er mit einer Zeit von 1:10,511 min. den dritten Startplatz für das Rennen »ergatterte«. Auch im Rennen fuhr der Prost-Pilot fehlerfrei und gab die Führung bis zu seinem Boxenstopp in der 37. Runde nicht aus den Händen. Als er in der 58. Runde immer noch auf Platz zwei lag, bahnte sich eine kleine Sensation an. Den Traum vom Podestplatz mußte der Italiener aber in der gleichen Umrundung doch wieder fallen lassen – der Motor versagte, eingehüllt in eine riesige weiße Qualmwolke, den Dienst. Der spätere Sieger Jacques Villeneuve fand für den unglücklichen Trulli lobende Worte: »Ich fürchtete mich vor Trulli und seinem Prost mehr als zum Schluß vor Coulthard. Wenn der Wagen von Jarno durchgehalten hätte, wäre es verflixt knapp geworden.«

Das Prostteam tröstete Villeneuves Anerkennung wenig, zumal

Die Kollision zwischen Eddie Irvine und Jean Alesi vollendete der Franzose mit einer Flugeinlage.

GRAND PRIX VON ÖSTERREICH

Nach einem gutem Start setzt sich Mika Häkkinen vor das Feld.

auch der zweite Wagen mit Shinji Nakano am Steuer fast zeitgleich mit Trulli die Dienstfahrt beendete.

Zum »Horrortrip« wurde die Premierenfeier am A1-Ring für Michael Schumacher. Nach einem enttäuschenden neunten Startplatz (nach Monza zum zweiten Mal in Folge) traf es den Kerpener im Renntrimm noch härter. Dabei hatte es nach einem gelungenen Start, bei dem Schumacher gleich drei Fahrer überholen konnte, noch gut ausgesehen. Doch in der 37. Runde unterlief dem Deutschen ein folgenschwerer Fehler: Auf Rang drei liegend, überholte er seinen Landsmann Heinz-Harald Frentzen, obwohl Streckenposten gelbe Fahnen zum Zeichen des Überholverbots schwenkten. Den Eingriff der Rennleitung verursachte ein von Schumachers Stallgefährten Eddie Irvine provozierter Unfall. Der irische »Draufgänger« hatte sich einen Kampf mit Jean Alesi geliefert und wollte mit einem Gewaltakt in der Remus-Kurve außen an dem Franzosen vorbei. Dabei gerieten die »Streithähne« aneinander und katapultierten sich gegenseitig ins Aus.

Schumachers »Kurzsichtigkeit« bestrafte die Rennkommission mit einer 10-Sekunden-Stop-and-go-Strafe in der Box, die den Deutschen auf den neunten Rang zurückwarf. Mit einer ordentlichen Portion Wut im Bauch begann Schumacher eine Aufholjagd. Zuerst griff er den Brasilianer Rubens

Das Rennergebnis

1. Villeneuve	1:27:35,999	Std.
2. Coulthard	+ 2,909	sek.
3. Frentzen	+ 3,962	sek.
4. Fisichella	+ 12,127	sek.
5. R. Schumacher	+ 31,859	sek.
6. M. Schumacher	+ 33,410	sek.

Fahrerwertung

1. M. Schumacher	68 Punkte
2. Villeneuve	67 Punkte
3. Frentzen	31 Punkte
4. Coulthard	30 Punkte
5. Alesi	28 Punkte
6. Berger	21 Punkte
7. Fisichella	20 Punkte
8. Irvine	18 Punkte
9. Panis	15 Punkte
10. Häkkinen	14 Punkte
Herbert	14 Punkte

Konstrukteurswertung

1. Williams Reanult	98 Punkte
2. Ferrari	86 Punkte
3. Benetton Renault	53 Punkte
4. McLaren Mercedes	44 Punkte
5. Jordan Peugeot	33 Punkte
6. Prost Mugen Honda	20 Punkte
7. Sauber Petronas	15 Punkte
8. Arrows Yamaha	7 Punkte
9. Stewart Ford	6 Punkte
10. Tyrrell Ford	2 Punkte

Barrichello an, der dem Druck nicht standhielt und sich selbst ins Aus manövrierte, indem er einen Anbremspunkt völlig verpaßte. Kurz vor dem Rennende drängte sich Schumacher noch an Weltmeister Damon Hill vorbei, der ihn ohne größeren Widerstand passieren ließ. So konnte der WM-Führende wenigstens noch den sechsten Platz erreichen, der ihm immerhin noch einen Punkt einbrachte.

Schon in der ersten Runde kam das Aus für Mika Häkkinen.

Außenseiter auf der Überholspur

Hinter dem erneut überzeugenden Jacques Villeneuve rückten in Österreich vermeintlich schwächere Fahrer ins Rampenlicht. Mit Jarno Trulli und den Stewart-Piloten Rubens Barrichello und Jan Magnussen überzeugten drei Fahrer, die bislang eher im Hintergrund agierten. Ihre Plazierungen lenkten wieder einmal den Blick auf das Thema Reifen, denn alle drei Wagen waren mit Bridgestone-Reifen unterwegs, die den »Reifen-Kurs« in Zeltweg offenbar besser überstehen als die Pneus von Goodyear.

Michael Schumachers Versuch, in der letzten Runde noch Boden gutzumachen, scheiterte am Spritmangel. Er blieb in seiner schnellsten Runde vor dem Ziel liegen.

Trainingsergebnis/Startaufstellung

1.	Villeneuve	Williams Renault	1:10,304
2.	Häkkinen	McLaren Mercedes	1:10,398
3.	Trulli	Prost Mugen Honda	1:10,511
4.	Frentzen	Williams Renault	1:10,670
5.	Barrichello	Stewart Ford	1:10,700
6.	Magnussen	Stewart Ford	1:10,893
7.	Hill	Arrows Yamaha	1:11,025
8.	Irvine	Ferrari	1:11,051
9.	M. Schumacher	Ferrari	1:11,056
10.	Coulthard	McLaren Mercedes	1:11,076
11.	R. Schumacher	Jordan Peugeot	1:11,186
12.	Herbert	Sauber Petronas	1:11,210
13.	Morbidelli	Sauber Petronas	1:11,261
14.	Fisichella	Jordan Peugeot	1:11,299
15.	Alesi	Benetton Renault	1:11,382
16.	Nakano	Prost Mugen Honda	1:11,596
17.	Diniz	Arrows Yamaha	1:11,615
18.	Berger	Benetton Renault	1:11,620
19.	Katayama	Minardi Hart	1:12,036
20.	Verstappen	Tyrrell Ford	1:12,230
21.	Salo	Tyrrell Ford	1:14,246

Disqualifiziert:
Tarso Marques (Minardi Hart), Auto untergewichtig

Ein nachdenklicher Michael Schumacher beobachtet die Konkurrenz in der Box.

A1-Ring

Bis 1987 wurde in der Steiermark der Große Preis von Österreich ausgetragen. Danach verschwand der veraltete Kurs aufgrund von Sicherheitsmängeln aus dem Grand Prix-Kalender. Im Winter 1995/96 entstand in Rekordzeit auf der alten Strecke die neue Strecke.

Durch den Umbau blieb der Hochgeschwindigkeitscharakter des ehemaligen Rings weitestgehend erhalten. Allerdings gibt es kaum Überholmöglichkeiten, so daß spannende Piloten-Manöver während des Rennens selten sein werden.

Remus Kurve
Niki Lauda Kurve
Gösser Kurve
Jochen Rindt Kurve
A1 Kurve
Gerhard Berger Kurve
Mobilkom Kurve
Castrol Kurve

Weltmeister Damon Hill fragte 1996 nach einer Probefahrt: »War das alles?«

Streckenlänge: 4,318 km
Renndistanz: 71 Runden (306,578 km)
Letzter Sieger: Nigel Mansell, Williams Honda Turbo, 1987

Teamvorstellung 1998: Ralf Schumacher, Teamchef Eddie Jordan und Damon Hill

»Ich wollte einen guten Gitarristen«

In der Saison 1998 wird Weltmeister Damon Hill neben Ralf Schumacher das zweite Cockpit bei Jordan besetzen. Mit dieser Nachricht überraschte Teamchef Eddie Jordan die Fachpresse in Zeltweg. Der Engländer übernimmt das Fahrzeug des Italieners Giancarlo Fisichella, der seinerseits im kommenden Jahr bei Benetton fährt.

Der Deal zwischen Jordan und Hill wurde eigentlich mehr zufällig, dafür aber recht schnell unter Dach und Fach gebracht. Als der Weltmeister nach dem Grand Prix in Monza kein Flugticket in die Heimat bekommen konnte, bot Jordan ihm einen Platz in seinem Privat-Jet an. Dort begann man miteinander zu reden. Nur 48 Stunden später trafen sich die beiden, nun als Vertragspartner, und besprachen die Details der künftigen Zusammenarbeit. Alles in allem zeigten sich beide Seiten zufrieden: Jordan sicherte sich die Dienste des Weltmeisters von 1996 für zwei Jahre, Damon Hill kassiert ein Grundgehalt von 7,5 Millionen Dollar plus Extraprämien: 10 000 Dollar pro erzieltem WM-Punkt, 100 000 Dollar für jedes gewonnene Rennen. Diese Gage bezeichnete der Engländer zwar als »unter seinem Marktwert liegend«, aber Hill erinnerte sich wohl an die Anfänge seine Karriere. Denn als er 1987 erstmals für Jordan ein Formel 3 Auto fuhr, mußte er sogar Geld mitbringen, um eine Chance zu erhalten.

Vor dem »Deal« mit Jordan schien Hill selbst nicht so recht zu wissen, in welchem Rennstall er 1998 unterkommen sollte. Seine Beteuerungen, er werde dem Arrows-Rennstall die Treue halten, mochte niemand so recht glauben. Zu groß waren – und blieben – bei Arrows vor allem die Defizite des schwachen Yamaha-Motors, um eine Perspektive für die Zukunft zu bieten. Der Brite fing an, sich im Fahrerkarussell einen bequemen Platz zu suchen.

Dabei ließ er auch schon einmal das britische »Fair-play« außer acht, wie etwa im Fall Prost. Der vierfache Weltmeister rechnete fest mit der Zusage des amtierenden Weltmeisters und beauftragte Sponsorenvermittler, mit Hill als Gallionsfigur weitere Geldgeber zu suchen. Völlig überraschend – für Prost – gab der Engländer dem Franzosen dann aber doch einen Korb. Das Karussell drehte sich weiter. Auch Hill mußte sich mit einer Abfuhr abfinden: Als er den Transfer zu McLaren bereits sicher glaubte, komplimentierten ihn die Verantwortlichen von McLaren Mercedes mit einem Dumping-Gehaltsangebot vor die Box.

Mit dem Schweizer Sauberteam inszenierte Hill seinerseits ein Katz-und-Maus-Spiel. Dort wurden ihm alle Türen geöffnet, Peter Sauber ließ dem Weltmeister Zeit für eine Entscheidung. Als Sauber erkannte, daß der Engländers ihn, auf bessere Angebote hoffend, hinhielt, gab er seine Pläne mit Hill auf.

Eddie Jordan sah Hills Qualitäten ohnehin auf einen ganz anderen Gebiet: »Endlich haben wir einen vernünftigen Leadgitarristen im Team. Zufälligerweise ist er auch Formel 1-Weltmeister«.

Ralf Schumacher setzt Titelträume des Bruders in den Sand

28. September, Nürburgring. Vor dem Großen Preis von Luxemburg waren laut einer Umfrage des Meinungsforschungsinstitutes »Forsa« 64 Prozent der deutschen Formel 1-Fans der Meinung, »ihr Schumi« würde zum dritten Mal Weltmeister. Die Zuschauer am Ring und vor dem Fernseher erlebten dann allerdings eine »Schumikatastrophe«.

Als der Formel 1-Troß in die erste berüchtigte Kurve, das Castrol S nach Start und Ziel, einbog, die schon in der Vergangenheit für viele Fahrer das frühe Aus bedeutete, nahm das »Unheil von Luxemburg« seinen Lauf. Der von Startplatz acht heraneilende Ralf Schumacher verwickelte eingangs der Passage seinen Teamkollegen Giancarlo Fisichella und Bruder Michael in eine Kollision. Ein »Aussetzer« mit Folgen: Für alle Beteiligten war die Veranstaltung zu Ende. Während die Jordan gleich am Unfallort stehenblieben, schaffte es der Ferrari-Pilot noch in seine Box. Dort angekommen, konnten ihm die Mechaniker aber nur noch die Fahruntüchtigkeit des Ferrari attestieren. Die Radaufhängung des Boliden war irreparabel beschädigt, da der Jordan von Ralf Schumacher bei der Karambolage förmlich auf der »Schnauze« des Ferrari gelegen hatte. Der anschließende Ritt durchs Kiesbett hatte das Ausmaß des Defektes noch vergrößert.

Michael Schumacher fand nach diesem Malheur nur mühsam Worte: »Ich hätte mir nie träumen lassen, daß mich mal der eigene Bruder aus dem Rennen befördert, aber ich will ihm trotzdem keinen Vorwurf machen. Solche Dinge passieren in unserem Sport. Es ist halt ärgerlich, daß so etwas ausgerechnet in der Endphase dieser WM geschieht«.

Andere Zeugen des Unfalls nahmen den Vorfall nicht ganz so sportsmännisch hin und verurteilten Ralf Schumacher als »Verrückten, der auf die Couch gehört« (Niki Lauda). Der auf diese Weise ins Rampenlicht geratene Schumacher-Bruder sah aber die Schuld nicht bei sich allein und gab zu Protokoll, er hätte sich ja nicht in Luft auflösen können. Auch der in Mitleidenschaft gezogene Giancarlo Fi-

Nach der Startkarambolage im Castrol S mußten Michael und Ralf Schumacher ihre Wagen abstellen.

GRAND PRIX VON LUXEMBURG

Den 100. Grand Prix-Einsatz feierte Doppelweltmeister Michael Schumacher (3.v.r.) mit einigen Gästen: Formel 1-Boß Bernie Ecclestone war ebenso erschienen wie Teamkollege Eddie Irvine, der Präsident von Ferrari, Luca di Montezemolo, und Rennleiter Jean Todt.

TRAINING

McLaren schleicht sich nach vorn

Während alle Augen auf das WM-Duell zwischen Jacques Villeneuve (67 WM-Punkte) und Michael Schumacher (68) gerichtet waren, erkämpfte Mika Häkkinen die erste Pole-Position seit 1993 (Ayrton Senna) für McLaren.

Für Michael Schumacher lief es – nach Monza und Zeltweg – wieder nicht optimal. Am Ende belegte er den fünften Startplatz, »mehr«, bekannte der Kerpener, »war nicht drin. Dieser Startplatz war jedenfalls keine Vorentscheidung für die WM«. Mehr Sorgen als um seine Leistung machte sich Schumacher über die Plazierung von Villeneuve und Frentzen: »Schwierig ist, daß beide Williams vor mir stehen. Das wird der Knackpunkt«. Zumal der Mönchengladbacher sich der Stallorder von Williams unterworfen

hat und Villeneuve beim Kampf um die WM unterstützen muß.

Trainingsergebnis/Startaufstellung

1. Häkkinen	McLaren Mercedes	1:16,602
2. Villeneuve	Williams Renault	1:16,691
3. Frentzen	Williams Renault	1:16,741
4. Fisichella	Jordan Peugeot	1:17,289
5. M. Schumacher	Ferrari	1:17,385
6. Coulthard	McLaren Mercedes	1:17,387
7. Berger	Benetton Renault	1:17,587
8. R. Schumacher	Jordan Peugeot	1:17,595
9. Barrichello	Stewart Ford	1:17,614
10. Alesi	Benetton Renault	1:17,620
11. Panis	Prost Mugen Honda	1:17,650
12. Magnussen	Stewart Ford	1:17,722
13. Hill	Arrows Yamaha	1:17,795
14. Irvine	Ferrari	1:17,855
15. Diniz	Arrows Yamaha	1:18,128
16. Herbert	Sauber Petronas	1:18,303
17. Nakano	Prost Mugen Honda	1:18,699
18. Marques	Minardi Hart	1:19,347
19. Morbidelli	Sauber Petronas	1:19,490
20. Salo	Tyrrell Ford	1:19,526
21. Verstappen	Tyrrell Ford	1:19,531
22. Katayama	Minardi Hart	1:20,615

DER KURS

Nürburgring

Kritischer Punkt ist das »Castrol S« kurz hinter Start und Ziel: Schon viele Piloten mußten hier das Rennen vorzeitig beenden. Weitere tückische Stellen sind die »RTL Kurve« auf der Rückseite der Piste sowie die »Coca Cola Passage« kurz vor dem Zieleingang. Überholmanöver sind hier fast unmöglich.

»Die grüne Hölle« – so bezeichneten die Fahrer früher, als die Nordschleife noch Bestandteil der Strecke war, ehrfürchtig den berühmten Kurs in der Eifel. Heutzutage zählt die Strecke nach einigen Umbauarbeiten in punkto Sicherheit zum Modernsten, was die Formel 1 zu bieten hat.

Streckenlänge: 4,556 km
Renndistanz: 67 Runden (305,252 km)
Sieger 1996: Jacques Villeneuve, Williams Renault
Rundenrekord: 1:21,180 min, Michael Schumacher, Benetton Renault, 1995

GRAND PRIX VON LUXEMBURG

sichella relativierte: »Als ich zur ersten Kurve kam, erinnerte ich mich, daß Ralf außen links an der Seite war, ein wenig vor mir. Ich fuhr um die Kurve und berührte ihn, weil es für mich keinen Platz mehr gab. Er warf die Tür ein wenig zu, aber das war nicht sein Fehler, da er die Kurve wie jeder andere auch nahm. Ich glaube, daß man niemandem für diesen Unfall die Schuld geben kann«.

Der frühe Ausfall des Titelaspiranten brachte nicht nur die Planungen für die »Schmui-Fans« am Ring durcheinander, die auf einen triumphalen Heimsieg des Kerpeners abzielten. Ein Sieg beim Großen Preis von Luxemburg und damit aus deutscher Sicht eine Vorent-

scheidung im Duell mit dem Rivalen Jacques Villeneuve – das hatten sich die meisten Besucher in der Eifel gewünscht. Zumal der Deutsche an diesem Wochenende auch noch seinen 100. Grand Prix bestreiten sollte und bei der eigens organisierten Feier mit großer Jubiläumstorte am Samstag noch eitel Sonnenschein geherrscht hatte.

Doch schon das Qualifying hatte die momentanen Defizite der Ferraris aufgezeigt. Weder Schumacher noch Eddie Irvine hatten der Konkurrenz etwas entgegenzusetzen und mußten sich trotz großer Anstrengungen mit dem fünften (Schumacher) bzw. 14. Startplatz (Irvine) zufriedengeben.

Dafür erfüllte sich der Finne

Mika Häkkinen einen Traum: Der Mercedes-Pilot stellte nach einer fulminanten Vorstellung die Trainingsbestzeit auf und belegte am Sonntag die erste Pole Position seiner Formel 1-Karriere. Der Skandinavier relativierte seine starke Leistung mit dem Hinweis auf den Wagen: »Es war eine phantastische Runde, aber sie unterschied sich kaum von anderen Quali-Runden. Es war immer noch eine Runde, in der ich alles unter Kontrolle hatte. So eine Runde ist nur möglich, wenn dir das Auto das totale Vertrauen liefert«.

Euphorie machte sich auch in der Teamspitze breit. Ron Dennis beschwor sogar mit der Erinnerung an die letzte, lange zurückliegende

Pole Position von McLaren (1993, Ayrton Senna) bessere Zeiten für die Zukunft. Doch wie schon häufiger in dieser Saison klafften Wunsch und Wirklichkeit im Rennen ein großes Stück auseinander. Und das, obwohl die Fans nach dem Ausfall von Michael Schumacher ihre Hoffnungen voll auf die Mercedes-Piloten Häkkinen und David Coulthard setzten. Die beiden führten von Anfang an vor Schumachers ärgstem Konkurrenten Jacques Villeneuve, ein Umstand, der im Ferrarilager kurzzeitig wieder ein wenig Hoffnung aufkommen ließ. Sollte das Führungstrio in der Formation Coulthard, Häkkinen, Villeneuve über die Ziellinie gehen, hätte Schumacher in der

Williams-Pilot Jacques Villeneuve feierte seinen 7. Saisonsieg.

Die Schumacher-Brüder: Nach dem unfreiwilligen »Familienduell« bestand nur noch wenig Hoffnung für »Schumi I« auf den WM-Titel.

»Ralf reißt Michael vom WM-Thron«

Die Kollision der »Schumibrüder« am Nürburgring veranlaßte die internationale Presse, dem jungen Ralf Schumacher die Leviten zu lesen.

Die Turiner Zeitung »Tuttosport« ließ wissen: »Schumi verrät Schumi, ein grausamer Bruder. Kain an der ersten Kurve«.

Corriere dello Sport (Rom): »K.o. in der Familie: Schumacher Junior stürzt auf Ferrari ein, und Villeneuve entkommt«.

Gazzetta dello Sport (Mai-

land): »Schumacher vom eigenen Bruder eliminiert. Ein verdammter Tag für Schumi, Trauer bei Ferrari«.

Independent (London): »Was für ein Familiendebakel. Die Schumachers schenken Villeneuve den Titel«.

Times (London): »Der »Schumi«-Schubser beendet alle Titelträume für Michael Schumacher«.

Guardian (London): »Bei den Schumachers hängt der Haussegen schief. Ralf reißt Michael vom WM-Thron«.

GRAND PRIX VON LUXEMBURG

Punktewertung nur drei Zähler hinter dem Franco-Kanadier gelegen. Es sollte aber anders kommen.

Als Coulthard in der 42. Runde aus der Coca-Cola Kurve in die Zielgerade einstach, lag er knapp 20 Sekunden vor Villeneuve. Ohne Vorwarnung platzte der Motor seines Boliden – der erste Ferrari-Traum löste sich in Rauch auf. Nur eine Runde später das Déjà-vu-Erlebnis: An gleicher Stelle wie Coulthard und mit den selben »Rauchzeichen« verabschiedete sich auch der zweite Mercedes mit Mika Häkkinen am Steuer.

Am McLaren Mercedes-Kontrollstand konnte man es nicht fassen. Mercedes-Sportchef Norbert Haug fand zuerst die Beherrschung wieder: »Es tut mir sehr leid, daß der Motorschaden den Doppelsieg

verhindert hat. Ich entschuldige mich bei den Fahrern und verspreche, daß wir alles tun, um dieses Problem in den Griff zu kriegen«. So blieb aus deutscher Sicht nur das erfreuliche Abschneiden von Heinz-Harald Frentzen zu vermelden, der zum dritten Mal in Folge als Dritter über die Ziellinie fuhr. Mitte der Saison nach einigen Ausfällen noch hart kritisiert, entwickelte sich der Mönchengladbacher in den vergangenen Grand Prix-Veranstaltungen zu einem konstant fahrenden und taktisch klug agierenden Piloten, was nicht zuletzt der dritte Rang in der Fahrerwertung dokumentierte.

An anderer Stelle machte der Formel 1-Rückkehrer Olivier Panis von sich reden. Der beim Kanada-Grand Prix schwer verunglückte

Prost-Pilot meldete sich mit einer ausgezeichneten Vorstellung am Nürburgring zurück. Der Franzose lieferte sich im Kampf um die fünfte Position ein packendes Duell mit Pedro Diniz, hing dem Brasilianer ab der 53. Runde bis zum Ziel im Heck und sicherte sich am Ende den sechsten Platz und einen WM-Punkt.

Der Sieger des Eifelrennens hieß Jacques Villeneuve, der die WM nun mit neun Punkten vor Michael Schumacher anführte. Der Williamspilot war nach dem Rennen verständlicherweise zufrieden: »Wir sind jetzt auf jedem Gebiet im Vorteil – nach WM-Punkten, psychologisch und technisch«. Für Michael Schumacher blieb dagegen nur noch die Hoffnung, in den verbleibenden Rennen noch zwei Chancen zu bekommen, das Unmögliche möglich zu machen. Ferrari-Rennleiter Jean Todt stellte jedenfalls klar: »So lange die mathematische Chance auf den Titel besteht, haben wir die Pflicht zu kämpfen«.

Die Weltmeisterschaft der Konstrukteure war für das Team um Frank Williams nach den Plätzen eins und drei schon fast sicher. Die Fahrerwertung sollte dagegen in den abschließenden Rennen im japanischen Suzuka und in Jerez (Spanien) eine nicht mehr erwartete Zuspitzung erfahren.

Das Rennergebnis

1. Villeneuve	1:31:27,843	Std.
2. Alesi	+ 11,770	sek.
3. Frentzen	+ 13,480	sek.
4. Berger	+ 16,416	sek.
5. Diniz	+ 43,147	sek.
6. Panis	+ 43,750	sek.

Fahrerwertung

1. Villeneuve	77 Punkte
2. M. Schumacher	68 Punkte
3. Frentzen	35 Punkte
4. Alesi	34 Punkte
5. Coulthard	30 Punkte
6. Berger	24 Punkte
7. Fisichella	20 Punkte
8. Irvine	18 Punkte
9. Panis	16 Punkte
10. Häkkinen	14 Punkte
Herbert	14 Punkte

Konstrukteurswertung

1. Williams Reanult	112 Punkte
2. Ferrari	86 Punkte
3. Benetton Renault	62 Punkte
4. McLaren Mercedes	44 Punkte
5. Jordan Peugeot	33 Punkte
5. Prost Mugen Honda	21 Punkte
7. Sauber Petronas	15 Punkte
8. Arrows Yamaha	9 Punkte
9. Stewart Ford	6 Punkte
10. Tyrrell Ford	2 Punkte

Lange Zeit sah es für Geburtstagskind Mika Häkinnen (oben, 2.v.l.) und David Coulthard nach einem Doppelsieg für McLaren Mercedes aus.

Mit seinem Sieg am Nürburgring sorgte Jacques Villeneuve schon fast für eine Vorentscheidung im Kampf um den Weltmeister-Titel.

Start zum traditionellen Eifelrennen 1937, das der 27jährige Bernd Rosemeyer auf Auto-Union vor 300 000 Zuschauern überlegen gewann.

RÜCKBLICK

70 Jahre Nürburgring

»Ich habe Angst. Es ist fürchterlich, und nach sieben höllischen Minuten bin ich jedesmal froh, den Zielstrich wieder zu sehen«. Nicht nur dem Weltmeister von 1976, dem Briten James Hunt, nötigte die berüchtigte Berg-und-Tal-Bahn der Nordschleife zeitlebends Respekt ab. Seit der Kurs in der Eifel am 18. Juni 1927 dem Motorsport feierlich übergeben worden war, galt die Strecke vielen Fahrergenerationen als härteste Herausforderung ihrer Karriere.

Das Bauprojekt Nürburgring entstand in den 20er Jahren auf Initiative des damaligen Landrats des Kreises Adenau, mit dem Ziel, in einer armen, abgelegenen Region neue Arbeits- und Verdienstmöglichkeiten zu schaffen. Ein Ansinnen, daß auch heute nichts von seiner Aktualität verloren hat.

So entstand der 28,29 km lange Rundkurs, bestehend aus einer für Autorennen gedachten Nordschleife (22,835 km) und der 7,741 km langen Südschleife, auf der Wett-

kämpfe auf zwei Rädern ausgetragen werden sollten. 89 Links- und 83 Rechtskurven, Steigungen bis zu 27% und Abfahrten von 11%, Rüttelabschnitte und Hochgeschwindigkeitspassagen – kein anderer Kurs stellte so hohe Anforderungen an Mensch und Material wie der Nürburgring.

Die kreuzungsfreie »Prüfungsstraße« galt als Versuchsobjekt für neue Methoden im Straßenbau und stand darüber hinaus der deutschen Automobilindustrie als Teststrecke für neue Erzeugnisse zur Verfügung.

Der erste große Star des neuen Kurses hieß Rudolf Caracciola, der am 19. Juni 1927 in der Sportwagenklasse bis 500 ccm auf einem Mercedes 680 S die »schönste und schwierigste Rennstrecke der Welt« als erster bezwang. Mit diesem Erfolg legte der Mann mit dem italienisch klingenden Namen den Grundstein für eine große Karriere. In den nächsten zwölf Jahren siegte der Deutsche nicht weniger als

Blick auf Start und Ziel des Nürburgrings mit dem Fahrerlager an der Südkurve.

fünf Mal bei Grand Prix' in der Eifel, ein Ergebnis, das ihm den Titel »König des Nürburgrings« einbrachte und von keinem anderen Piloten je überboten wurde.

Namen wie Bernd Rosemeyer, Eberhard von Brauchitsch, Tazio Nuvolari und Hermann Lang standen in den 30er Jahren stellvertretend für die vielleicht glanzvollste Zeit des Rings. Vor Hunderttausenden kämpften die Kontrahenten nicht nur um den Sieg, sondern zugleich um die Vorherrschaft von Mercedes und Auto Union im automobilen Rennsport.

Nach dem Zweiten Weltkrieg sollte die Nordschleife erst 1950 wieder Schauplatz einer internationalen Großveranstaltung werden. Aber erst ein Jahr später wurde sie wieder in den Rang einer offiziellen Weltmeisterschaftsstrecke erhoben – allerdings ohne Beteiligung eines deutschen Wagens. Das Comeback von Mercedes-Benz im Grand Prix-Sport fand, nach jahrelanger Vorbereitung, erst 1954 statt. Beim ersten Nachkriegsstart der neuen »Silberpfeile« in der Formel 1 hatten Juan Manuel Fangio und Karl Kling am 4. Juli beim »Großen Preis

Juan Manuel Fangio siegte am 1. August 1954 auf einem Mercedes am Ring.

Wenige Sekunden nach dem schweren Unfall: Der zerstörte Ferrari von Niki Lauda liegt brennend auf der Strecke.

Niki Lauda schwer verunglückt

von Frankreich« in Reims mit einem überlegenen Doppelsieg den Einstand gegeben. Vier Wochen später, am 1. August 1954, stand Fangio auf dem Nürburgring erneut ganz oben auf dem Treppchen und gewann 15 Jahre nach dem letzten Mercedes-Erfolg den Großen Preis von Europa.

Neben den Großen Preisen der Königsklasse Formel 1 brachten die Verantwortlichen am Ring zusammen mit dem Allgemeinen Deutschen Automobil Club (ADAC) 1953 das erste 1000 km-Rennen als weitere Attraktion in die Eifel. Nach dem Vorbild des berühmten 24-Stunden-Rennens von Le Mans mußten die Fahrer bei dieser zur Markenweltmeisterschaft zählenden Veranstaltung von der gegenüberliegenden Streckenseite loslaufen, um zu ihren Wagen zu gelangen und zu starten. Nach 44 Runden standen die Rennsportlegenden der 50er Jahre, Giuseppe Farina und Alberto Ascari, zusammen auf dem Siegerpodest. Vier Wochen zuvor, am 2. August 1953, hatten die beiden italienischen Ausnahmefahrer sich beim Großen Preis von Deutschland an gleicher Stelle noch als Konkurrenten gegenübergestanden. Farina entschied diesen Vergleich zu seinen Gunsten, weil Ascari, der klar an der Spitze lag, in der fünften Runde mit einem Schaden am rechten Vorderrad aufgeben mußte.

Die 60er Jahren waren die Zeit des technischen Fortschritts in der Formel 1. Mit immer gewagteren aerodynamischen Neuerungen – hochgestellte Flügel, Unterdruck-

schürzen, Abtriebsfins an der Schnauze – wurden die Boliden auf Geschwindigkeit getrimmt. Eine Entwicklung, die sich auch in den Rundenzeiten am Nürburgring niederschlug. Der 1957 von Fangio aufgestellte und als einzigartig eingestufte Rundenrekord von 9:17,4 min war schon lange Geschichte, bevor Niki Lauda 1975 mit 6:58,6 min die Sieben-Minuten-Marke durchbrach.

Der Österreicher sollte auf tragische Weise auch das weitere Schicksal des Nürburgrings bestimmen. Nach seinem schweren Feuerunfall im August 1976 verabschiedete sich die Formel 1 fast ein Jahrzehnt lang aus der Eifel. Kritiker machten – damals wie heute – aber nicht nur – berechtigte – Sicherheitsaspekte für den Rückzug der Formel 1 vom Ring verantwortlich. Der Einfluß des Fernsehens, das den Zuschauern möglichst attraktive, unmittelbare Eindrücke vom Renngeschehen schildern wollte, wurde größer. Die Wünsche der Sendeanstalten hätten sich aber an der Nordschleife nur mit erheblichem finanziellen Aufwand realisieren lassen. Ein Ausweg lag im Umbau der Strecke. 1984 war es soweit. Der moderne, nach neuesten Sicherheitsgesichtspunkten gebaute 4,556 km lange Kurs wurde wieder für die Formel 1 freigegeben. Das erste Grand Prix-Rennen nach acht Jahren Pause entschied der Franzose Alain Prost für sich, der sich im Kampf um den Weltmeister-Titel allerdings mit 0,5 Punkten Rückstand Niki Lauda geschlagen geben mußte.

Am 1. August 1976 ereignete sich beim Großen Preis von Deutschland auf dem Ring ein schrecklicher Unfall. In der zweiten Runde fuhr der 27jährige Österreicher Niki Lauda mit Tempo 250 km/h in das »Bergwerk«. Plötzlich brach sein Ferrari aus – vermutlich aufgrund eines Fahrfehlers – und prallte gegen einen Felsen. Der Wagen schleuderte auf die Straße zurück, ging in Flammen auf, ehe er von zwei nachfolgenden Fahrzeugen gerammt wurde. Vier Fahrer – Harald Ertl, Guy Edwards, Brett Lunger und vor allem Arturio Merzario – stürzten sich unter Lebensgefahr in das Inferno und zogen den hilflosen Lauda aus dem völlig zerstörten Cockpit. Wie durch ein Wunder wurde der Weltmeister, der bei dem Aufprall den Schutzhelm verloren hatte und über eine Minute in den Flammen saß, lebend geborgen.

Als Lauda in die Mannheimer

Unfallklinik eingeliefert wurde, schien sein Fall hoffnungslos. Abgesehen von den schweren Brandverletzungen, entpuppten sich Verätzungen der Lunge, hervorgerufen durch die giftigen Dämpfe der verbrannten Kunststoffkarosserie, als lebensbedrohlich. Nach vier Tagen auf der Intensivstation gaben die Ärzte Entwarnung: Niki Lauda überlebte und setzte zur Überraschung vieler seine Karriere fort.

42 Tage später stieg der schwer gezeichnete Lauda mit kaum vernarbten Brandwunden in Monza wieder in seinen Ferrari – und fuhr sogar in die Punkteränge. Auf dieses nicht unumstrittene Comeback angesprochen, gestand Lauda, daß er bei den ersten Trainingsrunden auf der Strecke »wahnsinnige Angst« empfunden habe. Aber wie hatte er 1973 einmal gesagt: »Ich werde fürs Fahren und nicht fürs Parken bezahlt.«

Niki Lauda ist noch heute von den Folgen seines Unfalls gezeichnet.

Kalendarium

11. Oktober
Große Aufregung im Vorfeld des Japan-Grand Prix: Jacques Villeneuve wird für das am nächsten Tag stattfindende Rennen gesperrt. Grund dafür ist, daß der Kanadier im freien Training am Vormittag zum wiederholten Male in dieser Saison die gelben Flaggen mißachtet hat.

12. Oktober
Michael Schumacher gewinnt in Suzuka den GP von Japan. Sein Rivale im Kampf um die Weltmeisterschaft, Jacques Villeneuve, der aufgrund der Berufung von Williams vom Vortag doch noch starten darf, wird Fünfter. → S. 114

Das Sportgericht des Internationalen Automobil-Verbands (FIA) entscheidet am 21. Oktober in Paris über den Einspruch vom Williamsteam gegen die Disqualifikation von Jacques Villeneuve in Suzuka entscheiden.

Benetton-Pilot Gerhard Berger gewann vor genau 11 Jahren seinen ersten Formel 1-GP auf einem Benetton-BMW in Mexiko.

15. Oktober
Auf einem Sportkongreß in München erklärt FIA-Präsident Max Mosley, daß er eine Sperre von Jacques Villeneuve für das Saisonfinale am 26. Oktober in Jerez nicht für ausgeschlossen hält, falls Williams seine Berufung nicht zurückzieht.

16. Oktober
Das Williams-Team hat seinen Einspruch gegen die Disqualifikation von Villeneuve beim Suzuka-GP zurückgezogen. Damit werden dem Kanadier die zwei Punkte für seinen 5. Platz von der FIA gestrichen.

Gerhard Berger

17. Oktober
Wien: Auf einer Pressekonferenz gibt Benetton-Pilot Gerhard Berger offiziell seinen Rücktritt aus dem Formel 1-Sport bekannt: »Jerez wird vorläufig mein letzter Grand Prix sein.«

20. Oktober
Michael Schumacher befürchtet im Vorfeld des F1-Finales in Jerez, daß Landsmann Heinz-Harald Frentzen »das Zünglein an der Waage spielen wird etwa indem er versucht, mich zu blockieren«.

25. Oktober
Formel 1-Rekord: Beim Training zum GP von Europa im spanischen Jerez fahren Villeneuve (Pole Position), Schumacher und Frentzen mit 1:21,072 min eine identische Rundenzeit.

26. Oktober
Williams-Pilot Jacques Villeneuve sichert sich mit dem 3. Platz beim GP von Europa in Jerez die Fahrer-Weltmeisterschaft vor Michael Schumacher, der in der 47. Runde ausfällt. → S. 120

1.–31. Oktober
Sauber-Pilot Gianni Morbidelli überreicht der italienischen Gesellschaft zur Bekämpfung von Leukämie einen Scheck über 2 Mio. Lire. Der Italiener stiftet grundsätzlich sämtliche Erlöse aus den Einnahmen seines Fanclubs karitativen Einrichtungen.

Ab Mitte 1998 will der französische Reifenhersteller Michelin erste Tests mit F1-Reifen durchführen. Als möglicher Testpartner wird das Team von Alain Prost gehandelt.

Eine neue Planung sieht vor, daß die Flaggensignale ab der kommenden Saison in die Cockpits der Fahrzeuge übertragen werden. Die Warnlampen am Amaturenbrett sollen verhindern, daß die Fahrer die Flaggen übersehen.

Minardi-Fahrer Ukyo Katayama beendet nach sechs Jahren seine aktive Zeit in der Formel 1.

Eddie Jordan und Mugen-Chef Hirotoshi Honda stellen ein neues Förderprogramm vor, daß ein Sprungbrett für kommende japanische F1-Piloten sein wird. Im Jordan Mugen Honda erhalten die jungen Nachwuchsfahrer die Möglichkeit, ihre Begabung zu beweisen.

Ukyo Katayama

Teamchef Giancarlo Minardi hat die Motorenfrage für die kommende Saison geklärt: Der Italiener kauft für rund 14 Mio. DM V10-Motoren von Ford-Cosworth. Zur Zeit sorgen noch V8-Aggregate von Motorenhersteller Hart für die nötige Power in den Minardi-Boliden.

Für die kommende Saison stockt der japanische Motorenhersteller Yamaha sein Formel 1-Budget von 20 auf 40 Mio. DM auf.

Shinji Nakano, der sein Cockpit beim Prost-Team im nächsten Jahr an Jarno Trulli abgeben muß, wird – dank Motorenhersteller Mugen Honda – Testfahrer bei Jordan.

Der Schweizer Mercedes-Motorenbauer Mario Illien ist erneut für die »BP Racing Trophy«, die höchste Auszeichnung im Schweizer Motorsport, nominiert worden.

Einige F1-Teams überlegen, sich zur Ausbildung des Nachwuchses und als zusätzlichen Anreiz für Sponsoren ein F3000-Team ins Leben zu rufen. McLaren will schon im nächsten Jahr mit solch einem Juniorteam an den Start gehen: Fahrer sind der Deutsche Nick Heidfeld und der Brasilianer Max Wilson.

Paris: Max Mosley (57) wird bis zum Oktober 2001 das Amt des Präsidenten der FIA behalten. Auf einer Sitzung sprechen die Delegierten dem Engländer erneut ihr Vertrauen aus.

In Seepong (Südkorea) beginnen die Arbeiten an der neuen Rennstrecke. Auf dem 4,571 km langen Kurs soll 1999 erstmals der GP von Südkorea ausgetragen werden.

Sprüche und Zitate
»Nicht umsonst heißt es ja Formel 1-Zirkus. Fragt sich nur, wer die Affen sind …«
Michael Schumacher

»Ich habe einen Vertrag mit Piz Buin abgeschlossen und muß nun 1998 Sonnenbaden gehen.«
Gerhard Berger ironisch über seine Zukunft

»Rechnet nicht zu fest mit mir…«
Minardi-Pilot Ukyo Katayama auf die Frage wie seine Siegchancen beim Japan-GP stehen

---

REGLEMENT

Änderungen für 1998

Wie in jedem Jahr tagte auch 1997 der FIA-Weltrat, um eventuelle Regeländerungen für die anstehende Saison zu beschließen. Das Ergebnis für 1998 lautete – im wesentlichen nichts Neues.

Außer der längst verabschiedeten Änderung in der Reifenfrage (Rillenreifen statt Slicks) befanden die FIA-Oberen, daß die Grundlagen des Regelheftes, mit Ausnahme kleinerer Detailänderungen, noch stimmten.

Bei der Neuregelung des freien Trainings vor dem Qualifying wurde die einzige »gravierende« Korrektur vorgenommen: Ab 1998 dürfen die Fahrer in den »Übungssitzungen« bei Grand Prix-Veranstaltungen beliebig viele Runden drehen – in diesem Jahr war die Zahl noch auf 30 begrenzt.

Mit dem neuen Modus möchte die FIA den Fahrern die Möglichkeit geben, sich besser auf die jeweiligen Rennstrecken einzustellen, was gerade vor dem Hintergrund der 1998 zum Einsatz kommenden gerillten Reifen nötig erscheint. Im Gegenzug strich die FIA den zusätzlichen Trainingstag (sog. Infotraining), der den Teams immer dann zur Verfügung stand, wenn eine neue Rennstrecke in den Terminkalender der Formel 1 aufgenommen wurde (wie 1997 in Österreich).

An den Boxen soll es in Zukunft etwas effizienter zugehen: Um die Übermittlung von Zeitstrafen an die Teams zu verkürzen, werden die von den Rennkommissaren gefällten Urteile allen Teams online in die Boxen-Computer übermittelt. Das Team des betroffenen Fahrers hat danach nur noch drei Runden Zeit, um den Fahrer zum Absitzen der Strafe an die Box zu holen. Bislang vergingen meist etwa 25 Minuten, bis die Nachricht der Rennleitung zum jeweiligen Rennstall gelangte.

Mit der Bekanntmachung der Regeländerungen gab die FIA der Öffentlichkeit auch erstmals einen Einblick, wie die Einnahmen aus dem Verkauf der Senderechte an die Rennställe ausgeschüttet werden. Danach erhält jedes Team unter Berücksichtigung vergangener WM-Ergebnisse sowie der Resultate des Vorjahres ein Fixum und eine prozentuale Beteiligung am Reinerlös. Die Höhe des Fixums und der Anteil am Reinerlös (insgesamt werden 23,5% an die Teams ausgeschüttet) richten sich nach folgenden Kriterien:

▷ Berechtigung am anteiligen »Geldkuchen« – dafür muß ein Team in zwei von drei Jahren unter den besten Zehn plaziert gewesen sein. Diese Bedingung erfüllen alle Rennställe außer Stewart, der 1997 seine erste Saison bestritt.

▷ Zeit der Zugehörigkeit im Formel 1-Sport (progressives Bonussystem)

▷ Anzahl an gewonnenen WM-Titeln (25 Bonuspunkte pro errungenem Titel)

▷ Summe der WM-Punkte aus den letzten 32 Rennen

▷ Summe der WM-Punkte, die ein Team im Laufe aller Rennen erzielt hat

▷ Summe gewonnener Grand Prix während der letzten 32 Rennen. Die Auszahlung der Prämien erfolgt aber nur, wenn ein Rennstall bei allen Grand Prix-Veranstaltungen einer Saison teilgenommen hat.

Die übrigen 76,5% des Reinerlöses gehen an den Internationalen Automobilverband FIA und die von Bernie Ecclestone geleitete Konstrukteursvereinigung FOCA.

RENNKALENDER

Die Formel 1-Termine 1998

Erstmals seit 1955 (das Jahr der Katastrophe von Le-Mans) ist in Frankreich kein Grand Prix vorgesehen. Der Grund für die Streichung aus dem Rennkalender ist ein Streit zwischen der FIA und den französischen TV-Anstalten über die Fernseh-Übertragungsrechte, der bis heute nicht geklärt ist.

Der Fall Villeneuve

Nachdem der Rennstall Williams den Einspruch gegen die Disqualifikation ihres Fahrers Jacques Villeneuve beim Großen Preis von Japan zurückgezogen hatte, mußte der Kanadier kampflos die Führung in der Weltmeisterschaft an Michael Schumacher abgeben.

Beim vorletzten Grand Prix der Saison im japanischen Suzuka unterlief Villeneuve ein folgenschwerer Fehler: Er ignorierte im freien Training zum wiederholten Male das Schwenken gelber Flaggen und wurde daraufhin für ein Rennen gesperrt. Das Williams-Team erhob sofort Einspruch gegen das Urteil und erreichte immerhin eine aufschiebende Wirkung des Richterspruches. Der Kanadier konnte das Rennen in Japan aufnehmen und beendete es auf dem fünften Platz, womit er sich zwei Punkte im Kampf um die WM sicherte.

Nur wenige Tage später zog Williams seinen Einspruch zurück, Villeneuve verlor die beiden Punkte wieder. Den Anstoß für das Einlenken von Williams lieferte FIA-Präsident Max Mosley. Der Engländer gab im Rahmen einer Sportgala in München zu verstehen, daß Williams vor dem Berufungsgericht in Paris ein weitaus höheres Strafmaß zu erwarten habe, als den Abzug der in Suzuka gewonnenen Punkte. Eventuell drohte dem Kanadier eine Sperre für das abschließende Rennen im spanischen Jerez und damit der kampflose Verlust des WM-Titels.

Dieses Risiko wollte man bei Williams nicht in Kauf nehmen, zumal in der Vergangenheit die Urteile im Berufungsausschuß meist härter ausfielen als in der ersten Verhandlung. Das beste Beispiel dafür lieferte in diesem Jahr McLaren. Beim Rennen in Spa sollte Mika Häkinnen, dessen Auto beim Training mit regelwidrigem Benzin betankt worden war, nach dem Urteil der Kommissare aus der letzten Reihe ins Rennen gehen, zudem wurde er mit einem Rennen Sperre auf Bewährung belastet. Nach dem Einspruch von McLaren wurde das Urteil aufgehoben, Häkinnen belegte am Ende den dritten Platz. Bei der Berufungsverhandlung in Paris wurde das ursprüngliche Urteil verschärft, Häkinnen nachträglich disqualifiziert, die Geldstrafe für McLaren auf 50 000 Dollar erhöht.

Durch seinem »Aussetzer« in Suzuka legte sich Jacques Villeneuve im Kampf um den WM-Titel selbst den größten Stein in den Weg. Max Mosley (r.), nicht unbedingt ein Fan des Kanadiers, wollte ebenfalls keine Entscheidung am »Grünen Tisch«.

Die WM ist wieder offen

12. Oktober, Suzuka. Beim vorletzten WM-Lauf konnte Williams durch einen kontrolliert fahrenden Heinz-Harald Frentzen vorzeitig den Konstrukteurs-Titel einheimsen. Die schon sicher geglaubte Fahrerwertung geriet allerdings aufgrund der Disqualifikation von Jacques Villeneuve in Gefahr.

Das beherrschende Thema des gesamten Wochenendes waren die »gelben Flaggen«, denn sie gaben dem Zweikampf Schumacher-Villeneuve eine neue Wendung.

Beim Training am Samstagmorgen fielen gleich sechs Piloten bei der Rennleitung in Ungnade, weil sie die gelben Flaggen mißachteten. Dieses Signal bedeutet nach dem Reglement: Gefahr, Tempo zurücknehmen, Überholverbot. Jacques Villeneuve, Heinz-Harald Frentzen, Johnny Herbert, Ukyo Katayama, Michael Schumacher und Rubens Barrichello ignorierten die Flaggen, die auf den in der Spoonkurve stehengebliebenen Jos Verstappen aufmerksam machten, standhaft.

Folglich trafen sich die Rennkommissare am »Grünen Tisch« und erörterten den fälligen Strafenkatalog: Katayama, Herbert, Barrichello und Schumacher bekamen als »Ersttäter« ein Rennen Sperre auf Bewährung. Im Fall Frentzen wurde entschieden, die Sperre auf fünf Rennen auszuweiten, da er wegen des gleichen Deliktes schon in Imola aufgefallen war.

Seinen Teamkollegen Villeneuve traf es noch heftiger: Da es für ihn schon das dritte Vergehen war, wurde er vom Japan-Grand Prix ausgeschlossen. Obwohl Frank Williams den Verantwortlichen zu verstehen gab, daß die Entscheidung prinzipiell in Ordnung ginge, legte Williams umgehend Protest ein – und erzielte einen Teilerfolg. Villeneuve durfte in Suzuka unter Vorbehalt mitfahren, das Damoklesschwert einer Bestrafung zu einem späteren Zeitpunkt schwebte aber immer noch über dem Rennstall.

Villeneuve war nach dem Richterspruch völlig konsterniert: »Ich habe Mühe, das Urteil zu akzeptieren. Zu diesem Zeitpunkt der WM ist es ein schwerer Treffer. Noch nie in meiner Karriere habe ich eine so

Eddie Irvine und Michael Schumacher freuten sich gemeinsam über die gelungene Vorstellung.

Jacques Villeneuve gewinnt Startduell vor Michael Schumacher.

Eddie Irvine setzt sich nach zwei tollen Überholmanövern vom Feld ab.

Schumacher hat Villeneuve nach dessen Boxenstopp überholt.

Der glückliche Sieger Michael Schumacher bei der Zieldurchfahrt

DER KURS

Suzuka International Racing Course

Ein sehr anspruchsvoller Kurs, der zwar einen flüssigen Fahrstil erlaubt, aber sowohl die Reifen und das Getriebe der Autos, als auch die Kondition der Fahrer auf eine harte Probe stellt. Wie auf einer Achterbahn reihen sich schnelle und schwierige Kurven bergauf und bergab aneinander – als gefährlichste gilt die langgezogene Linkskurve »Hairpin« im Anschluß an die Unterführung. Als kritisch erweist sich auch das Kurvengeschlängel hinter der Startkurve.

Streckenlänge: 5,864 km
Renndistanz: 53 Runden (310,792 km)
Sieger 1996: Damon Hill, Williams Renault
Rundenrekord: 1:40,646 min, Nigel Mansell, Williams Renault, 1992

TRAINING

Überstunden machen sich bezahlt

Die Disqualifikation von Jacques Villeneuve überschattete am Samstag das gesamte Qualifying. Dabei hätten die Leistungen von Michael Schumacher sicherlich mehr Erwähnung verdient gehabt. Der Deutsche hatte nach dem Debakel am Nürburgring zusammen mit dem Team bei mehreren Testfahrten fleißig am Fahrzeug getüftelt. Diese Zusatzschichten zahlten sich aus, obwohl Ferrari auf die elektronischen Neuerungen – das Drive by-Wir-System – nach dem Abschlußtraining verzichtete. Ein wenig unter ging auch der fünfte Rang von Gerhard Berger, was aber vielleicht auch mit Rücktrittsgerüchten des Tirolers zusammenhing.

Trainingsergebnis/Startaufstellung

1.	Villeneuve	Williams Renault	1:36,071
2.	M. Schumacher	Ferrari	1:36,133
3.	Eddie Irvine	Ferrari	1:36,466
4.	Häkkinen	McLaren Mercedes	1:36,469
5.	Berger	Benetton Renault	1:36,561
6.	Frentzen	Williams Renault	1:36,628
7.	Alesi	Benetton Renault	1:36,682
8.	Herbert	Sauber Petronas	1:36,906
9.	Fisichella	Jordan Peugeot	1:36,917
10.	Panis	Prost Mugen Honda	1:37.037
11.	Coulthard	McLaren Mercedes	1:37,095
12.	Barrichello	Stewart Ford	1:37,343
13.	R. Schumacher	Jordan Peugeot	1:37,443
14.	Magnussen	Stewart Ford	1:37,480
15.	Nakano	Prost Mugen Honda	1:37,588
16.	Diniz	Arrows Yamaha	1:37,853
17.	Hill	Arrows Yamaha	1:38,022
18.	Katayama	Minardi Hart	1:38,983
19.	Marques	Minardi Hart	1:39,678
20.	Verstappen	Tyrrell Ford	1:40,259
21.	Salo	Tyrrell Ford	1:40,529

Gianni Morbidelli (Sauber Petronas) wegen Verletzung nach Trainingsunfall nicht am Start

GRAND PRIX VON JAPAN

schwierige Saison erlebt. Als die Sache passierte, waren neun Fahrer auf der Strecke, sieben andere haben das gleiche getan. Deshalb ist die Einsprache berechtigt«.

Als es am nächsten Tag in die Startaufstellung ging, stand der Williams des Kanadiers auf der Pole, neben ihm in der ersten Startreihe Michael Schumacher. Den besseren Beginn erwischte der Kanadier, der die ersten Meter vor Schumacher »herumzackte«, um den Deutschen in Schach zu halten. Als die Autos wie an einer Kette aufgereiht in die zweite Runde einbogen, brach Eddie Irvine plötzlich kurz vor der langen Rechtskurve nach Start und Ziel aus und über-

Überholen zu hindern. Schumacher hatte aber deutlich mehr Speed auf dem Tacho, sodaß er an Villeneuve vorbeigehen konnte.

Irvine, der über Funk von dem geglückten Überholmanöver erfahren hatte, wurde nun immer langsamer, die Verfolger (Schumacher und Villeneuve) schlossen rasch auf. Jean Todt, Teamchef von

Ferrari, hatte Irvine aus der Box die Taktik vorgegeben, die jetzt umgesetzt wurde. Der Ire ließ Schumacher vorbei und zog im gleichen Moment das Tempo schlagartig wieder an. Damit war – und blieb – für den Kanadier »die Tür zu«, der Deutsche konnte seine Führung in Ruhe ausbauen Für Villeneuve kam es nach dem verpatzten zweiten

Boxenstopp sogar noch schlimmer : Er verlor zwei Plätze und landete am Ende auf dem fünften Platz, wodurch sein Vorsprung in der Gesamtwertung auf einen Zähler zusammenschmolz. Siegreich war das Wochenende für Williams dennoch: Frentzen sicherte dem Team mit seinem dritten Rang den neunten Konstrukteurstitel.

Das Rennergebnis

1.	M Schumacher	1:29:48,446	Std.
2.	Frentzen	+ 1,378	sek.
3.	Irvine	+ 26,384	sek.
4.	Häkkinen	+ 27,129	sek.
5.	Villeneuve	+ 39,776	sek.
6.	Alesi	+ 40,403	sek.

Fahrerwertung

1.	Villeneuve*	79 Punkte
2.	M. Schumacher	78 Punkte
3.	Frentzen	41 Punkte
4.	Alesi	35 Punkte
5.	Coulthard	30 Punkte
6.	Berger	24 Punkte
7.	Irvine	22 Punkte
8.	Fisichella	20 Punkte
9.	Häkkinen	17 Punkte
10.	Panis	16 Punkte

*Vorbehaltlich der Entscheidung des FIA-Sportgerichts

Konstrukteurswertung

1.	Williams Reanult	120 Punkte
2.	Ferrari	100 Punkte
3.	Benetton Renault	63 Punkte
4.	McLaren Mercedes	47 Punkte
5.	Jordan Peugeot	33 Punkte
5.	Prost Mugen Honda	21 Punkte
7.	Sauber Petronas	15 Punkte
8.	Arrows Yamaha	9 Punkte
9.	Stewart Ford	6 Punkte
10.	Tyrrell Ford	2 Punkte

holte die vor ihm fahrenden Mika Häkkinen und Schumacher auf einen Streich. Nach dieser grandiosen Leistung stand Villeneuve auf dem Programm. Und den bremste er eine Umrundung später vor der Triangel-Schikane gekonnt aus. Anschließend drehte Eddie Irvine eine Serie schnellster Runden und lag in der siebten von 53 zu fahrenden Runden schon 12,1 Sekunden vor Villeneuve.

Als die »Boxenparty« bereits in vollem Gange war, gesellte sich Villeneuve in der 21. Umrundung dazu, um neue Reifen und Sprit zu fassen. Beim Wiedereintritt auf die Piste sah der Kanadier Schumachers Ferrari von hinten herbeieilen. Der Williamspilot zog in diesem Moment quer über die Fahrbahn und versuchte, den Ferrari am

Dieser Schumacher-Fan konnte nach der gelungenen Vorstellung seines Idols wieder fröhlicher in die Zukunft blicken.

Schumachers Träume enden im Kiesbett

26. Oktober, Jerez. Das Saisonfinale im andalusischen Jerez hielt alles, was es im Vorfeld versprochen hatte. Am Ende feierte die Formel 1-Gemeinde einen neuen Weltmeister: Jacques Villeneuve holte mit seinem dritten Platz in Jerez in seiner zweiten Saison den Titel – ein Novum in der Geschichte der automobilen Königsklasse.

Was hatten die Kontrahenten Michael Schumacher und Jacques Villeneuve dem gegnerischen Rennstall nicht alles im Vorfeld des Finales unterstellt. Während Schumacher dem Williams-Piloten Heinz-Harald Frentzen durchaus die Rolle des »Königmachers« zutraute (»Hoffentlich spielt er nicht das Zünglein an der Waage«), wollte der Kanadier gleichfalls ausschließen, daß Ferrari-Pilot Eddie Irvine den Ausgang der Weltmeisterschaft mit einem Crash beeinflussen würde. Trotz aller Rivalität war sich der Kerpener sicher: »Wir wollen ein faires Finale. Der WM-Titel darf keinen dunklen Flecken durch eine Kollision erhalten, das wäre nicht gut für die Formel 1. Wir sind Sportsmänner.« Daß es sich bei dieser Verpflichtung zur Fairneß um bloße Lippenbekenntnisse handelte, bewies der Deutsche in Jerez allerdings wenig eindrucksvoll.

500 Millionen Zuschauer in aller Welt wollten das Herzschlagfinale sehen, und schon die Tatsache, daß die ersten drei Piloten der Startaufstellung (Villeneuve, Schumacher, Frentzen) bis auf die Tausendstel genau die gleiche Qualifikationszeit gefahren waren, paßte genau ins Drehbuch.

Jacques Villeneuve, von der Pole aus startend, hatte einen miserablen Start und mußte selbst Teamkollege Frentzen passieren lassen, der sich seinerseits hinter dem brilliant startenden Michael Schumacher einreihte. In dieser Formation absolvierte das Führungstrio die ersten acht von insgesamt 69 zu fahrenden Runden, ehe die Williamsbox das Heft in die Hand nahm und Frentzen die Order gab, den Stallgefährten vorbeizulassen.

Der Mönchengladbacher, nun an Position drei vor den McLaren

Siegerehrung in Jerez: Der neue Weltmeister Jacques Villeneuve rechts neben dem Sieger Mika Häkinnen

GRAND PRIX VON EUROPA

Nach seinem Boxenstopp in der 44. Runde kam Jacques Villeneuve dem Ferrari von Michael Schumacher immer näher.

Mercedes-Fahrern David Coulthard und Mika Häkinnen liegend, betätigte sich in der Folgezeit gekonnt als »Bremsklotz«. Mit Rundenzeiten, die zwei Sekunden über denen lagen, die er zu Beginn vorgelegt hatte, verschaffte Frentzen seinem Teamkollegen genügend »Luft« für das Duell mit Schumacher.

In der 21. Runde angekommen, machten die Führenden dort weiter, wo sie im Training aufgehört hatten: Als Schumacher – und fünf Sekunden dahinter Villeneuve – die Lichtschranke durchfuhren, stoppte die Uhr identische Zeiten für die letzte Umrundung (1:24,773). Eine Runde später verabschiedete sich der Kerpener in die Box und eröffnete damit das »Strategie-Spiel«, von dem in Spanien so viel hätte abhängen sollen. Wieder auf der Piste angekommen, reihte sich Schumacher an vierter Position hinter Coulthard ein. In der 23. Runde entschied sich Villeneuve, zum »Auffrischen« an der heimischen »Servicestation« zu erscheinen. Nachdem die restlichen Fahrer (Coulthard, Häkinnen und Frentzen) ihrem Bedürfnis nach Reifen und »Brennbarem« ebenfalls nachgekommen waren, stellte sich die alte Hackordnung mit Schumacher

PRESSESTIMMEN

»Kratzer im Lack des Deutschen«

Michael Schumacher nach seinem Ausfall auf dem Weg zur Ferrari-Box

The Mirror: »Die große Frage ist nun, ist Schumi ein Champion oder ein Betrüger«.

The Mail: »Michael Schumacher verlor den Weltmeister-Titel an Jacques Villeneuve und mit dem Titel das letzte bißchen Sportlerehre«.

Le Figaro: »Schumacher hat ein ebenso verzweifeltes wie zu diskutierendes K.o. versucht. Schumacher hat verloren. Es gibt eine Gerechtigkeit im Sport, selbst in der Formel 1«.

Liberation: »Ruhm für Villeneuve, Sand für Schumacher, Kratzer im Lack des Deutschen«.

El Mundo: »Michael Schumacher wurde ein Opfer seiner selbst. Jacques Villeneuve war der Gewitztere«.

Die Presse: »Letztlich erwies sich das vermeintliche Nonplusultra im entscheidenden Moment als nervliche Niete«.

Corriere dello Sport: »Villeneuve, du bist die Legende – Schumacher, entschuldige dich«.

Der Moment der Entscheidung: Villeneuve zieht kurz vor der »Curva Dry Sack« innen an Michael Schumacher vorbei.

Unmittelbar nach dem Crash: Während Michael Schumacher in Richtung Kiesbett rutscht, hat Villeneuve freie Bahn.

TRAINING

Jacques Villeneuve beschimpft Eddie Irvine nach dem freien Training

Sensationelle Zeitgleichheit

Erstmals in der 48jährigen Geschichte der Formel 1 erreichen drei Fahrer beim Qualifying bis auf die Tausendstelsekunde die gleiche Zeit. Jacques Villeneuve, Michael Schumacher und Heinz-Harald Frentzen legten die knapp viereinhalb Kilometer in 1:12,027 min zurück. Da Villeneuve diese Zeit vor den beiden anderen »hinlegte«, konnte er am Sonntag aus der Pole Position ins Rennen gehen.

Wie angespannt die Nerven der WM-Kontrahenten waren, zeigte ein Vorfall am Samstag. Villeneuve rannte nach einer Runde im freien Training wutentbrannt in die Ferrari-Box und beschimpfte Eddie Irvine lautstark. Nach Meinung des Kanadiers hatte der Ferrari-Pilot versucht, ihn durch seine langsame Fahrweise auszubremsen. Villeneuve sah sich in seiner Auffassung bestätigt, wonach der Ire Schumacher durch unfaire Mittel zum Titel verhelfen wolle.

Trainingsergebnis/Startaufstellung

1.	Villeneuve	Williams Renault	1:21,027
2.	M. Schumacher	Ferrari	1:21,027
3.	Frentzen	Williams Renault	1:21,027
4.	Hill	Arrows Yamaha	1:21,130
5.	Häkkinen	McLaren Mercedes	1:21,369
6.	Coulthard	McLaren Mercedes	1:21,476
7.	Irvine	Ferrari	1:21,610
8.	Berger	Benetton Renault	1:21,656
9.	Panis	Prost Mugen Honda	1:21,735
10.	Alesi	Benetton Renault	1:22,011
11.	Magnussen	Stewart Ford	1:22,167
12.	Barrichello	Stewart Ford	1:22,222
13.	Diniz	Arrows Yamaha	1:22,234
14.	Herbert	Sauber Petronas	1:22,263
15.	Nakano	Prost Mugen Honda	1:22,351
16.	R. Schumacher	Jordan Peugeot	1:22,740
17.	Fisichella	Jordan Peugeot	1:22,804
18.	Fontana	Sauber Petronas	1:23,281
19.	Katayama	Minardi Hart	1:23,409
20.	Marques	Minardi Hart	1:23,854
21.	Salo	Tyrrell Ford	1:24,222
22.	Verstappen	Tyrrell Ford	1:24,301

DER KURS

Circuito Permanente de Jerez

1994 wurde auf diesem Kurs der letzte Formel 1-Grand Prix ausgetragen. Da die Strecken-Umbauarbeiten im portugiesischen Estoril nicht rechtzeitig zum Saisonfinale am 26. Oktober fertig geworden wären, wurde Jerez als Grand Prix von Europa wieder in den Rennkalender aufgenommen.

Durch ihre vorwiegend langsamen Kurven stellt diese Strecke keine richtige Herausforderung für die Fahrer dar. Da der Kurs sehr eng ist, wird das Überholen sehr schwierig; deshalb ist er bei den Fahrern nicht sehr beliebt. Wer hier den Sieg nach Hause fahren möchte, muß sein Fahrzeug perfekt abstimmen.

Curva Sito Pons
Curva Michelin
Curva Expo '92
Curva Ducados
Curva Ayrton Senna
Curva Dry Sack
Curva Angel Nieto
Curva Peluqui

Streckenlänge: 4,428 km
Renndistanz: 69 Runden (305,532 km)
Letzter Sieger: Michael Schumacher, Benetton Ford, 1994
Rundenrekord: 1:25,040 min, Michael Schumacher, Benetton Ford, 1994

GRAND PRIX VON EUROPA

Das McLaren Mercedes-Team konnte mit dem Abschluß der Saison zufrieden sein.

und Villeneuve an der Spitze wieder ein.

Daß der Kanadier so schnell wieder zur Spitze aufschließen konnte, verdankte er in erster Linie Frentzen, der das Tempo als Führender bis zu seinem Boxenstopp (29. Runde) drosselte.

In der 43. Runde wiederholte sich das Procedere der Boxenstopps, nur das Schumacher nach seinem zweiten Halt das Glück des Tüchtigen hatte und vor dem »Wasserträger« Frentzen – und direkt hinter Villeneuve – auf die Strecke gehen konnte. Villeneuve zog in der 44. Runde nach, erwischte aber offenbar weitaus bessere Gummis als der Deutsche, was ihm in den nächsten Runden einen Zeitvorteil von zwei bis drei Zehntelsekunden auf Schumacher einbrachte.

In der 47. Runde, als das Duo sich der »Curva Dry Sack« näherte, bahnte sich die Vorentscheidung im Kampf um die WM-Krone an. Villeneuve löste sich aus dem Windschatten von Schumacher und stach vor ihm in die Kehre. Schumacher griff in diesem Moment zum letzten Mittel, zog nach rechts und fuhr dem Williams in die Seite. Allerdings nicht mit dem vielleicht erhofften Effekt: Während der Ferrari mit gebrochener Vorderradaufhängung im Kiesbett liegenblieb, überstand der Williams den Crash weitgehend unbeschadet. »Ich wußte, daß ich das Risiko des Über-

holens eingehen mußte, und ich habe geahnt, daß Schumacher sich das nicht bieten lassen würde«, kommentierte Villeneuve die Situation nach dem Rennen. »Aber es ist besser, es zu versuchen, als sich mit dem zweiten Platz zufrieden zu geben. Ich wußte, daß er versucht, die Tür zuzumachen, aber er hat es nicht gut genug gemacht ... Die Frage die ich mir nur stelle ist: Hatte Michael einfach die Augen geschlossen, oder sind ihm nur die Hände vom Lenkrad gerutscht.«.

Die Situation in Jerez rief Erinnerungen an Schumachers ersten WM-Gewinn 1994 wach. Damals hatte der Deutsche beim »Show down« in Adelaide das Duell gegen seinen Rivalen Damon Hill durch den »Abschuß« des Briten zu seinen Gunsten entschieden. Dieses »Kunststück« gelang ihm dieses Mal nicht. Nach seiner mißlungenen Attacke »verkroch« sich der Doppelweltmeister im Mannschaftsbus und ließ die Öffentlichkeit lange auf ein Statement warten. Als der Rennfahrer sich endlich der wartenden Presse stellte, wagte sich allerdings kein Medienvertreter an die »Gretchenfrage«, ob Schumacher den Unfall bewußt provoziert habe.

Villeneuve dominierte nach der überstandenen Schrecksekunde das weitere Geschehen, wurde aber gegen Ende des Rennens immer langsamer. In der 69. Umrundung

kamen beide McLaren-Fahrer dem Williams-Piloten so nahe, daß er ihnen auf den letzten 1000 Meter Platz machte, um kein Risiko mehr einzugehen. Mit dieser eigennützigen Geste schenkte der Sohn des legendären Gilles Villeneuve McLaren Mercedes den ersten Doppelsieg und dem Finnen Mika Häkkinen den ersten Triumph seiner Formel 1-Karriere.

Das Rennergebnis

1. Häkkinen	1:38:57,771	Std.
2. Coulthard	+ 1,654	sek
3. Villeneuve	+ 1,803	sek
4. Berger	+ 1,919	sek
5. Irvine	+ 3,789	sek
6. Frentzen	+ 4,537	sek

Fahrerwertung

1. Villeneuve	81 Punkte
2. M. Schumacher	78 Punkte
3. Frentzen	42 Punkte
4. Coulthard	36 Punkte
Alesi	36 Punkte
6. Berger	27 Punkte
Häkkinen	27 Punkte
8. Irvine	24 Punkte
9. Fisichella	20 Punkte
10. Panis	16 Punkte

Konstrukteurswertung

1. Williams Reanult	123 Punkte
2. Ferrari	102 Punkte
3. Benetton Renault	67 Punkte
4. McLaren Mercedes	63 Punkte
5. Jordan Peugeot	33 Punkte
6. Prost Mugen Honda	21 Punkte
7. Sauber Petronas	16 Punkte
8. Arrows Yamaha	9 Punkte
9. Stewart Ford	6 Punkte
10. Tyrrell Ford	2 Punkte

Der alte und der neue Weltmeister – Damon Hill (l.) gratuliert seinem Nachfolger zum Gewinn des Weltmeister-Titels.

Jacques Villeneuve (M.) triumphierte auch beim Schumacher-Heimspiel auf dem Nürburgring

Ausfall beim Auftakt in Melbourne

»Das Leben besteht nicht nur aus Rennen«

Die Frage, ob Jacques Villeneuve zu recht den Weltmeister-Titel gewann, ist ebenso müßig wie unfair. Der Kanadier überzeugte 1997 wie kein anderer Fahrer durch konstante Leistungen, gewann sieben von 17 Grand Prix-Läufen und war auch in den Qualifyings zumeist nicht vom ersten Platz zu verdrängen. So gelang dem 26jährigen schon in seinem zweiten Jahr in der Formel 1 der große Wurf, der seinem berühmten Vater Gilles zeitlebens versagt blieb. Vergleiche mit dem Vater, der als größten Erfolg den Vizeweltmeister-Titel 1979 zu verzeichnen hatte, mußte Jacques Villeneuve in der Vergangenheit – bis zum Überdruß – über sich ergehen lassen. Dabei war immer wieder die Rede davon, Villeneuve junior fahre ebenso wie der tödlich verunglückte Senior in Grenzbereichen und spiele häufig mit seinem Leben. Eine Einschätzung, die der Gescholtene in vielen Kommentaren bestätigte: »Ich liebe das Gefühl, wenn ich absolut am Grenzbereich bin. Es bereitet mir Vergnügen, wenn das Auto ganz leicht wird, ganz knapp vorm Wegrutschen ist und ich genau diesen Zustand kontrollieren kann.«

Mit dieser Einstellung konnte der Kanadier immerhin schon mehr gewinnen, als viele andere Piloten in ihrer gesamten Laufbahn. 1995, ein Jahr bevor ihn Bernie Ecclestone in die Formel 1 brachte, siegte er als jüngster Fahrer sowohl in der CART-Serie wie bei den 500 Meilen von Indianapolis. In seinem ersten Jahr in der Formel 1 kam er auf Anhieb in der Gesamtwertung auf den zweiten Platz hinter Weltmeister Damon Hill. Daß Villeneuve im Renn-Zirkus trotz aller Erfolge nicht unumstritten ist, liegt neben seiner extremen Einstellung zum Sport – das Reglement für 1998 bezeichnete er respektlos als »scheiße« – vor allem an einem ausgeprägten Individualismus. Mit wasserstoffblond gefärbten Haaren – »Ich hatte einfach Bock, mir die Haare zu färben« – pflegt der Kanadier sein Image als Exzentriker innerhalb der Formel 1. Dabei achtet Villeneuve allerdings sorgsam darauf, daß der Sport nicht mehr Zeit als nötig »verschlingt«: »Ich liebe das Rennfahren, aber das Leben besteht nicht nur aus Rennen«.

Der Weg zum Weltmeisterschafts-Titel 1997

GP Australien: Schumacher wird Zweiter. Villeneuve fällt schon in der 1. Runde durch eine Kollision mit Johnny Herbert und Eddie Irvine aus. Punktestand: 6:0 für Schumacher.

GP Brasilien: Sieg für Villeneuve. Schumacher fährt auf den 5. Platz. Der Kanadier führt mit 10:8 Punkten.

GP Argentinien: Erneuter Sieg für Villeneuve. Vorzeitiges Aus für Schumacher nach einem Crash mit Rubens Barrichello. 20:8-Punkteführung für den Williams-Piloten.

GP San Marino: 2. Platz für Schumacher. Villeneuve muß in der 40. Runde aufgrund eines Getriebeschadens seinen Wagen abstellen. Punktestand: 20:14 für Villeneuve.

GP Monaco: Souveräner Sieg für Schumacher. Villeneuve fällt in der 16. Runde nach einem Leitplankenkontakt aus. Schumacher führt nun mit 24:20 Punkten die WM an.

GP Spanien: Villeneuve wird Erster. Schumacher fährt auf den 4. Platz. 30:27 für Jacques Villeneuve.

GP Kanada: 1. Platz für den Deutschen. Villeneuve beendet seinen Heim-Grand Prix vorzeitig mit einem Unfall in der 1. Runde. 37:30 für Schumacher.

GP Frankreich: Schumacher siegt. Der Kanadier wird Vierter. Schumis aktueller Punktestand: 47:33.

GP England: Jacques Villeneuve steht ganz oben auf dem Siegerpodest. Schumacher fällt wegen eines defekten Radlagers in der 38. Runde aus. Trotzdem führt der Deutsche die WM noch mit 47:43 Punkten an.

GP Deutschland: 2. Platz für Michael Schumacher. Jacques Villeneuve verabschiedet sich in der 33. Runde mit einem Dreher aus dem Rennen. Positive Punkte-Bilanz des Ferrari-Piloten: 53:43.

GP Ungarn: Zum fünften Mal in dieser Saison fährt Villeneuve auf den 1. Platz. Schumacher wird Vierter. Es steht 56:53 für Schumacher.

GP Belgien: 1. Platz für Schumacher. Für Jacques Villeneuve bleibt nur der 6. Platz. Komfortabler Punktevorsprung für den Deutschen: 66:54.

GP Italien: Villeneuve wird Fünfter. Schumacher sichert sich noch den 6. Platz. WM-Stand: 67:57 Punkte für den Deutschen.

GP Österreich: Schumacher wird nach einer Zeitstrafe nur Sechster. Villeneuve feiert erneut einen Sieg. 68:67-Punkte für Schumacher.

GP Luxemburg: Sieg für Jacques Villeneuve. Michael Schumacher muß nach einer Startkollision mit seinem Bruder in der 2. Runde aufgeben. Führungswechsel in der WM: 77:68 Punkte für den Kanadier.

GP Japan: Der Deutsche fährt auf den 1. Platz, sein Rivale Villeneuve auf den 5. Platz, der ihm aber nachträglich von der FIA aberkannt wird. Schumacher führt daraufhin mit 79:78 Punkten.

GP Europa: Jacques Villeneuve beendet das Saisonfinale als Dritter und wird damit neuer F1-Weltmeister. Schumacher scheidet nach einem Fahrfehler in der 47. Runde aus. Endstand: 82:79 Punkte für den Kanadier.

Das Formel 1- Jahr im Überblick

Grand Prix von Australien

9. März, Melbourne

1. WM-Lauf; Streckenlänge: 5,302 km; Renndistanz: 58 Runden (307,516 km); Rundenrekord: 1:30,585 min (210,710 km/h), Heinz-Harald Frentzen, Williams Renault; Wetter: Bewölkt, kühl; 400 000 Zuschauer

RENNERGEBNIS

Fahrer	Rennstall	Runden	Zeit (Std.)	Schnitt (km/h)	Rückstand
1. Coulthard	McLaren Mercedes	58	1:30:28,718	203,926	
2. M. Schumacher	Ferrari	58	1:30:48,746	203,175	20,046 sek
3. Häkkinen	McLaren Mercedes	58	1:30:50,895	203,096	22,177 sek
4. Berger	Benetton Renault	58	1:30:51,559	203,071	22,841 sek
5. Panis	Prost Mugen Honda	58	1:31:29,026	201,685	1:00,308 min
6. Larini	Sauber Petronas	58	1:32:04,758	200,381	1:36,040 min
7. Nakano	Prost Mugen Honda	56	1:31:11,547	195,353	2 Rd.
8. Frentzen*	Williams Renault	55	1:25:48,479	203,904	3 Rd.
9. Trulli	Minardi Hart	55	1:30:33,432	193,210	3 Rd.
10. Diniz	Arrows Yamaha	54	1:31:11,072	188,392	4 Rd.

* Nicht mehr im Rennen, aber aufgrund der zurückgelegten Distanz noch gewertet

AUSFÄLLE

Fahrer	Rennstall	Runde	Ausfallgrund	Position vor Ausfall
Barrichello	Stewart Ford	49	Mangelnder Öldruck	8
Salo	Tyrrell Ford	42	Elektrikdefekt	12
Magnussen	Stewart Ford	36	Verbogener unterer Querlenker hinten rechts	9
Alesi	Benetton Renault	34	Benzinmangel	2
Katayama	Minardi Hart	32	Benzinversorgung	11
Fisichella	Jordan Peugeot	14	Dreher	10
Verstappen	Tyrrell Ford	2	Dreher	13
R. Schumacher	Jordan Peugeot	1	Lockere Antriebswelle	9
Irvine	Ferrari	0	Kollision mit Herbert und Villeneuve	5
Villeneuve	Williams Renault	0	Kollision mit Irvine und Herbert	4
Herbert	Sauber Petronas	0	Kollision mit Villeneuve und Irvine	3
Hill	Arrows Yamaha	0	Defekte Gasbetätigung	20

BOXENSTOPPS

Runde	Dauer* (sek)	Runde	Dauer* (sek)
16 Diniz	3:12,984	30 Berger	27,867
17 Katayama	27,526	31 M. Schumacher	25,591
18 Frentzen	24,528	32 Diniz	31,984
18 Panis	22,439	33 Coulthard	24,178
18 Magnussen	26,449	34 Häkkinen	24,246
19 Salo	22,429	36 Magnussen	27,991
19 Trulli	26,469	38 Panis	24,494
22 Barrichello	25,870	40 Frentzen	30,845
24 Salo	5:15,377	40 Barrichello	26,631
28 Larini	28,896	40 Trulli	28,456
28 Nakano	28,294	51 M. Schumacher	20,498

* inkl. Boxen-An- und Abfahrt

Grand Prix von Brasilien

30. März, Interlagos

2. WM-Lauf; Streckenlänge: 4,292 km; Renndistanz: 72 Runden (309,024 km); Rundenrekord: 1:18,397 min (197,089 km/h), Jacques Villeneuve, Williams Renault; Wetter: Bewölkt, mild; 380 000 Zuschauer

RENNERGEBNIS

Fahrer	Rennstall	Runden	Zeit (Std.)	Schnitt (km/h)	Rückstand
1. Villeneuve	Williams Renault	72	1:36:06,990	192,905	
2. Berger	Benetton Renault	72	1:36:11,180	192,765	4,190 sek
3. Panis	Prost Mugen Honda	72	1:36:22,860	192,376	15,870 sek
4. Häkkinen	McLaren Mercedes	72	1:36:40,023	191,807	33,033 sek
5. M. Schumacher	Ferrari	72	1:36:40,721	191,784	33,731 sek
6. Alesi	Benetton Renault	72	1:36:41,010	191,774	34,020 sek
7. Herbert	Sauber Petronas	72	1:36:57,902	191,217	50,912 sek
8. Fisichella	Jordan Peugeot	72	1:37:07,629	190,898	1:00,639 min
9. Frentzen	Williams Renault	72	1:37:22,392	190,416	1:15,402 min
10. Coulthard	McLaren Mercedes	71	1:36:10,800	190,101	1 Rd.
11. Larini	Sauber Petronas	71	1:36:17,642	189,875	1 Rd.
12. Trulli	Minardi Hart	71	1:36:54,101	188,685	1 Rd.
13. Salo	Tyrrell Ford	71	1:37:20,538	187,831	1 Rd.
14. Nakano	Prost Mugen Honda	71	1:37:25,224	187,680	1 Rd.
15. Verstappen	Tyrrell Ford	70	1:36:15,893	187,258	2 Rd.
16. Irvine	Ferrari	70	1:36:20,559	187,107	2 Rd.
17. Hill*	Arrows Yamaha	68	1:32:35,466	189,125	4 Rd.
18. Katayama	Minardi Hart	67	1:36:17,303	179,189	5 Rd.

* Nicht mehr im Rennen, aber aufgrund der zurückgelegten Distanz noch gewertet

AUSFÄLLE

Fahrer	Rennstall	Runde	Ausfallgrund	Position vor Ausfall
Hill	Arrows Yamaha	68	kein Öldruck, Feuer im Heck Heckbereich	12
R. Schumacher	Jordan Peugeot	52	Elektronikdefekt, Hydraulikausfall	12
Barrichello	Stewart Ford	16	rechte Hinterradaufhängung gebrochen	18
Diniz	Arrows Yamaha	15	Dreher	15
Magnussen	Stewart Ford	0	Unfall mit Irvine (kein Ersatzauto verfügbar)	20

BOXENSTOPPS

Runde	Dauer* (sek)	Runde	Dauer* (sek)
6 Katayama	1:57,110	23 Katayama	31,599
17 Herbert	28,698	28 Frentzen	30,813
18 Salo	30,243	35 Panis	32,656
20 Verstappen	31,643	35 Trulli	33,333
21 Coulthard	28,691	35 Irvine	1:09,689
22 Berger	31,041	37 Nakano	59,124
22 Larini	29,824	38 Hill	35,510
23 Alesi	30,065	39 Häkkinen	30,626
24 Häkkinen	28,256	39 R. Schumacher	46,862
24 Irvine	28,535	40 Coulthard	32,736
25 Fisichella	32,418	41 Herbert	31,644
26 Villeneuve	30,345	43 Salo	29,542
26 M. Schumacher	28,803	44 Fisichella	31,925
26 R. Schumacher	30,607		

* inkl. Boxen-An- und Abfahrt

Grand Prix von Argentinien

13. April, Buenos Aires

3. WM-Lauf; Streckenlänge: 4,259 km; Rendistanz: 72 Runden (306,648 km); Rundenrekord: 1:27,981 min (174,269 km/h), Gerhard Berger, Benetton Renault; Wetter: leicht bewölkt, warm; 70 000 Zuschauer

RENNERGEBNIS

Fahrer	Rennstall	Runden	Zeit (Std.)	Schnitt (km/h)	Rückstand
1. Villeneuve	Williams Renault	72	1:52:01,715	164,155	
2. Irvine	Ferrari	72	1:52:02,694	164,131	0,979 sek
3. R. Schumacher	Jordan Peugeot	72	1:52:13,804	163,860	12,089 sek
4. Herbert	Sauber Petronas	72	1:52:31,634	163,428	29,919 sek
5. Häkkinen	McLaren Mercedes	72	1:52:32,066	163,417	30,351 sek
6. Berger	Benetton Renault	72	1:52:33,108	163,392	31,393 sek
7. Alesi	Benetton Renault	72	1:52:48,074	163,031	46,359 sek
8. Salo	Tyrrell Ford	71	1:52:58,521	160,518	1 Rd.
9. Trulli	Minardi Hart	71	1:53:28,445	159,812	1 Rd.
10. Magnussen*	Stewart Ford	66	1:44:55,399	160,659	6 Rd.

* Nicht mehr im Rennen, aber aufgrund der zurückgelegten Distanz noch gewertet

AUSFÄLLE

Fahrer	Rennstall	Runde	Ausfallgrund	Position vor Ausfall
Magnussen	Stewart Ford	66	Kein Öldruck	8
Larini	Sauber Petronas	63	Dreher	11
Diniz	Arrows Yamaha	50	Getriebeschaden	11
Nakano	Prost Mugen Honda	49	Motorschaden	11
Verstappen	Tyrrell Ford	43	Motorschaden	7
Katayama	Minardi Hart	37	Dreher	13
Hill	Arrows Yamaha	33	Kein Luftdruck im Motor, abgestellt	8
Fisichella	Jordan Peugeot	24	Kollision mit Ralf Schumacher	2
Barrichello	Stewart Ford	24	Kein Luftdruck im Motor (pneum. Ventilsteuerung)	15
Panis	Prost Mugen Honda	18	Kein Luftdruck im Motor (pneum. Ventilsteuerung)	2
Frentzen	Williams Renault	5	Kupplungsschaden	2
M. Schumacher	Ferrari	0	Kollision mit Barrichello	5
Coulthard	McLaren Mercedes	0	Kollison mit Ralf Schumacher	10

BOXENSTOPPS

Runde	Dauer* (sek)	Runde	Dauer* (sek)
1 Barrichello	32,750	35 Alesi	30,318
2 Magnussen	32,686	36 Berger	28,826
21 Villeneuve	24,565	38 Villeneuve	24,929
21 Herbert	24,493	38 Trulli	28,339
21 Barrichello	26,523	39 Herbert	26,076
23 Irvine	24,353	40 Häkkinen	26,021
23 Verstappen	24,255	44 Irvine	26,262
24 Magnussen	26,610	44 Salo	26,501
25 Larini	54,712	46 Magnussen	27,538
26 Nakano	27,719	47 Larini	1:47,681
27 Salo	36,334	48 Nakano	28,898
33 Diniz	1:13,985	56 Villeneuve	24,240
34 R. Schumacher	27,987		

* inkl. Boxen-An- und Abfahrt

Grand Prix von San Marino

27. April, Imola

4. WM-Lauf; Streckenlänge: 4,892 km; Renndistanz: 62 Runden (303,304 km); Rundenrekord: 1:25,531 min (207,503 km/h), Heinz-Harald Frentzen, Williams Renault; Wetter: Bedeckt, kühl; 90 000 Zuschauer

RENNERGEBNIS

Fahrer	Rennstall	Runden	Zeit (Std.)	Schnitt (km/h)	Rückstand
1. Frentzen	Williams Renault	62	1:31:00,673	201,509	
2. M. Schumacher	Ferrari	62	1:31:01,910	201,463	1,237 sek
3. Irvine	Ferrari	62	1:32:19,016	198,659	1:18,343 min
4. Fisichella	Jordan Peugeot	62	1:32:24,061	198,478	1:23,388 min
5. Alesi	Benetton Renault	61	1:31:18,063	197,629	1 Rd.
6. Häkkinen	McLaren Mercedes	61	1:31:18,536	197,612	1 Rd.
7. Larini	Sauber Petronas	61	1:31:39,396	196,863	1 Rd.
8. Panis	Prost Mugen Honda	61	1:31:56,734	196,244	1 Rd.
9. Salo	Tyrrell Ford	60	1:31:05,134	194,849	2 Rd.
10. Verstappen	Tyrrell Ford	60	1:31:11,741	194,614	2 Rd.
11. Katayama	Minardi Hart	59	1:31:53,912	189,907	3 Rd.

AUSFÄLLE

Fahrer	Rennstall	Runde	Ausfallgrund	Position vor Ausfall
Diniz	Arrows Yamaha	53	Getriebe	11
Villeneuve	Williams Renault	40	Getriebe	3
Coulthard	McLaren Mercedes	38	Motorschaden	4
Barrichello	Stewart Ford	32	Motorschaden	9
Herbert	Sauber Petronas	18	Elektrik	4
R. Schumacher	Jordan Peugeot	17	Antriebswelle abgeschert	4
Nakano	Prost Mugen Honda	11	Kollision mit Hill	17
Hill	Arrows Yamaha	11	Kollision mit Nakano	18
Berger	Benetton Renault	4	Dreher	18
Magnussen	Stewart Ford	2	Dreher	15
Trulli	Minardi Hart	0	Getriebe	20

BOXENSTOPPS

Runde	Dauer* (sek)	Runde	Dauer* (sek)
18 Diniz	26,683	34 Larini	11,778
20 Panis	22,265	34 Panis	24,720
24 M. Schumacher	23,566	35 Coulthard	25,689
25 Irvine	23,796	35 Häkkinen	26,528
25 Fisichella	22,758	40 Diniz	14,235
25 Larini	24,215	41 Diniz	27,619
26 Villeneuve	25,250	44 Frentzen	22,379
27 Frentzen	25,239	44 Fisichella	22,728
31 Verstappen	26,165	45 M. Schumacher	21,196
33 Alesi	27,421	45 Larini	24,433
33 Salo	24,154	46 Irvine	22,375
32 Katayama	54,405	54 Larini	11,556

* inkl. Boxen-An- und Abfahrt

Grand Prix von Monaco

11. Mai, Monte Carlo

5. WM-Lauf; Streckenlänge: 3,367 km; Original-Renndistanz: 78 Runden (262,626 km), gefahrene Distanz: 62 Runden (208,692 km); schnellste Runde: 1:53,315 min (106,937 km/h), Michael Schumacher, Ferrari; Wetter: Regen, kühl; 120 000 Zuschauer

RENNERGEBNIS

Fahrer	Rennstall	Runden	Zeit (Std.)	Schnitt (km/h)	Rückstand
1. M. Schumacher	Ferrari	62	2:00:05,654	104,264	
2. Barrichello	Stewart Ford	62	2:00:58,960	103,498	53,306 sek
3. Irvine	Ferrari	62	2:01:27,762	103,089	1:11,108 min
4. Panis	Prost Mugen Honda	62	2:01:50,056	102,775	1:44,402 min
5. Salo	Tyrrell Ford	61	2:00:18,245	102,403	1 Rd.
6. Fisichella	Jordan Peugeot	61	2:00:25,206	102,304	1 Rd.
7. Magnussen	Stewart Ford	61	2:01:52,517	101,083	1 Rd.
8. Verstappen	Tyrrell Ford	60	2:00:20,197	100,697	2 Rd.
9. Berger	Benetton Renault	60	2:00:44,161	100,364	2 Rd.
10. Katayama	Minardi Hart	60	2:01:49,612	99,465	2 Rd.

AUSFÄLLE

Fahrer	Rennstall	Runde	Ausfallgrund	Position vor Ausfall
Frentzen	Williams Renault	39	Unfall	9
Nakano	Prost Mugen Honda	36	Unfall	11
Larini	Sauber Petronas	24	Unfall	13
Alesi	Benetton Renault	16	Dreher	7
Villeneuve	Williams Renault	16	Aufhängungsschaden nach Leitplankenkontakt	12
R. Schumacher	Jordan Peugeot	10	Dreher	3
Herbert	Sauber Petronas	9	Unfall	5
Trulli	Minardi Hart	7	Unfall	15
Coulthard	McLaren Mercedes	1	Dreher	7
Häkkinen	McLaren Mercedes	1	Auffahrunfall auf Alesi	10
Hill	Arrows Yamaha	1	Unfall	13
Diniz	Arrows Yamaha	0	Unfall	22

BOXENSTOPPS

Runde	Dauer* (sek)	Runde	Dauer* (sek)
3 Villeneuve	26,946	37 Frentzen	26,684
4 Larini	29,613	39 Barrichello	28,192
5 Frentzen	26,038	40 Katayama	31,675
7 Larini	1:43,941	41 Verstappen	26,774
10 Berger	36,851	45 Irvine	27,023
32 M. Schumacher	28,054	45 Magnussen	28,580
35 Fisichella	27,403	46 Magnussen	33,406
37 Panis	27,495		

* inkl. Boxen-An- und Abfahrt

Grand Prix von Spanien

25. Mai, Barcelona

6. WM-Lauf; Streckenlänge: 4,728 km; Renndistanz: 65 Runden (307,32 km); Rundenrekord: 1:22,242 min (206,960 km/h), Giancarlo Fisichella, Jordan Peugeot; Wetter: Bewölkt, windig; 64 000 Zuschauer

RENNERGEBNIS

Fahrer	Rennstall	Runden	Zeit (Std.)	Schnitt (km/h)	Rückstand
1. Villeneuve	Williams Renault	64	1:30:35,896	200,314	
2. Panis	Prost Mugen Honda	64	1:30:41,700	200,100	5,804 sek
3. Alesi	Benetton Renault	64	1:30:48,430	199,853	12,534 sek
4. M. Schumacher	Ferrari	64	1:30:53,875	199,654	17,979 sek
5. Herbert	Sauber Petronas	64	1:31:03,882	199,288	27,986 sek
6. Coulthard	McLaren Mercedes	64	1:31:05,640	199,224	29,744 sek
7. Häkkinen	McLaren Mercedes	64	1:31:24,681	198,532	48,785 sek
8. Frentzen	Williams Renault	64	1:31:40,035	197,978	1:04,139 min
9. Fisichella	Jordan Peugeot	64	1:31:40,663	197,955	1:04,767 min
10. Berger	Benetton Renault	64	1:31:41,566	197,923	1:05,670 min
11. Verstappen	Tyrrell Ford	63	1:31:03,478	196,187	1 Rd.
12. Irvine	Ferrari	63	1:31:25,313	195,406	1 Rd.
13. Magnussen	Stewart Ford	63	1:31:58,723	194,223	1 Rd.
14. Morbidelli	Sauber Petronas	62	1:30:50,087	193,546	2 Rd.
15. Trulli	Minardi Hart	62	1:30:59,358	193,218	2 Rd.

AUSFÄLLE

Fahrer	Rennstall	Runde	Ausfallgrund	Position vor Ausfall
Diniz	Arrows Yamaha	53	Motorschaden	13
R. Schumacher	Jordan Peugeot	50	Motorschaden	13
Barrichello	Stewart Ford	37	Motorschaden	11
Salo	Tyrrell Ford	35	Reifenplatzer nach Kollision mit Trulli	18
Nakano	Prost Mugen Honda	34	Getriebe	15
Hill	Arrows Yamaha	18	Motorschaden	21
Katayama	Minardi Hart	11	Getriebe	21

BOXENSTOPPS

Runde	Dauer* (sek)	Runde	Dauer* (sek)
10 Morbidelli	31,388	29 Coulthard	25,827
12 R. Schumacher	27,197	29 Berger	25,625
13 Salo	34,016	30 M. Schumacher	23,249
14 Coulthard	23,217	32 Fisichella	25,491
14 M. Schumacher	25,224	33 Herbert	24,142
14 Berger	27,339	38 Magnussen	31,178
15 Häkkinen	23,567	39 Frentzen	25,509
16 Frentzen	26,252	40 Coulthard	24,183
17 Magnussen	30,693	40 Berger	25,147
18 Fisichella	25,187	41 Verstappen	25,073
19 Irvine	26,094	41 Morbidelli	1:00,841
20 Villeneuve	26,700	42 Diniz	29,555
21 Alesi	27,288	43 Alesi	26,723
21 Verstappen	25,485	44 Panis	25,677
21 Barrichello	28,615	44 Häkkinen	25,477
21 Trulli	28,075	45 Villeneuve	26,614
22 Nakano	30,492	43 Trulli	26,538
22 Diniz	29,129	46 M. Schumacher	24,801
22 Morbidelli	26,593	46 R. Schumacher	26,212
25 Panis	26,492	49 Herbert	24,296
25 R. Schumacher	26,621	49 Irvine	24,167
26 Frentzen	26,155	52 Fisichella	30,294
27 Häkkinen	28,644	59 Irvine	28,893
28 Irvine	24,824		

* inkl. Boxen-An- und Abfahrt

Grand Prix von Kanada

15. Juni, Montreal

7. WM-Lauf; Streckenlänge: 4,421 km; Renndistanz: Abbruch nach 54 Runden (238,734 km); Rundenrekord: 1:19,635 min (199,856 km/h), David Coulthard, McLaren Mercedes; Wetter: Sonnig und warm, windig; 120 000 Zuschauer (Rekord)

RENNERGEBNIS

Fahrer	Rennstall	Runden	Zeit (Std.)	Schnitt (km/h)	Rückstand
1. M. Schumacher	Ferrari	54	1:17:40,646	184,404	
2. Alesi	Benetton Renault	54	1:17:43,211	184,302	2,565 sek
3. Fisichella	Jordan Peugeot	54	1:17:43,865	184,276	3,219 sek
4. Frentzen	Williams Renault	54	1:17:44,414	184,255	3,768 sek
5. Herbert	Sauber Petronas	54	1:17:45,362	184,217	4,716 sek
6. Nakano	Prost Mugen Honda	54	1:18:17,347	182,963	36,701 sek
7. Coulthard	McLaren Mercedes	54	1:18:18,399	182,922	37,753 sek
8. Diniz	Arrows Yamaha	53	1:17:41,197	180,967	1 Rd.
9. Hill	Arrows Yamaha	53	1:17:42,581	180,941	1 Rd.
10. Morbidelli	Sauber Petronas	53	1:17:46,091	180,778	1 Rd.
11. Panis	Prost Mugen Honda	51	1:13:27,233	184,173	3 Rd.

AUSFÄLLE

Fahrer	Rennstall	Runde	Ausfallgrund	Position vor Ausfall
Salo	Tyrrell Ford	46	Motorschaden	8
Verstappen	Tyrrell Ford	42	Getriebe	8
Wurz	Benetton Ford	35	Antriebswelle	6
Barrichello	Stewart Ford	33	Getriebe	15
Trulli	Minardi Hart	32	Motorschaden	12
R. Schumacher	Jordan Peugeot	14	Unfall	5
Katayama	Minardi Hart	5	Unfall	21
Villeneuve	Williams Renault	1	Unfall nach Dreher	2
Irvine	Ferrari	0	Dreher	12
Häkkinen	McLaren Mercedes	0	Kollision mit Panis	9
Magnussen	Stewart Ford	0	Kollision mit Nakano	21

BOXENSTOPPS

Runde	Dauer* (sek)	Runde	Dauer* (sek)
1 Panis	33,338	36 Diniz	32,018
4 Hill	34,006	37 Herbert	28,503
8 Hill	33,201	37 Salo	25,703
10 Frentzen	25,417	37 Nakano	30,541
19 Panis	25,752	40 Coulthard	27,988
24 Verstappen	25,066	40 Hill	29,435
24 Barrichello	26,517	43 Herbert	27,942
25 Alesi	27,405	43 Panis	26,901
25 Fisichella	30,301	43 Morbidelli	27,182
26 Wurz	26,844	44 M. Schumacher	26,927
26 Salo	25,637	45 Fisichella	27,030
28 M. Schumacher	25,231	47 Alesi	27,970
29 Barrichello	29,069	51 M. Schumacher	24,203
32 Frentzen	25,187	51 Frentzen	26,120
33 Morbidelli	31,081	52 Coulthard	2:11,842
		* inkl. Boxen-An- und Abfahrt	

Grand Prix von Frankreich

29. Juni, Magny-Cours

8. WM-Lauf; Streckenlänge: 4,25 km; Renndistanz: 72 Runden (306 km); schnellste Runde: 1:17,910 min (196,38 km/h), Michael Schumacher, Ferrari; Wetter: Kühl, bedeckt, leichter Regen zum Ende des Rennens; 75 000 Zuschauer

RENNERGEBNIS

Fahrer	Rennstall	Runden	Zeit (Std.)	Schnitt (km/h)	Rückstand
1. M. Schumacher	Ferrari	72	1:38:50,492	185,639	
2. Frentzen	Williams Renault	72	1:39:14,029	184,905	23,537 sek
3. Irvine	Ferrari	72	1:40:05,293	183,326	1:14,801 min
4. Villeneuve	Williams Renault	72	1:40:12,276	183,113	1:21,784 min
5. Alesi	Benetton Renault	72	1:40:13,227	183,084	1:22,735 min
6. R. Schumacher	Jordan Peugeot	72	1:40:20,363	182,867	1:29,871 min
7. Coulthard	McLaren Mercedes	71	1:38:40,563	183,366	Ausfall*
8. Herbert	Sauber Petronas	71	1:39:35,886	181,668	1 Rd.
9. Fisichella	Jordan Peugeot	71	1:40:16,244	180,499	1 Rd.
10. Trulli	Prost Mugen Honda	70	1:39:26,483	179,390	2 Rd.
11. Katayama	Minardi Hart	70	1:40:01,973	178,329	2 Rd.
12. Hill	Arrows Yamaha	69	1:39:10,579	177,298	3 Rd.

AUSFÄLLE

Fahrer	Rennstall	Runde	Ausfallgrund	Position vor Ausfall
*Coulthard	McLaren Mercedes	72	Kollision mit Alesi	5
Salo	Tyrrell Ford	61	Elektronik	10
Wurz	Benetton Renault	60	Dreher	8
Diniz	Arrows Yamaha	58	Dreher	15
Fontana	Sauber Petronas	40	Dreher	16
Barrichello	Stewart Ford	36	Motorschaden	12
Magnussen	Stewart Ford	33	Bremsen	15
Häkkinen	McLaren Mercedes	18	Motorschaden	7
Verstappen	Tyrrell Ford	15	Elektronikdefekt	15
Nakano	Prost Mugen Honda	7	Dreher	11
Marques	Minardi Hart	5	Motorschaden	21

BOXENSTOPPS

Runde	Dauer* (sek)	Runde	Dauer* (sek)
1 Hill	45,523	35 Fisichella	28,517
12 Diniz	58,620	38 Herbert	28,999
15 Fontana	25,368	38 Fontana	57,876
18 Katayama	26,777	40 Hill	36,412
22 M. Schumacher	26,019	44 Irvine	27,370
22 Alesi	29,547	46 M. Schumacher	26,905
23 Frentzen	28,866	48 Frentzen	25,584
23 Irvine	26,679	47 Katayama	28,106
23 Coulthard	26,217	50 Coulthard	25,258
23 Salo	25,143	50 Salo	25,930
24 Wurz	26,114	51 Wurz	37,876
25 Villeneuve	25,812	52 Villeneuve	25,263
25 R. Schumacher	26,858	52 Trulli	26,521
25 Barrichello	26,400	52 Diniz	29,913
30 Trulli	25,596	53 R. Schumacher	25,402
30 Magnussen	26,331	53 Alesi	28,490
33 Fontana	29,538	59 Herbert	24,830
		* inkl. Boxen-An- und Abfahrt	

Grand Prix von Großbritannien

13. Juli, Silverstone

9. WM-Lauf; Streckenlänge: 5,14 km; Renndistanz: 59 Runden (303,26 km); Rundenrekord: 1:24,475 min (219,047 km/h), Michael Schumacher, Ferrari; Wetter: Bewölkt, windig; 90 000 Zuschauer

RENNERGEBNIS

Fahrer	Rennstall	Runden	Zeit (Std.)	Schnitt (km/h)	Rückstand
1. Villeneuve	Williams Renault	59	1:28:01,665	206,703	
2. Alesi	Benetton Renault	59	1:28:11,870	206,304	10,205 sek
3. Wurz	Benetton Renault	59	1:28:12,961	206,261	11,296 sek
4. Coulthard	McLaren Mercedes	59	1:28:32,894	205,488	31,229 sek
5. R. Schumacher	Jordan Peugeot	59	1:28:33,545	205,462	31,880 sek
6. Hill	Arrows Yamaha	59	1:29:15,217	203,864	1:13,552 min
7. Fisichella	Jordan Peugeot	58	1:28:05,716	203,403	1 Rd.
8. Trulli	Prost Mugen Honda	58	1:28:14,818	202,694	1 Rd.
9. Fontana	Sauber Petronas	58	1:28:49,184	201,387	1 Rd.
10. Marques	Minardi Hart	58	1:29:28,078	199,928	1 Rd.
11. Nakano*	Prost Mugen Honda	57	1:16:13,216	203,882	Ausfall

*Ausfall, aber aufgrund der zurückgelegten Distanz noch gewertet

AUSFÄLLE

Fahrer	Rennstall	Runde	Ausfallgrund	Position vor Ausfall
Häkkinen	McLaren Mercedes	52	Motorschaden	1
Magnussen	Stewart Ford	50	Motorschaden	12
Verstappen	Tyrrell Ford	45	Motorschaden	14
Irvine	Ferrari	44	Antriebsschaden	2
Salo	Tyrrell Ford	44	Motoschaden	14
Herbert	Sauber Petronas	42	Getriebesensor defekt	17
M. Schumacher	Ferrari	38	Radlager defekt	11
Barrichello	Stewart Ford	37	Motorschaden	15
Diniz	Arrows Yamaha	29	Ventilpneumatik defekt	14
Frentzen	Williams Renault	0	Kollision mit Verstappen	20
Katayama	Minardi Hart	0	Unfall	22

BOXENSTOPPS

Runde	Dauer* (sek)	Runde	Dauer* (sek)
1 Verstappen	1:03,547	30 Magnussen	27,889
14 Magnussen	27,075	30 Marques	31,410
15 Hill	32,349	33 Häkkinen	28,164
16 Barrichello	28,202	36 Alesi	28,591
17 Herbert	26,059	37 M. Schumacher	28,787
18 Trulli	28,798	37 Hill	30,665
19 Fontana	27,800	38 Wurz	29,149
21 M. Schumacher	25,278	38 Herbert	27,278
21 Nakano	30,703	39 Herbert	26,588
21 Salo	30,139	39 Trulli	31,491
22 Villeneuve	53,180	39 Salo	26,824
22 Irvine	27,653	40 Fontana	27,929
22 R. Schumacher	30,802	41 Nakano	28,028
23 Diniz	30,282	42 R. Schumacher	28,158
27 Fisichella	30,959	41 Herbert	1:10,807
29 Verstappen	37,677	44 Villeneuve	27,434
30 Coulthard	27,618	44 Irvine	28,455

* inkl. Boxen-An- und Abfahrt

Grand Prix von Deutschland

27. Juli, Hockenheim

10. WM-Lauf; Streckenlänge: 6,823 km; Renndistanz: 45 Runden (307,035 km); schnellste Runde: 1:45,747 min (232,278 km/h), Gerhard Berger, Benetton Renault; Wetter: Bewölkt, warm; 120 000 Zuschauer

RENNERGEBNIS

Fahrer	Rennstall	Runden	Zeit (Std.)	Schnitt (km/h)	Rückstand
1. Berger	Benetton Renault	45	1:20:59,046	227,478	
2. M. Schumacher	Ferrari	45	1:21:16,573	226,660	17,527 sek
3. Häkkinen	McLaren Mercedes	45	1:21:23,816	226,324	24,770 sek
4. Trulli	Prost Mugen Honda	45	1:21:26,211	226,213	27,165 sek
5. R. Schumacher	Jordan Peugeot	45	1:21:29,041	226,082	29,995 sek
6. Alesi	Benetton Renault	45	1:21:33,763	225,864	34,717 sek
7. Nakano	Prost Mugen Honda	45	1:22:18,768	223,806	1:19,722 min
8. Hill	Arrows Yamaha	44	1:21:09,273	221,955	1 Rd.
9. Fontana	Sauber Petronas	44	1:21:18,849	221,520	1 Rd.
10. Verstappen	Tyrrell Ford	44	1:22:05,839	219,406	1 Rd.
11. Fisichella*	Jordan Peugeot	40	1:12:51,576	224,750	Ausfall

*Ausfall, aber aufgrund der zurückgelegten Distanz noch gewertet

AUSFÄLLE

Fahrer	Rennstall	Runde	Ausfallgrund	Position vor Ausfall
Fisichella	Jordan Peugeot	40	lecke Ölleitung	2
Villeneuve	Williams Renault	33	Dreher	5
Barrichello	Stewart Ford	33	Motorschaden	9
Salo	Tyrrell Ford	33	Kupplungsschaden	13
Magnussen	Stewart Ford	27	Motorschaden	11
Katayama	Minardi Hart	23	Ohne Sprit ausgerollt	14
Herbert	Sauber Petronas	8	Kollision mit Diniz	11
Diniz	Arrows Yamaha	8	Kollision mit Herbert	12
Coulthard	McLaren Mercedes	1	Antriebsschaden	19
Frentzen	Williams Renault	1	Reifenplatzer; Folgeschäden nach Kollision mit Irvine	20
Irvine	Ferrari	1	Reifenplatzer; Folgeschäden nach Kollision mit Frentzen	21
Marques	Minardi Hart	0	Antriebsschaden	22

BOXENSTOPPS

Runde	Dauer* (sek)	Runde	Dauer* (sek)
1 Coulthard	24,059	22 Nakano	31,392
11 Hill	30,241	23 Salo	30,443
16 Alesi	28,345	24 Fisichella	29,478
17 Berger	28,614	24 Trulli	31,149
17 Magnussen	28,484	25 Hill	29,784
18 Barrichello	27,911	25 Fontana	29,788
20 Verstappen	29,595	30 Alesi	29,251
21 Häkkinen	29,705	30 Barrichello	28,817
21 Villeneuve	30,207	34 Berger	26,735
22 M. Schumacher	29,522	39 Fisichella	32,519
22 R. Schumacher	33,523	40 M. Schumacher	26,048

* inkl. Boxen-An- und Abfahrt

Grand Prix von Ungarn

10. August, Budapest

11. WM-Lauf; Streckenlänge: 3,968 km; Renndistanz: 77 Runden (305,536 km); schnellste Runde: 1:18,732 min (182,259 km/h), Heinz-Harald Frentzen, Williams Renault; Wetter: Leicht bewölkt, heiß; 120 000 Zuschauer

RENNERGEBNIS

Fahrer	Rennstall	Runden	Zeit (Std.)	Schnitt (km/h)	Rückstand
1. Villeneuve	Williams Renault	77	1:45:47,149	173,295	
2. Hill	Arrows Yamaha	77	1:45:56,228	173,047	9,079 sek
3. Herbert	Sauber Petronas	77	1:46:07,594	172,738	20,445 sek
4. M. Schumacher	Ferrari	77	1:46:17,650	172,460	30,501 sek
5. R. Schumacher	Jordan Peugeot	77	1:46:17,864	172,460	30,715 sek
6. Nakano	Prost Mugen Honda	77	1:46:28,661	172,169	41,512 sek
7. Trulli	Prost Mugen Honda	77	1:47:02,701	171,256	1:15,552 min
8. Berger	Benetton Renault	77	1:47:03,558	171,233	1:16,409 min
9. Irvine*	Ferrari	76	1:44:51,833	172,548	Ausfall
10. Katayama	Minardi Hart	76	1:45:48,747	171,001	1 Rd.
11. Alesi	Benetton Renault	76	1:45:56,522	170,792	1 Rd.
12. Marques	Minardi Hart	75	1:46:19,969	167,925	2 Rd.
13. Salo	Tyrrell Ford	75	1:46:20,754	167,904	2 Rd.

*Ausfall, aber aufgrund der zurückgelegten Distanz noch gewertet

AUSFÄLLE

Fahrer	Rennstall	Runde	Ausfallgrund	Position vor Ausfall
Coulthard	McLaren Mercedes	65	Elektrikschaden	3
Verstappen	Tyrrell Ford	61	Hydraulikeffekt	13
Diniz	Arrows Yamaha	53	Elektrikschaden	10
Fisichella	Jordan Peugeot	42	Dreher im Zweikampf mit Michael Schumacher	6
Frentzen	Williams Renault	29	Tankverschluß verloren	1
Barrichello	Stewart Ford	29	Motorschaden	10
Häkkinen	McLaren Mercedes	12	Hydraulikdefekt	3
Morbidelli	Sauber Petronas	7	Motorschaden	21
Magnussen	Stewart Ford	5	Folgeschaden von Kollision mit Morbidelli	22

BOXENSTOPPS

Runde	Dauer* (sek)	Runde	Dauer* (sek)
1 Magnussen	41,252	35 Irvine	34,630
7 Irvine	34,906	41 Verstappen	35,765
7 Morbidelli	1:12,255	42 Salo	44,777
14 M. Schumacher	27,175	44 Diniz	36,341
16 Verstappen	37,495	45 Trulli	30,192
16 Diniz	38,209	47 Nakano	36,512
18 Salo	36,181	47 Katayama	38,002
20 Katayama	37,331	50 Coulthard	35,062
21 Marques	1:14,154	50 Herbert	36,270
24 Villeneuve	39,135	50 Berger	36,555
24 Coulthard	35,084	50 Marques	34,220
25 Hill	37,059	51 Hill	36,643
25 Barrichello	33,027	51 Villeneuve	35,405
25 R. Schumacher	37,606	51 M. Schumacher	27,975
25 Alesi	37,984	51 R. Schumacher	36,263
26 Herbert	36,215	51 Alesi	44,306
26 Trulli	29,993	56 Irvine	34,939
26 Berger	36,242	57 Salo	35,662
27 Nakano	36,598	60 Verstappen	34,554
28 Fisichella	37,591	72 Marques	35,435
33 M. Schumacher	28,097		

* inkl. Boxen-An- und Abfahrt

Grand Prix von Belgien

24. August, Spa-Francorchamps

12. WM-Lauf; Streckenlänge: 6,968km; Renndistanz: 44 Runden (306,592 km); schnellste Runde: 1:52,692min (222,596 km/h), Jacques Villeneuve, Williams Renault; Wetter: Bewölkt und heiß, Wolkenbruch, dann trocken; 80 000 Zuschauer

RENNERGEBNIS

Fahrer	Rennstall	Runden	Zeit (Std.)	Schnitt (km/h)	Rückstand
1. M. Schumacher	Ferrari	44	1:33:46,717	196,149	
2. Fisichella	Jordan Peugeot	44	1:34:13,470	195,221	26,753 sek
3. Häkkinen[1]	McLaren Mercedes	44	1:34:17,573	195,079	30,856 sek
4. Frentzen	Williams Renault	44	1:34:18,864	195,035	32,147 sek
5. Herbert	Sauber Petronas	44	1:34:25,742	194,798	39,025 sek
6. Villeneuve	Williams Renault	44	1:34:28,829	194,692	42,103 sek
7. Berger	Benetton Renault	44	1:34:50,458	193,952	1:03,741 min
8. Diniz	Arrows Yamaha	44	1:35:12,648	193,198	1:25,931 min
9. Alesi	Benetton Renault	44	1:35:28,725	192,656	1:42,008 min
10. Morbidelli	Sauber Petronas	44	1:35:29,299	192,637	1:42,582 min
11. Irvine*	Ferrari	43	1:33:07,860	193,024	Ausfall
12. Salo	Tyrrell Ford	43	1:33:47,540	191,663	1 Rd.
13. Magnussen	Stewart Ford	43	1:33:58,760	191,281	1 Rd.
14. Hill*	Arrows Yamaha	42	1:32:22,015	190,094	Ausfall
15. Katayama*	Minardi Hart	42	1:33:10,021	188,462	Ausfall
16. Trulli	Prost Mugen Honda	42	1:35:02,667	184,739	2 Rd.

*Ausfall, aber aufgrund der zurückgelegten Distanz noch gewertet
1) Nachträglich aus der Wertung genommen

AUSFÄLLE

Fahrer	Rennstall	Runde	Ausfallgrund	Position vor Ausfall
Irvine	Ferrari	43	Kollision mit Diniz	8
Hill	Arrows Yamaha	42	Lose Radmutter	14
Katayama	Minardi Hart	42	Motorschaden	16
Verstappen	Tyrrell Ford	25	Unfall	8
R. Schumacher	Jordan Peugeot	21	Unfall	15
Coulthard	McLaren Mercedes	19	Dreher	7
Marques	Minardi Hart	18	Dreher	17
Barrichello	Stewart Ford	8	Folgeschäden nach Kollision mit Frentzen	11
Nakano	Prost Mugen Honda	5	Elektronikdefekt	16

BOXENSTOPPS

Runde	Dauer* (sek)	Runde	Dauer* (sek)
6 Villeneuve	33,789	16 Hill	32,360
7 Alesi	33,457	23 Alesi	31,889
8 Frentzen	33,106	24 Frentzen	32,017
8 Irvine	30,868	24 Berger	34,233
9 Berger	31,865	29 M. Schumacher	30,615
9 Salo	34,937	29 Häkkinen	30,117
10 Fisichella	35,226	29 Salo	31,954
10 Hill	33,567	29 Katayama	31,202
10 Trulli	32,551	30 Irvine	30,168
11 Herbert	33,361	30 Magnussen	30,281
11 Coulthard	29,365	30 Trulli	30,138
11 Verstappen	31,889	31 Fisichella	29,509
11 Villeneuve	31,396	31 Herbert	29,548
11 Katayama	46,954	31 Villeneuve	30,391
11 R. Schumacher	32,267	32 Alesi	32,556
12 Häkkinen	29,954	33 Diniz	31,908
12 Diniz	40,757	34 Berger	27,346
12 Morbidelli	31,371	34 Morbidelli	29,016
13 Magnussen	41,139	34 Hill	30,888
14 M. Schumacher	31,704	38 Alesi	28,206

* inkl. Boxen-An- und Abfahrt

Grand Prix von Italien
7. September, Monza

13. WM-Lauf; Streckenlänge: 5,77 km; Renndistanz: 53 Runden (305,81 km); Rundenrekord: 1:24,808 min (244,929 km/h), Mika Häkkinen, McLaren Mercedes; Wetter: Bewölkt, schwül; 120 000 Zuschauer

RENNERGEBNIS

Fahrer	Rennstall	Runden	Zeit (Std.)	Schnitt (km/h)	Rückstand
1. Coulthard	McLaren Mercedes	53	1:17:04,609	238,036	
2. Alesi	Benettin Renault	53	1:17:06,546	237,936	1,937 sek
3. Frentzen	Williams Renault	53	1:17:08,952	237,813	4,343 sek
4. Fisichella	Jordan Peugeot	53	1:17:10,480	237,734	5,871 sek
5. Villeneuve	Williams Renault	53	1:17:11,025	237,706	6,416 sek
6. M. Schumacher	Ferrari	53	1:17:16,090	237,447	11,581 sek
7. Berger	Benetton Renault	53	1:17:17,080	237,396	12,471 sek
8. Irvine	Ferrari	53	1:17:22,248	237,132	17,639 sek
9. Häkkinen	McLaren Mercedes	53	1:17:53,982	235,522	49,373 sek
10. Trulli	Prost Mugen Honda	53	1:18:07,315	234,852	1:02,706 min
11. Nakano	Prost Mugen Honda	53	1:18:07,936	234,821	1:03,327 min
12. Morbidelli	Sauber Petronas	52	1:17:14,938	233,024	1 Rd.
13. Barrichello	Stewart Ford	52	1:17:55,672	230,994	1 Rd.
14. Marques	Minardi Hart	50	1:17:35,247	223,083	2 Rd.

AUSFÄLLE

Fahrer	Rennstall	Runde	Ausfallgrund	Position vor Ausfall
Hill	Arrows Yamaha	46	Motorschaden	9
R. Schumacher	Jordan Peugeot	39	Folgeschäden nach Kollision mit Herbert	15
Herbert	Sauber Petronas	38	Kollision mit Ralf Schumacher	9
Salo	Tyrrell Ford	33	Motorschaden	15
Magnussen	Stewart Ford	31	Antriebsdefekt	16
Verstappen	Tyrrell Ford	12	Getriebehydraulikdefekt	19
Katayama	Minardi Hart	8	Reifenschaden	21
Diniz	Arrows Yamaha	4	Aufhängungsdefekt	20

BOXENSTOPPS

Runde	Dauer* (sek)	Runde	Dauer* (sek)
16 Salo	20,020	32 R. Schumacher	26,034
16 Marques	24,031	32 Hill	20,985
17 Barrichello	21,390	32 Nakano	22,825
18 Magnussen	21,086	32 Morbidelli	30,171
28 Villeneuve	22,676	33 Irvine	19,870
29 Frentzen	22,137	34 Häkkinen	20,944
29 Trulli	22,751	34 Berger	21,418
30 Herbert	21,808	34 Marques	22,660
30 Barrichello	21,976	35 M. Schumacher	18,904
31 Fisichella	20,804	37 Häkkinen	19,594
32 Coulthard	19,591	39 R. Schumacher	36,172
32 Alesi	21,424		

* inkl. Boxen-An- und Abfahrt

Grand Prix von Österreich
21. September, Zeltweg

14. WM-Lauf; Streckenlänge: 4,318 km; Renndistanz: 71 Runden (306,578 km); Rundenrekord: 1:11,814 min (216,709 km/h), Jacques Villeneuve, Williams Renault; Wetter: leicht bewölkt, mild; 125 000 Zuschauer

RENNERGEBNIS

Fahrer	Rennstall	Runden	Zeit (Std.)	Schnitt (km/h)	Rückstand
1. Villeneuve	Williams Renault	71	1:27:35,999	210,228	
2. Coulthard	McLaren Mercedes	71	1:27:38,908	210,111	2,909 sek
3. Frentzen	Williams Renault	71	1:27:39,961	210,069	3,962 sek
4. Fisichella	Jordan Peugeot	71	1:27:48,126	209,744	12,127 sek
5. R. Schumacher	Jordan Peugeot	71	1:28:07,858	208,961	31,859 sek
6. M. Schumacher	Ferrari	71	1:28:09,409	208,900	33,410 sek
7. Hill	Arrows Yamaha	71	1:28:13,206	208,750	37,207 sek
8. Herbert	Sauber Petronas	71	1:28:25,056	208,284	49,057 sek
9. Morbidelli	Sauber Petronas	71	1:28:42,454	207,603	1:06,455 min
10. Berger	Benetton Renault	70	1:27:46,834	206,840	1 Rd.
11. Katayama	Minardi Hart	69	1:27:45,710	203,929	2 Rd.
12. Verstappen	Tyrrell Ford	69	1:29:19,144	202,642	2 Rd.
13. Diniz*	Arrows Yamaha	67	1:24:22,474	205,968	Ausfall
14. Barrichello	Stewart Ford	64	1:19:38,334	208,444	Ausfall

* Nicht mehr im Rennen, aber aufgrund der zurückgelegten Distanz gewertet

AUSFÄLLE

Fahrer	Rennstall	Runde	Ausfallgrund	Position vor Ausfall
Diniz	Arrows Yamaha	67	Gebrochener Stoßdämpfer links hinten	11
Barrichello	Stewart Ford	64	Dreher	7
Magnussen	Stewart Ford	58	Motorschaden	10
Trulli	Prost Mugen Honda	58	Motorschaden	2
Nakano	Prost Mugen Honda	57	Motorschaden	14
Salo	Tyrrell Ford	53	Getriebeschaden	17
Irvine	Ferrari	37	Folgeschäden nach Kollision mit Alesi	13
Alesi	Benetton Renault	37	Folgeschäden nach Kollision mit Irvine	12
Häkkinen	McLaren Mercedes	1	Motorschaden	1

BOXENSTOPPS

Runde	Dauer* (sek)	Runde	Dauer* (sek)
17 Verstappen	28,487	40 Herbert	31,416
26 Magnussen	26,859	42 M. Schumacher	28,193
26 Katayama	27,933	42 Frentzen	26,649
28 Barrichello	26,157	42 R. Schumacher	32,141
32 Berger	31,040	42 Morbidelli	28,916
33 Diniz	30,398	43 Coulthard	26,483
34 Nakano	29,786	45 Fisichella	26,368
36 Alesi	28,395	47 Magnussen	27,524
36 Salo	28,047	49 Katayama	27,279
37 Trulli	27,537	50 Barrichello	27,292
39 Hill	30,112	50 M. Schumacher	28,980
40 Villeneuve	27,933	50 Verstappen	25,734

* inkl. Boxen-An- und Abfahrt

Grand Prix von Luxemburg
28. September, Nürburgring

15. WM-Lauf; Streckenlänge: 4,556 km; Renndistanz: 67 Runden (305,252 km); Rundenrekord: 1:18,805 min (216,709 km/h), Heinz-Harald Frentzen, Williams Renault; Wetter: leicht bewölkt, warm; 120 000 Zuschauer

RENNERGEBNIS

Fahrer	Rennstall	Runden	Zeit (Std.)	Schnitt (km/h)	Rückstand
1. Villeneuve	Williams Renault	67	1:31:27,843	200,232	
2. Alesi	Benetton Renault	67	1:31:39,613	199,804	11,770 sek
3. Frentzen	Williams Renault	67	1:31:41,323	199,742	13,480 sek
4. Berger	Benetton Renault	67	1:31:44,259	199,635	16,416 sek
5. Diniz	Arrows Yamaha	67	1:32:10,990	198,670	43,147 sek
6. Panis	Prost Mugen Honda	67	1:32:11,593	198,649	43,750 sek
7. Herbert	Sauber Petronas	67	1:32:12,197	198,627	44,354 sek
8. Hill	Arrows Yamaha	67	1:32:12,620	198,612	44,777 sek
9. Morbidelli	Sauber Petronas	66	1:31:51,462	196,398	1 Rd.
10. Salo	Tyrrell Ford	66	1:32:18,927	195,424	1 Rd.

AUSFÄLLE

Fahrer	Rennstall	Runde	Ausfallgrund	Position vor Ausfall
Verstappen	Tyrrell Ford	50	Motorschaden	11
Häkkinen	McLaren Mercedes	43	Motorschaden	1
Barrichello	Stewart Ford	43	Druckverlust im Hydrauliksystem	3
Coulthard	McLaren Mercedes	42	Motorschaden	2
Magnussen	Stewart Ford	40	Antriebswelle gebrochen	14
Irvine	Ferrari	22	Motorschaden	10
Nakano	Prost Mugen Honda	16	Motorschaden	14
M. Schumacher	Ferrari	2	Aufhängung rechts vorne gebrochen nach Kollision mit Ralf Schumacher	15
Marques	Minardi Hart	1	Motorschaden	14
Katayama	Minardi Hart	1	Unfall	20
R. Schumacher	Jordan Peugeot	0	Kollision mit Fisichella und Michael Schumacher	4
Fisichella	Jordan Peugeot	0	Kollision mit Ralf Schumacher	5

BOXENSTOPPS

Runde	Dauer* (sek)	Runde	Dauer* (sek)
16 Herbert	28,606	39 Magnussen	32,656
20 Alesi	30,013	39 Diniz	30,522
21 Berger	29,513	40 Panis	30,440
22 Salo	30,953	40 Morbidelli	52,135
23 Morbidelli	28,675	40 Verstappen	31,608
24 Verstappen	28,203	42 Herbert	27,929
28 Häkkinen	27,598	42 Salo	28,916
28 Villeneuve	28,829	44 Alesi	28,955
30 Frentzen	27,760	45 Berger	28,461
31 Coulthard	26,197	47 Frentzen	28,740
36 Hill	56,103	49 Villeneuve	28,165
37 Barrichello	30,898		

* inkl. Boxen-An- und Abfahrt

Grand Prix von Japan
12. Oktober, Suzuka

16. WM-Lauf; Streckenlänge: 5,864 km; Renndistanz: 53 Runden (310,596 km); Rundenrekord: 1:38,942 min (213,361 km/h), Heinz-Harald Frentzen, Williams Renault; Wetter: bewölkt, etwas Wind; 150 000 Zuschauer

RENNERGEBNIS

Fahrer	Rennstall	Runden	Zeit (Std.)	Schnitt (km/h)	Rückstand
1. M Schumacher	Ferrari	53	1:29:48,446	207,508	
2. Frentzen	Williams Renault	53	1:29:49,824	207,454	1,378 sek
3. Irvine	Ferrari	53	1:30:14,830	206,496	26,384 sek
4. Häkkinen	McLaren Mercedes	53	1:30:15,575	206,468	27,129 sek
5. Villeneuve	Williams Renault	53	1:30:28,222	205,987	39,776 sek
6. Alesi	Benetton Renault	53	1:33:28,849	205,963	40,403 sek
7. Herbert	Sauber Petronas	53	1:30:30,076	205,917	41,630 sek
8. Fisichella	Jordan Peugeot	53	1:30:45,271	205,342	56,825 sek
9. Berger	Benetton Renault	53	1:30:48,875	205,206	1:00,429 min
10. R. Schumacher	Jordan Peugeot	53	1:31:10,482	204,396	1:22,036 min
11. Coulthard*	McLaren Mercedes	52	1:28:51,086	205,780	Ausfall
12. Hill	Arrows Yamaha	52	1:29:59,070	203,189	1 Rd.
13. Diniz	Arrows Yamaha	52	1:30:43,622	201,526	1 Rd.
14. Verstappen	Tyrrell Ford	52	1:31:13,951	200,410	1 Rd.

*Ausfall, aber aufgrund der zurückgelegten Distanz noch gewertet

AUSFÄLLE

Fahrer	Rennstall	Runde	Ausfallgrund	Position vor Ausfall
Coulthard*	McLaren Mercedes	52	Motorschaden	8
Marques	Minardi Hart	46	Getriebeschaden	14
Salo	Tyrrell Ford	46	Motoschaden	15
Panis	Prost Mugen Honda	36	Motorschaden	13
Nakano	Prost Mugen Honda	22	Motorschaden	18
Katayama	Minardi Hart	8	Motorschaden	19
Barrichello	Stewart Ford	6	Dreher	11
Magnussen	Stewart Ford	3	Dreher	11

BOXENSTOPPS

Runde	Dauer* (sek)	Runde	Dauer* (sek)
13 Häkkinen	30,842	27 Alesi	32,317
13 Berger	30,765	30 Häkkinen	31,693
14 Alesi	32,083	30 Villeneuve	37,076
14 Coulthard	30,847	31 Salo	30,613
15 Panis	33,106	32 Irvine	32,366
16 Irvine	31,022	32 Panis	36,492
16 Verstappen	31,687	33 M. Schumacher	32,236
17 Hill	33,089	33 Verstappen	31,309
17 Nakano	31,423	34 Diniz	36,168
18 M. Schumacher	30,259	35 Coulthard	30,675
18 Marques	32,248	36 Hill	33,350
18 Salo	31,574	36 Marques	32,347
19 Diniz	31,891	37 Frentzen	30,043
20 Villeneuve	29,897	37 Herbert	31,204
20 Herbert	30,717	37 Fisichella	30,769
21 Frentzen	31,246	38 R. Schumacher	40,357
21 Fisichella	30,974	39 Berger	30,667
22 R. Schumacher	34,548	40 Alesi	30,326
26 Berger	31,605		

* inkl. Boxen-An- und Abfahrt

Grand Prix von Europa
26. Oktober, Jerez

17. WM-Lauf; Streckenlänge: 4,428 km; Renndistanz: 69 Runden (305,532 km); Rundenrekord: 1:23,135 min (191,745 km/h), Heinz-Harald Frentzen, Williams Renault; Wetter: bewölkt, windig, mild; 60 000 Zuschauer

RENNERGEBNIS

	Fahrer	Rennstall	Runden	Zeit (Std.)	Schnitt (km/h)	Rückstand
1.	Häkkinen	McLaren Mercedes	69	1:38:57,771	185,240	
2.	Coulthard	McLaren Mercedes	69	1:38:59,425	185,188	1,654 sek
3.	Villeneuve	Williams Renault	69	1:38:59,574	185,184	1,803 sek
4.	Berger	Benetton Renault	69	1:38:59,690	185,180	1,919 sek
5.	Irvine	Ferrari	69	1:39:01,560	185,122	3,789 sek
6.	Frentzen	Williams Renault	69	1:39:02,308	185,099	4,537 sek
7.	Panis	Prost Mugen Honda	69	1:40:04,916	183,169	1:07,145 min
8.	Herbert	Sauber Petronas	69	1:40:10,732	182,991	1:12,961 min
9.	Magnussen	Stewart Ford	69	1:40:15,258	182,854	1:17,487 min
10.	Nakano	Prost Mugen Honda	69	1:40:15,986	182,832	1:18,215 min
11.	Fisichella	Jordan Peugeot	68	1:39:05,717	182,311	1 Rd.
12.	Salo	Tyrrell Ford	68	1:39:15,015	182,027	1 Rd.
13.	Alesi	Benetton Renault	68	1:39:15,717	182,005	1 Rd.
14.	Fontana	Sauber Petronas	68	1:39:45,614	181,096	1 Rd.
15.	Marques	Minardi Hart	68	1:39:56,704	180,761	1 Rd.
16.	Verstappen	Tyrrell Ford	68	1:40:06,201	180,475	1 Rd.
17.	Katayama	Minardi Hart	68	1:40:06,893	180,455	1 Rd.

AUSFÄLLE

Fahrer	Rennstall	Runde	Ausfallgrund	Position vor Ausfall
M. Schumacher	Ferrari	47	Kollision mit Villeneuve	1
Hill	Arrows Yamaha	47	Getriebeschaden	8
R. Schumacher	Jordan Peugeot	44	Motorschaden	16
Barrichello	Stewart Ford	30	Getriebeschaden	12
Diniz	Arrows Yamaha	11	Dreher	13

BOXENSTOPPS

Runde	Dauer* (sek)	Runde	Dauer* (sek)
15 Salo	25,492	43 M. Schumacher	27,802
15 Marques	27,185	42 Fontana	30,968
17 R. Schumacher	28,307	43 Panis	29,862
19 Magnussen	28,726	44 Villeneuve	27,153
20 Panis	27,307	43 R. Schumacher	28,089
22 M. Schumacher	26,209	44 Häkkinen	26,875
22 Hill	27,764	44 Irvine	26,958
22 Verstappen	25,588	43 Verstappen	27,921
23 Villeneuve	25,958	45 Coulthard	25,716
24 Irvine	25,567	45 Hill	27,521
24 Fisichella	26,845	45 Magnussen	28,220
24 Fontana	27,084	45 Alesi	28,698
25 Coulthard	25,855	46 Herbert	26,193
25 Alesi	27,889	46 Katayama	28,013
25 Nakano	27,288	47 Berger	29,986
25 Katayama	29,713	47 Fisichella	26,736
26 Häkkinen	26,003	48 Frentzen	33,880
27 Herbert	25,817	48 Alesi	26,415
28 Frentzen	26,324	48 Nakano	26,372
29 Berger	27,258	51 Salo	25,377
33 Marques	26,085	51 Marques	27,513
34 Salo	24,729		

* inkl. Boxen-An- und Abfahrt

FAHRER-WELTMEISTERSCHAFT

	Fahrer	Australien, Melbourne	Brasilien, São Paulo	Argentinien, Buenos Aires	Italien/San Marino, Imola	Monaco, Monte Carlo	Spanien, Barcelona	Kanada, Montreal	Frankreich, Magny-Cours	England, Silverstone	Deutschland, Hockenheim	Ungarn, Budapest	Belgien, Spa	Italien, Monza	Österreich, Zeltweg	Luxemburg, Nürburgring	Japan, Suzuka	Spanein/Europa, Jerez	TOTAL
1.	Villeneuve	–	10	10	–	–	10	–	3	10	–	10	2	2	10	10	–	4	81
2.	M. Schumacher	6	2	–	6	10	3	10	10	–	6	3	10	1	1	–	10	–	78
3.	Frentzen	–	0	–	10	–	0	3	6	–	–	–	4	4	4	4	6	1	42
4.	Coulthard	10	0	–	–	–	1	–	0	3	–	–	10	6	–	0	6	–	36
	Alesi	–	1	0	2	–	4	6	2	6	1	0	0	6	–	6	2	–	36
6.	Berger	3	6	1	–	0	0	–	–	10	0	1	0	0	3	–	0	3	27
	Häkkinen	4	3	2	1	–	0	–	–	4	–	0	–	–	0	–	3	10	27
8.	Irvine	–	0	6	4	4	0	–	4	–	–	0	0	–	–	4	2	–	24
9.	Fisichella	–	0	–	3	1	0	4	0	0	0	–	6	3	3	–	0	0	20
10.	Panis	2	4	–	0	3	6	–	–	–	–	–	–	–	1	–	0		16
11.	Herbert	–	0	3	–	–	2	2	0	–	–	4	3	–	0	0	1	0	15
12.	R. Schumacher	–	–	4	–	–	–	1	2	2	2	–	–	2	–	0	–		13
13.	Hill	–	0	–	–	–	0	0	1	0	6	0	–	0	0	0			7
14.	Barrichello	–	–	–	6	–	–	–	–	–	–	–	0	0	–	–	0		6
15.	Wurz								4										4
16.	Trulli	0	0	0	–	–	0	–	0	0	3	0	0	0	–	0			3
17.	Salo	–	0	0	0	2	–	–	–	–	0	0	–	0	–	0			2
	Nakano	0	0	–	–	–	1	–	0	1	–	0	–	–	0				2
	Diniz	0	–	–	–	0	–	–	–	0	–	0	2	0	–				2
20.	Larini	1	0	–	0	–	–	–	–	–	–	–	–	–	–				1

KONSTRUKTEURS-WELTMEISTERSCHAFT

		Australien, Melbourne	Brasilien, São Paulo	Argentinien, Buenos Aires	Italien/San Marino, Imola	Monaco, Monte Carlo	Spanien, Barcelona	Kanada, Montreal	Frankreich, Magny-Cours	England, Silverstone	Deutschland, Hockenheim	Ungarn, Budapest	Belgien, Spa	Italien, Monza	Österreich, Zeltweg	Luxemburg, Nürburgring	Japan, Suzuka	Spanein/Europa, Jerez	TOTAL
1.	Williams	–	10	10	10	–	10	3	9	10	–	10	6	6	14	14	6	5	123
2.	Ferrari	6	2	6	10	14	5	10	14	–	6	3	10	1	1	–	14	2	102
3.	Benetton	3	7	1	2	0	4	6	2	10	11	0	1	6	0	9	2	3	67
4.	McLaren	14	3	2	1	–	1	–	0	3	4	–	–	10	6	–	3	16	63
5.	Jordan	–	0	4	3	1	–	4	1	2	2	2	6	3	5	–	0	0	33
6.	Prost	2	4	–	0	3	6	1	0	–	0	3	1	0	0	–	1	0	21
7.	Sauber	1	0	3	0	–	2	2	0	0	–	4	3	0	0	0	1	0	16
8.	Arrows	–	0	–	–	–	0	0	1	–	6	0	–	0	2	0	–		9
9.	Stewart	–	–	–	–	6	0	–	–	–	0	0	0	–	0	0			6
10.	Tyrrell	–	0	0	0	2	0	–	–	–	0	0	–	0	0	0			2

0 = in der Wertung, aber ohne WM-Punkte; – = Ausfall oder nicht gestartet

Punktewertung für Fahrer und Teams: Platz 1: 10 Punkte; Platz 2: 6 Punkte; Platz 3: 4 Punkte; Platz 4: 3 Punkte; Platz 5: 2 Punkte; Platz 6: 1 Punkt

Formel 1-Weltmeister seit 1950

Jahr	Sieger	Marke
1950	Nino Farina	Alfa Romeo
1951	Juan Manuel Fangio	Alfa Romeo
1952	Alberto Ascari	Ferrari
1953	Alberto Ascari	Ferrari
1954	Juan Manuel Fangio	Maserati/Mercedes
1955	Juan Manuel Fangio	Mercedes
1956	Juan Manuel Fangio	Ferrari
1957	Juan Manuel Fangio	Maserati
1958	Mike Hawthorne	Ferrari
1959	Jack Brabham	Cooper-Climax
1960	Jack Brabham	Cooper-Climax
1961	Phil Hill	Ferrari
1962	Graham Hill	BRM
1963	Jim Clark	Lotus-Climax
1964	John Surtees	Ferrari
1965	Jim Clark	Lotus-Climax
1966	Jack Brabham	Brabham-Repco
1967	Denis Hulme	Brabham-Repco
1968	Graham Hill	Lotus-Ford
1969	Jackie Stewart	Matra-Ford
1970	Jochen Rindt	Lotus-Ford
1971	Jackie Stewart	Tyrell-Ford
1972	Emerson Fittipaldi	Lotus-Ford
1973	Jackie Stewart	Tyrell-Ford
1974	Emerson Fittipaldi	McLaren-Ford
1975	Niki Lauda	Ferrari
1976	James Hunt	McLaren-Ford
1977	Niki Lauda	Ferrari
1978	Mario Andretti	Lotus-Ford
1979	Jody Scheckter	Ferrari
1980	Alan Jones	Williams-Ford
1981	Nelson Piquet	Brabham-Ford
1982	Keke Rosberg	Williams-Ford
1983	Nelson Piquet	Brabham-BMW
1984	Niki Lauda	McLaren-Porsche
1985	Alain Prost	McLaren-Porsche
1986	Alain Prost	McLaren-Porsche
1987	Nelson Piquet	Williams-Honda
1988	Ayrton Senna	McLaren-Honda
1989	Alain Prost	McLaren-Honda
1990	Ayrton Senna	McLaren-Honda
1991	Ayrton Senna	McLaren-Honda
1992	Nigel Mansell	Williams-Renault
1993	Alain Prost	Williams-Renault
1994	Michael Schumacher	Benetton-Ford
1995	Michael Schumacher	Benetton-Renault
1996	Damon Hill	Williams-Renault
1997	Jacques Villeneuve	Williams-Reanult

Konstrukteurs-Weltmeister*

Jahr	Marke	Jahr	Marke
1958	Vanwall	1978	Lotus-Ford
1959	Cooper-Climax	1979	Ferrari
1960	Cooper-Climax	1980	Williams-Ford
1961	Ferrari	1981	Williams-Ford
1962	BRM	1982	Ferrari
1963	Lotus-Climax	1983	Ferrari
1964	Ferrari	1984	McLaren-TAG-Porsche
1965	Lotus-Climax	1985	McLaren-TAG-Porsche
1966	Brabham-Repco	1986	Williams-Honda
1967	Brabham-Repco	1987	Williams-Honda
1968	Lotus-Ford	1988	McLaren-Honda
1969	Matra-Ford	1989	McLaren-Honda
1970	Lotus-Ford	1990	McLaren-Honda
1971	Tyrell-Ford	1991	McLaren-Honda
1972	Lotus-Ford	1992	Williams-Renault
1973	Lotus-Ford	1993	Williams-Renault
1974	McLaren-Ford	1994	Williams-Renault
1975	Ferrari	1995	Benetton-Renault
1976	Ferrari	1996	Williams-Renault
1977	Ferrari	1997	Williams-Renault

* Der Konstrukteurstitel wird erst seit 1958 vergeben

Rekorde*

FAHRER

WM-Titel: Fangio 5

GP-Zahl: Patrese 256

Siege: Prost 51

2. Plätze: Prost 35

3. Plätze: Prost, Reutemann 20

Siege in einer Saison: Schumacher (1995), Mansell (1992) 9

Aufeinanderfolgende Siege in einer Saison: Brabham (1960), Clark (1965), Mansell (1992) 5

Siege im gleichen GP: Prost (Frankreich, Brasilien), Senna (Monaco) 6

Aufeinanderfolgende Siege im gleichen GP: Senna 5 (Monaco 1989–1993)

Podiumsplätze: Prost 106

Führungskilometer: Senna 13 706

WM-Punkte: Prost 798,5

WM-Punkte in einer Saison: Mansell 108 (1992)

Schnellste Runden: Prost 41

Schnellste Runden in einer Saison: Mansell 8 (1992)

Pole Positions: Senna 65

Pole Positions in einer Saison: Mansell 14 (1992)

Aufeinanderfolgende Pole Positions: Prost 7 (1993)

Start/Ziel-Siege: Senna 19

Jüngster GP-Sieger: Bruce McLaren (1959, USA) 22 Jahre, 104 Tage

Ältester GP-Sieger: Luigi Fagioli (1951, Frankreich), 53 Jahre

Jüngster Weltmeister: Emerson Fittipaldi (1972) 25 Jahre

Ältester Weltmeister: Juan Manuel Fangio (1957) 46 Jahre

MARKEN

Konstrukteurs-Titel: Ferrari, Williams 8

GP-Siege: Ferrari 108

Siege in einer Saison: McLaren 15 (1988)

Aufeinanderfolgende Siege in einer Saison: McLaren 11 (1988)

WM-Punkte: Ferrari 2895,9

WM-Punkte in einer Saison: McLaren 199 (1988)

Doppelsiege in einer Saison: McLaren 10 (Senna, Prost 1988)

Pole Positions: Ferrari 118

Aufeinanderfolgende Pole Positions: Williams 24 (1992, 1993)

Pole Positions in einer Saison: Williams 15 (1992, 1993), McLaren 15 (1988, 1989)

Siege auf derselben Rennstrecke: Ferrari 11 (Monza)

RENNEN

Knappster Sieg: 0,01 sek. zwischen Peter Gethin (BRM) und Ronnie Peterson (March-Ford), GP Italien, 1971

Wenigsten Autos im Ziel: 4 (Monaco, 1966)

Kürzester GP: 24:34,899 min. GP Australien, 1991 (wegen Regen nach 14 Runden abgebrochen)

* Stand Januar 1997

Flaggen und ihre Bedeutung

Schwarz-weiß kariert
Die Zielflagge wird beim Erreichen der Ziellinie gewunken

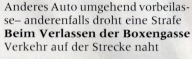

Blau stillgehalten
Anderes Auto will überholen – vorbeilassen
Blau geschwenkt
Anderes Auto umgehend vorbeilasse– anderenfalls droht eine Strafe
Beim Verlassen der Boxengasse
Verkehr auf der Strecke naht

Gelb-rote Streifen
Achtung, rutschige Strecke. Zeigt an, daß sich Wasser oder Öl auf dem Kurs befinden

Rot
Rennen wird unterbrochen bzw. abgebrochen

Gelb stillgehalten
Gefahr, Überholverbot
Gelb geschwenkt
Gefahr auf der Strecke, Richtungsänderung möglich, Überholverbot
Gelb doppelt geschwenkt
Kurs ganz oder teilweise blockiert, Überholverbot

Grün
Hebt die gelbe Flagge auf und signalisiert, daß keine Gefahr mehr auf der Strecke ist

Schwarz-weiß diagonal
Einmalige Verwarnung für nicht korrektes Fahren

Schwarz
Zusammen mit einer weißen Startnummer signalisiert die schwarze Flagge, daß sich der Fahrer innerhalb der nächsten Runde in die Box begeben muß; anschließend sofort zur Rennleitung

Schwarz und oranger Punkt
Fahrer, dessen Startnummer zusammen mit der Flagge angezeigt wird, hat technische Probleme und muß an die Box fahren

Weiß stillgehalten
Achtung – langsameres Fahrzeug auf der Strecke
Weiß geschwenkt
Fahrer eines schnellen Fahrzeug könnte vom langsameren behindert werden

Kleines Formel 1-Lexikon

Abstimmung
Herstellung der Balance zwischen mechanischen und aerodynamischen Funktionen bei Vorder- und Hinterachse des Boliden.

Abtrieb
Kraft, die auf ein Fahrzeug wirkt. Das Auto wird mit fast dem Vierfachen seines Eigengewichtes auf den Asphalt gedrückt. Dadurch sind schnellere Geschwindigkeiten in Kurven möglich. Abtrieb wird durch Flügel an Heck und Front sowie durch Luftströmungen (»Ground Effekt«) beeinflußt.

Black Box
Computer, der die Leistungen des Motors aufzeichnet und analysiert. Eine weitere Black Box, die, einem Flugschreiber ähnlich, Daten von Unfällen aufzeichnen kann, ist geplant.

Boxenstopp
Ansteuern der Teambox – in der Regel zum Nachtanken und zum Reifenwechsel. Der Boxenstopp ist von großer strategischer Bedeutung, weil durch das Handeln der Mechaniker wertvolle Zeit gewonnen bzw. verloren werden kann.

Boxentafeln
Dem Fahrer wird von seinem Team in der Box angezeigt, wie er sich verhalten soll. »Brakes on« bedeutet Bremsen, Das Schild »Go« zeigt an: Alles erledigt, losfahren.

Diffusor
Speziell geformte (längslaufende Lamellen) Vorrichtung im hinteren Teil des Unterbodens, die den Luftstrom unter dem Fahrzeug kanalisiert. Durch diesen sog. Venturi-Effekt erhöht sich der Abtrieb.

Flügel
Umgedrehte Flügelprofile am Heck und an der Front, die für den Abtrieb mitverantwortlich sind. Sind im Reglement umstritten, weil sie die Geschwindigkeit der Autos beeinflussen.

Grip
Wagen hat zuwenig Abtrieb, kann deshalb seine Kraft nicht optimal auf den Asphalt bringen und ist in Kurven zu langsam. Zumeist auf Abstimmungsfehler beim Fahrwerk zurückzuführen.

Kennfeldsteuerung
Elektronisches Gehirn für den Antrieb, das für ein optimales Gemisch von Luft, Benzin und Zündung verantwortlich ist.

Kohlefaser
Extrem belastbarer Verbundfaser-Werkstoff aus der Raumfahrttechnik, das für den Bau des Chassis verwendet wird.

Pace Car
Fahrzeug der Rennleitung, das sich bei besonderen Gefahrensituationen vor das Teilnehmerfeld setzt. Das Feld darf aufschließen, Überholmanöver sind verboten. Nach Erlöschen des gelben Lichts am Pace Car muß das Feld dem Fahrzeug noch eine Runde folgen, dann ist das Rennen wieder friegegeben.

Slicks
Profillose Weichreifen für trockene Fahrbahnen. Mit einem Druck zwischen 1,0 und 1,4 bar ausgestattet, können die Fahrer je nach Strecke den Härtegrad der Gummimischung variieren.

Telemetrie
Funkübertragung aller relevanten Motor- und Fahrdaten vom Fahrzeug in die Box. Kontinuierliche Aufzeichnung dieser Daten.

Übersteuern
Ausbrechen des Fahrzeughecks bei Kurvenfahrten

Untersteuern
Vorderteil des Fahrzeugs folgt nicht dem Kurvenverlauf – fährt stattdessen geradeaus weiter.

Warm up
Freies Traing am Rennsonntag, häufig vier Stunden vor Rennbeginn. Meist unter Rennbedingungen, um eine Schlußabstimmung des Fahrzeugs vorzunehmen

Zeitstrafe
Bei Verstößen (Frühstart, Mißachtung der gelben Flagge) ausgesprochene Sanktion der Rennleitung, die in der Boxengasse »abgesessen« werden muß. Die Strafe muß innerhalb von drei Runden nach dem Verhängen angetreten werden.

Bildquellen
Bertelsmann Lexikon Verlag, Gütersloh;
Bongarts, Hamburg; Daimler-Benz Classic,
Stuttgart; dpa, Frankfurt am Main; Horst-
müller, Düsseldorf; Keystone Pressedienst
GmbH, Hamburg; Pressebild-Agentur Schir-
ner, Meerbusch; Sven Simon, Essen; Sipa
Press, Paris; Sportimage, Hamburg

Abbildungen auf dem Umschlag:
Bongarts, Hamburg

Impressum
© Chronik Verlag im
Bertelsmann Lexikon Verlag GmbH,
Gütersloh/München 1997

Autor: Jens Ernat
Textredaktion: Holger Joel
Bildredaktion: Edeltraud Siebart
Gestaltung, Satz und Litho:
JOSCH Werbeagentur GmbH
Druck: westermann druck GmbH,
Braunschweig

ISBN 3-577-14557-9